Pour lire les Pères de l'Église

교부와 만나다

초대교회 스승들의 생애와 사상

이 도서의 국립중앙도서관 출판시도서목록(CIP)은
서지정보유통지원시스템 홈페이지(http://seoji.nl.goV.kr)와
국가자료공동목록시스템(http://www.nl.go.kr/kolisnet)에서
이용하실 수 있습니다. (CIP제어번호 : CIP2019032062)

POUR LIRE LES PÈRES DE L'ÉGLISE

교부와 만나다

초대교회 스승들의 생애와 사상

아달베르 함만 지음   이연학 · 최원오 옮김

비아
VIA

| 차례 |

일러두기

· 성서 본문은 기본적으로 『공동번역 성서 개정판』(대한성서공회 1999)
을 따랐으나 원문과 지나치게 차이가 날 경우 원문에서 직접 옮겼음
을 밝힙니다.

· 교부 시대의 인명과 지명은 한국교부학연구회, 『교부학 인명·지명 용
례집』(분도출판사, 2008)을 따랐습니다.

· 교부들의 저서명은 한국교부학연구회, 『교부 문헌 용례집』(수원가톨릭
대학교출판부, 2014)을 따랐습니다.

씨 뿌리는 이가 밭에 나가서 땅에다 씨를 흩뿌립니다.

씨는 땅에 떨어져 마르고 벌거벗은 채 해체됩니다.

주님께서는 바로 이 해체된 것에서부터

놀라운 섭리로 씨를 되살리시니,

단 하나의 씨에서 여러 개가 나와

많은 열매를 맺게 되는 것입니다.

- 로마의 클레멘스, 『고린토인들에게 보낸 편지』 중

옮긴이들의 말

　우리가 이 책을 발견한 것은 1993년 여름으로 기억한다. 비슷한 시기에 비슷한 공부를 하던 우리에게, 갓 발견한 교부들의 세계는 마치 해변이라고는 없는 광대한 바다처럼 느껴졌다. 이 바다의 물 한 방울 한 방울은 온통 진주처럼 빛나고 있었다. 설레는 가슴으로 이 바다를 바라보던 우리에게 불어오는 바람의 신선함이란! 초심자 특유의 열정과 무모함도 있었지만, '교부'라는 원천源泉이 얼마나 매력적이고도 현실적인 중요성을 지니는 것인지 절감하던 나날이었다. 이 원천에서 제대로 물을 길어 마시자면 군말 없이 꼭 할 말만 해주는 길잡이가 필요하다고 느꼈다. 이 바다에서 제대로 항해할 수 있도록 도와주는 길잡이, 단순하면서도 그려질 것은 다 그려져 있는 지도가 필요하다고 생각했다. 그 길잡이, 그 지도를 찾다가 만난 것이 바로 이 책이었다. 우리는 이 책이 여러 면에서 수많은 교부학 입문서들 가운데 단연 돋보이는 길잡이요 지도라고 감히 말하고 싶다. 우리가 도움을 입었기에 같은 도움을 이 땅의 형제자매들에게도 전해 드리고 싶어 함께 번역하기에 이르렀다.

　이 책은 우선 분량 면에서 매우 간소한 편이다. 짧은 이야기에 많은 것을 담는 솜씨. 그것은 대가들만의 몫이다. 자칫 지나친 생략이나 과장, 침소봉대針小棒大의 위험에 빠지기 십상이기 때문이다. 그러나 아달베르 함만은 대가다운 필치로 이 모든 위험을 느긋하게 비껴간다. 그뿐 아니라, '옛날' 이야기를 '오늘'의 이야기로, 옛사람들을 마치 오늘 우리와 함께 사는 사람들처럼 생생히 그려내는 솜씨에는 혀를 내두를 지경이다. 예컨대 옮긴이들은 정통 신앙을 위해 아타나시우스Athanasius가 겪었던 수난을 묘사하는 대목에서, 마치 영화의 한 장면을 보는 듯 아타나시우스의 열정과 고난에 은연중 참여하고 있는 우리 자신을 발견하기도 했다. 교부들의 원전도 꽤 많은 분량이 인용되어 있다. 저자가 설득력 있게 묘사한 당대 여러 상황에 비추어 읽으면 깊은 감동을 주는 단편들이다. 교부들의 신앙과 사상에 대한 이해뿐 아니라 우리 신앙생활에도 좋은 자극이 되는 명문名文들이 많다. 부디 오랜 시간 독자들에게 힘과 기쁨이 되기를 바란다.

　부족한 번역을 정성스레 읽어 주시고 값진 조언을 해주신 한국교부학연구회 초대 회장 이형우 아빠스(1946~2016)와 선임 연구원 하성수 박사님께 감사드린다.

2001년 11월 1일
이연학, 최원오

『교부와 만나다』 신판 서문

성바오로출판사에서 초판(2002년)과 개정판(2010년)이 나왔던 『교부들의 길』이 이제 비아출판사에서 『교부와 만나다』라는 새 옷을 입고 독자들과 다시 만나게 되었습니다.

젊음도 세월도 금세 흘러가지만, 세상에 조금이나마 도움이 되는 일이라면 남기 마련이라는 깨달음이 새삼스럽습니다. 이 땅의 그리스도인과 인문학도에게 옮긴이들이 조그만 도움이나마 드린 것 같아 기쁘고 고마울 따름입니다.

짧고 쉬운 글의 가치와 위용이 이 책만큼 돋보인 경우도 드물 것입니다. 오래 생각하고 익히면 말은 짧아집니다. 그러나 짧아진 말이 쉬워지는 것은, 그 자리에서 더 묵히고 곰삭혀진 다음입니다. 배움과 가르침의 체험이 세월의 풍화작용을 거쳐 마치 오래 묵은 된장처럼 발효하는 자리에서만 대가의 언어가 탄생합니다. 아달베르 함만이 말년에, 아마도 별다른 참조도 없이 일필휘지로 썼을 이 책은 그런 고졸古拙하고 담백한 언어의 한 진경珍景을 펼쳐 보입니다.

이 책이 비아출판사에서 새로 출간된다는 사실 때문에 옮긴이들
의 감회는 한층 더 깊습니다. 해마다 왜관 성 베네딕도 수도원에서
열리는 한국교부학연구회 정기 모임에서 개신교 형제자매와 함께 공
부하고 기도하며 친교를 나누어 온 일치운동의 열매라고 생각합니
다. 교부들이야말로 갈라지지 않은 교회 시대 신앙의 '아버지'입니다.
그분들의 글과 생각을 배우고 익히는 일은 학문의 영역에만 머물지
않습니다. 갈라진 교회 시대의 우리 모두는 그 '아버지'들의 음성을
접할 때마다 마음 한구석에 책임감 혹은 모종의 죄책감을 느끼지 않
습니까? 옮긴이들은 이런 감정이 신·구교와 정교회를 막론하고 예
수의 모든 제자를 끊임없는 회개와 추종으로 초대하는 복이라고 여
깁니다. 교회일치운동도 이런 감정에서 발원할 때 비로소 튼튼하고
내실 있는 여정을 걸어갈 것입니다. 교부들이 우리를 그런 길로 부르
고 있습니다.

부디 이 탁월한 안내서의 도움으로 이 땅의 많은 형제자매가 교
부라는 원천에서 마음껏 길어 마시고, 그리하여 모든 원천의 원천
이신 분에게서 한도 끝도 없이 생명을 길어 마실 수 있게 되길 축원
합니다. 우리가 누리는 이 신락神樂은 필경, 고백자 막시무스Maximus
Confessor의 표현을 빌리면, 하느님 자신의 지극한 열락悅樂임에 틀림없
습니다.

2019년 8월 12일

이연학, 최원오

들어가며

⁂ 들어가며

환 지중해 지역은 동쪽으로는 영국에서 서쪽으로는 오늘날 이라크까지 관개수를 대는 강인 티그리스 강과 유프라테스 강을 잇는 소통의 통로이다. 예루살렘과 로마를 잇는 선은 제1의 소통 경로로, 그리스와 북아프리카 사이를 가로지른다. 이 경로가 1세기 복음 전파의 통로였다.

제2의 경로는 시리아에 있는 안티오키아에서 출발해 오늘날 프랑스에 해당하는 갈리아까지 이어진다. 이 길은 2세기 이레네우스가 로마를 거쳐 리옹에 이를 수 있었던 길이었다. 세 번째 경로는 안티오키아에서 시작해 알렉산드리아, 그리고 카르타고와 로마에 이른다. 복음의 메시지와 그리스도교 교리는 3세기 이 거대한 도시들에서 확립되었다.

네 번째 경로는 안티오키아와는 관계없는 방향으로, 한쪽으로는 카파도키아(터키)를 가로질러 니시비스와 에데사에 이르며, 서쪽으로는 도나우 강과 만나 이탈리아 북부를 가로질러 프랑스 보르도와 푸아티에에 이른다. 이 지역은 4세기와 5세기에 복음화되었다.

고대 그리스도교 저술가들은 이 거대한 경로망에 살았다. 주요한 복음서 저자들과 그리스도교 사상가들은 당시의 언어인 그리스어(동방), 시리아어(동방 시리아 지역), 라틴어(아프리카, 갈리아, 이탈리아)로 글을 썼다.

| 배경과 용어 이해 |

성서와 그 번역본

성서는 그리스어로 '비블리아'biblia라고 하며 '책들'이라는 뜻이다. 애초 히브리어로 된 구약성서는 여러 차례에 걸쳐 번역되었다.

그리스어 번역본

· 70인역 성서Septuaginta, LXX: 기원전 3세기부터 2세기까지 70명의 랍비가 번역했다는 전승에 따라 이렇게 부른다.

· 아퀼라Aquila 역본(130년경)

· 심마쿠스Symmacus 역본(2세기), 테오도티온Theodotion 역본(2세기)

시리아어 번역본

· 페쉬타Peshitta: 구약성서 시리아어 역본(2세기)

· 신약성서 시리아어 역본(5세기)

라틴어 번역본

· 베투스 라티나Vetus Latina(옛 라틴어 성서): 히에로니무스Hieronymus 이전
에 나온 라틴어 번역본으로서, 이탈라Itala, 베투스 이탈라Vetus Itala
라고도 불린다.

· 불가타Vulgata(대중판 라틴어 성서): 공관복음과 구약성서(제2정경들 가
운데 토비트와 유딧만 포함하고 나머지는 제외함) 등 많은 부분을 히에
로니무스가 번역했다.

헥사플라Hexapla(육중역본 성서)

오리게네스Origenes가 구약성서의 여섯 본문을 여섯(그리스어 '헥스'ἕξ는
여섯을 뜻함) 난欄에다 배열하여 대조하면서 본문 비평을 시도한 역작
이다.

· 히브리 문자로 기록한 히브리어 본문

· 그리스 문자로 음역해 놓은 히브리어 본문

· 아퀼라의 그리스어 역본

· 심마쿠스의 그리스어 역본

- 70인역의 그리스어 역본(70인역 성서)
- 테오도시우스의 그리스어 역본

교부란 누구인가

많은 경우 성년이 되어 신앙에 귀의했으며, 고등교육을 받았고 수도승 생활을 체험한 사목자이거나 수도승으로서, 레렝스의 빈켄티우스Vincentius가 말한 다음의 조건을 채우고 있다.

- 시기적으로 고대에(초기 7~8세기까지, antiquitas)
- 정통 신앙의 노선에서(doctrina orthodoxa)
- 교회가 인정하는 뛰어난 가르침을 펼쳤을 뿐 아니라(approbatio ecclesiastica)
- 그 삶의 거룩함이 입증되는 이일 것(sanctitas vitae).

교부학과 관련한 주요 용어

아버지pater: 히브리 사람들은 성서를 가르쳐 주는 이를 아버지라 불렀다. 그리스도인들은 신앙으로 낳아 준 이들을 아버지라 불렀는데 주교는 이런 의미에서 우선 손꼽히는 '아버지'다. 그리고 사막에 은거하는 수도승들에게는 제자를 양성하는 이가 아버지였다.

교부Patres ecclesiae: 가르침에서 모범이 되었던 고대 그리스도교 저술가들을 으레 교부라고 불렀다.

교부학Patrologia: 고대 그리스도교 문헌학litteratura christiana antiqua과 동의어다.

교부신학Patristica: 교부들의 신학과 역사에 관한 연구다.

※ 서방교회의 경우는 세비야의 이시도루스Isidorus(†636) 이전까지, 동방교회의 경우
는 다마스쿠스의 요한Iohannes(†750년경) 이전까지 활동한 고대 그리스도교 저술가들을
교부라고 부른다.

수도승 생활과 관련한 주요 용어

수행가asceticus: 혼인을 포기한 사람이다.

수도승monachus: (배우자 없이) 홀로 사는 사람이다. 이 단어로부터 수
도승들의 거처를 뜻하는 수도원monasterium, 하느님께 남김없이 철저
히 자신을 바친 사람들의 삶을 뜻하는 수도승 생활monachismus 등의
말이 나왔다.

은세수도승eremita: 사막이나 광야eremus에 사는 사람이다. 독거수도승
獨居修道僧, anachoreta도 비슷한 말로, 세상에서 물러나 고독 속에 홀로
사는 사람을 뜻한다.

공주수도승coenobita: 공동체 생활을 하는 수도승이다.

따라서 두 종류의 수도승 생활이 존재함을 알 수 있다. 하나는 외딴
곳에 혼자 사는 은세수도승 생활, 다른 하나는 공동체에서 함께 사
는 공주수도승 생활이다.

아빠abba: '아버지'를 뜻하는 말로 수도승들의 장상長上이나 영적 스

승을 일컫는 말이다. 대수도원장을 일컫는 아빠스abbas란 말이 여기
서 유래한다.

암마amma: 영적 어머니, 수녀들의 장상이나 영적 스승이다.

신앙고백

초창기부터 교회는 신앙을 종합적인 표현의 틀에 담아 제시했다.
이리하여 '신앙고백'confessio, professio라는 말이 나오게 되었다. '신앙 규
칙'regula fidei, '신경'symbolum 등의 말도 모두 동의어이지만 어감에서 미
묘한 차이가 있다.

신앙고백confessio: 성서 용어로서 이스라엘 백성이 하느님께 자기 신
앙을 고백한다는 뜻이다.

신앙 규칙regula fidei 또는 **진리 규칙**regula veritatis: 더 포괄적인 표현 양식
으로, 이레네우스Irenaeus와 테르툴리아누스Tertullianus에 따르면 "보편교
회가 사도들과 그 제자들로부터 전해 받은 신앙"을 뜻한다(『이단 반
박』, 1,1). 성서의 정통 해석과 잘못된 해석을 분별하는 규준의 역할
을 한다.

신경symbolum: 세례와 신앙의 맥락에서 쓰이는 말로, 흔히 일컫는 '상
징'과는 다르다. 그리스어 어원(συν함께+βάλλειν놓다)으로 볼 때 '함께
두기', '함께 놓기'라는 뜻이다. 고대 그리스 사람들과 라틴 사람들

에게 그리스어 '심볼론'symbolon과 라틴어 '테세라'tessera는 모두 '둘로 쪼개진 물건'을 뜻했다. 쪼개진 두 쪽을 맞추어 제대로 맞으면 각각의 반쪽을 가지고 온 사람들을 서로 알아보는 표지가 되었다. 이로써 계약이 성립되는 표지로 삼았던 것이다. 세례 신경은 같은 신앙을 고백하는 사람들끼리 서로 알아보게 해주는 표지였다.

신경은 신앙의 본질적인 내용을 천명한다. 원래는 부활을 가리키는 그리스도론 정식들(예를 들면 "예수님은 주님이시다": 로마 10:9, 1고린 12:3, 15:3~5)로서, 흔히 "하느님과 예수 그리스도"께 대한 신앙(1고린 8:6, 1디모 2:5, 5:13, 2디모 4:1)을 두 번째 항목으로 대동하고 있다.

1) 사도 교부들의 신앙고백

안티오키아의 이그나티우스의 그리스도론 정식

누군가 여러분에게 예수 그리스도에 대하여 다르게 말한다면 여러분은 귀를 막으십시오. 그분은 다윗의 후손이시며 마리아에게서 태어나셨습니다. 그분은 먹고 마시셨으며 본티오 빌라도 통치 아래서 수난하시고 하늘과 땅 위와 땅 아래 것들이 보는 앞에서 십자가에 못 박히고 돌아가셨습니다. 그분의 아버지께서 그분을 일으키셨으니 예수님은 죽은 이들 가운데서 일으켜졌습니다. 이와 마찬가지로 그분의 아버지께서 예수 그리스도를 믿는 우리도 그분을 통하여 일으키실 것입니다. 우리는 그분을 떠나서는 참 생명을 가질 수가 없습니다.

이그나티우스, 『트랄레스인들에게 보낸 편지』Epistula ad Trallianos (분도출판사)

안티오키아의 이그나티우스의 삼위일체론 정식

여러분은 주님과 사도들의 가르침을 굳건히 지키고자 애쓰십시오. 그럴 때 여러분이 하는 모든 일은 육적으로나 영적으로나, 믿음에 있어서나 사랑에 있어서나, 성부와 성자와 성령 안에서, 처음부터 끝까지, 지극히 존경할 만한 여러분의 주교와 훌륭하게 엮어 만든 영적 면류관인 여러분의 원로들, 그리고 하느님의 뜻을 따르는 봉사자들과 함께 성공을 거둘 것입니다.

이그나티우스, 『마그네시아인들에게 보낸 편지』Epistula ad Magnesios, 31,1. (분도출판사)

2) 신앙 규칙

이레네우스의 신앙 규칙

우리는 이 신앙을 교회로부터 전해 받아서 간수하고 있습니다. 신앙은 성령 하느님의 활동을 통하여, 마치 귀한 그릇 안에 담긴 값진 기탁물寄託物처럼, 늘 젊어지면서 또한 자기를 담고 있는 그릇도 젊어지게 합니다. 마치 진흙으로 빚어진 피조물에게 하느님의 숨이 들어가듯이 교회에 하느님의 은사가 맡겨졌습니다. 이는 모든 지체가 이 은사들에 참여함으로써 생명을 얻게 하려는 것입니다. 그리스도와의 친교는 교회 안에 있습니다. 불멸의 보증이시고 우리 신앙의 확증이시며 하느님께로 올라가는 계단이십니다. 바울 사도께서 말씀하셨듯이, 하느님께서는 교회 안에 사도들과 예언자들, 박사들을 두셨으며 성령께서 하시는 다른 업적들도 교회 안에 두셨습니다. 교회로 달려오지 않은 사람은 성령께 참여할 수 없으며, 그들의 거짓된 교리와 악행으로 말미암아 생명을 얻지 못합니다. 교회가 있는 곳에 하느님의 성령께서도 계시기 때문이며, 하느님의 성령께서 계신 곳에 교회와 온갖 은총도 있기 때문입니다.

이레네우스, 『이단 반박』 Adversus haereses, 3,24.

테르툴리아누스의 신앙 규칙

신앙 규칙은 절대적으로 유일하니, 그것은 불변할 뿐 아니라 고칠 수도 없습니다. 두말할 나위 없이 그것은 전능하신 창조주 유일하신 하느님을 믿는 신앙일 뿐 아니라, 동정 마리아에게서 태어나시고 본티오 빌라도 통치 아래 십자가에 달리시고 사흘 날에 죽은 이들 가운데서 부활하시어 하늘에 올라 성부 오른편에 앉아 계시며, 죽은 이들의 육신마저 부활시키신 다음 산 이와 죽은 이를 심판하러 오실 하느님의 아들 예수 그리스도를 믿는 신앙입니다.

테르툴리아누스, 『너울로 가려야 하는 동정녀들』De virginibus velandis, 1.

하느님은 오직 한 분이시며 세상의 창조자이신 그분밖에 그 어떤 다른 신도 없음을 믿게 하는 것, 그리고 성령을 통하여 동정 마리아께 잉태되신 하느님의 아들 예수 그리스도께서 십자가에 못 박히시고 사흘 만에 부활하셨으며 하늘에 오르시어 성부 오른편에 앉으셨고, 선인과 악인들 모두에게 육신을 되돌려 주시어 부활시키신 다음, 영원한 불로 악인들을 심판하기 위해 오실 것을 믿게 하는 것이 신앙 규칙입니다.

테르툴리아누스, 『이단자들에 대한 항고』De praescripitone haereticorum, 13.

3) 세례 신경

4세기부터 전해 내려오는 한 전설에 따르면, 열두 사도는 헤어지기 전에 열두 개의 신앙 조목을 하나씩 작성했고 이리하여 생긴 것이 바로 '사도 신경'Symbolum Apostolorum이라는 것이다. 이 이야기를 제일 먼저 전한 사람은 루피누스Rufinus였다(『사도신경 주해』Commentarius in Symbolum Apostolorum, 2). 그리고 아우구스티누스Augustinus가 썼다는 견해도 있으며 갈리아에서 나온 익명의 설교 한 편은 열두 사도 중 누가 어떤 조목을 작성했는지에 관해서 이야기한다.

이 전설은 의심할 나위 없이 세례 때 고백하는 진리는 그 전체가 다 사도들에게서 유래한다는 사실을 강조하기 위한 것인데, 이 내용은 신앙 규칙에 이미 포함되어 있다.

2세기 중반의 외경 『사도들에게 보낸 편지』Epistula ad Apostolos는 다섯 조목으로 되어 있는 최초의 세례 신경 본문을 전해 준다.

나는 믿나이다.

만물의 주님이신 성부를 믿으며

우리 구세주 예수 그리스도를 믿으며

위로자이신 성령을 믿으며

거룩한 교회를 믿으며

죄의 용서를 믿나이다.

제1장

예루살렘에서 로마로

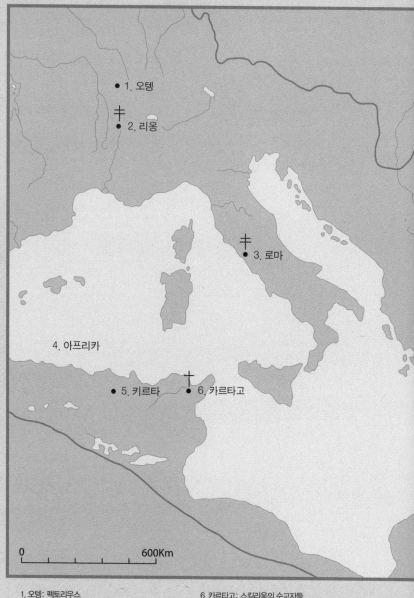

1. 오텡: 펙토리우스
2. 리옹: 이레네우스
3. 로마: 헤르메스, 유스티누스, 아폴로니우스
4. 아프리카: 가장 오래된 라틴어 성서 판본
5. 키르타: 프론토

6. 카르타고: 스킬리움의 순교자들
7. 고린토: 로마의 클레멘스의 편지
8. 아테네: 아테나고라스
9. 사르데스: 멜리톤
10. 스미르나: 폴리카르푸스

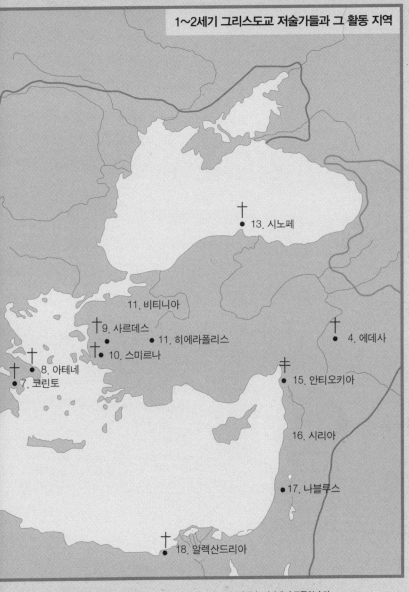

1~2세기 그리스도교 저술가들과 그 활동 지역

✝ 13. 시노페

11. 비티니아

✝ 9. 사르데스
✝ 11. 히에라폴리스
✝ 10. 스미르나

✝ 4. 에데사

✝ 8. 아테네
✝ 7. 코린토

✝ 15. 안티오키아

16. 시리아

✝ 17. 나블루스

✝ 18. 알렉산드리아

11. 비티니아: 플리니우스의 편지
12. 히에라폴리스: 파피아스
13. 시노페: 마르키온
14. 에데사: 바르데사네스
15. 안티오키아: 이그나티우스, 테오필루스

16. 시리아: 디다케, 솔로몬의 송가
17. 나블루스: 유스티누스
18. 알렉산드리아: 바르나바, 바실리데스, 발렌티누스,
판테누스, 디오그네투스에게 보낸 편지

✳ 예루살렘에서 로마로

베드로와 바울이 걸었던 선교 여정의 두 갈래 길은 로마에서 만난다.
이미 로마에는 박해까지 불러일으킬 만큼 중요한 공동체가 있었다.
베드로는 여기서 유대계 그리스도인들과 접촉한다. 한편, 안티오키
아에서 출발한 바울은 세 번에 걸쳐 선교 여행을 다녔다. 바울은 이
여행으로 소아시아에서 그리스에 이르는 광대한 지역에 복음을 전할
수 있었다.

I. 그리스도교 문헌의 탄생

클레멘스Clement의 『고린토인들에게 보낸 편지』Epistula ad Corinthios 같은
그리스도교 초기 저술들은 신약성서와 동시대에 쓰였거나 그 이전에

쓰였을 가능성도 있다. 이 지역에는 이미 다양한 문화들이 존재하고 있었고, 이들은 때로 충돌하고 때로 조화를 이루면서 발전해 나갔다.

예루살렘에서 알렉산드리아와 아프리카를 거쳐 로마에 이르는 남쪽 길은 유대교가 깊이 뿌리내린 도시들을 거치게 되어 있다. 이 도시들에서 그리스도교 공동체는 유대교 회당의 조직을 본떠 성장했다. 안티오키아에서 시작하는 북쪽 길은 그리스 쪽으로 가면서 소아시아 지방을 거친다. 사도 바울은 바로 이곳에서 고대의 커다란 주요 도로들을 따라가면서 에페소, 고린토, 데살로니카 등 활기 넘치는 중심지들에 십자나무를 심었다. 새 신자는 주로 그리스 문화권의 이교도들이었다.

1. 유대계 그리스도교 저술

그리스도교로 귀의한 유대인들은 자기들 고유의 전통을 유지했다. 아브라함은 여전히 그들의 아버지였고, 구약성서는 복음에 이르는 길을 제시하는 그들의 책이었다. 그들은 또한 이 시대에 많이 나타났던 이른바 외경들도 만들어 냈다. 그 후 사람들은 이 유대교 외경에 그리스도교식으로 가필했다. 『에녹서』, 『시빌라의 신탁』Oracula Sibyllina이 그러한 예에 속한다.

교회는 유대교의 기도 양식을 보존했다. 신앙고백, 찬양 기도문, 시편, 메시아 예언 같은 양식은 모두 유대교 기도 양식에 바탕을 두고 있다. 초대교회의 전례는 유대교 회당 전례에서 영감을 얻어 탄생했다. 세례 예식은 유대교로 개종하는 이들이 치르는 개종 예식에서 영향을 받았고, 실제로 식사하며 거행하던 성찬에는 『디다케』Didache가 보여 주듯 유대교의 식사 기도문을 사용했다. 『디다케』는 회당에 있던 몇몇 직무를 언급한다. 예언자와 교사가 있었고(13장과 15장), 유대계 그리스도교 공동체들을 공동 지도체제로 이끌던 장로도 있었다.

유대계 그리스도교 환경에서 나온 저술들은 그 권위에서 성서에 근접해 있다. 『솔로몬의 송가』Odae Salomonis는 시편의 색조를 띠고, 헤르마스의 『목자』Pastor는 유대 묵시록을 흉내 내어 같은 심상과 상징을 사용했다. 『디다케』는 『바르나바의 편지』Epistula Barnabae처럼 '두 길' (죽음의 길과 생명의 길) 이론을 제시하는데, 두 길 사상은 오늘날 쿰란 문헌들을 통해 잘 알려져 있다.

『열두 사도들의 가르침 - 디다케』Didache ton dodeka apostolon

유대계 그리스도교 출신 선교사들을 위한 최초의 필수 휴대서인 『디다케』는 여러 번 편집을 거쳤다. 이 책은 교리문답catechesis의 순서를 따르며, 한 부분은 교리적인 내용으로, 다른 한 부분은 전례적인 내용으로 되어 있다. 이 작품은 두 길(죽음의 길과 생명의 길), 세례, 단식, 기도, 성찬과 같은 주제를 다룬다. 전례 지침들은 교회 조직과 주일 집회, 그리스도의 재림 준비(아람어로 바치던 기도 '마라나타'와 함께) 등을 포함한다.

9. 감사성찬례에 관해서, 여러분은 이렇게 감사드리시오.

우선 잔에 대해서 이렇게 하시오.

우리 아버지, 당신 종 예수를 통해 우리에게 알려 주신 대로
당신 종 다윗의 거룩한 포도나무에 대해
우리는 당신께 감사드립니다.
당신께 영광이 영원히.

빵조각에 대해서 이렇게 하시오.

우리 아버지,
당신 종 예수를 통해 우리에게 알려 주신 생명과 지식에 대해
우리는 당신께 감사드립니다.
당신께 영광이 영원히.
이 빵 조각이 산들 위에 흩어졌다가 모여
하나가 된 것처럼
당신 교회도
당신 나라로 하소서.
영광과 권능이 예수 그리스도로 말미암아
영원히 당신 것이기 때문입니다.

10. 여러분은 만족히 먹은 후에 이렇게 감사드리시오.

거룩하신 아버지,

우리 마음에 머무르게 하신

당신의 거룩한 이름에 대해,

또 당신 종 예수를 통해 우리에게 알려 주신

지식과 믿음과 불멸에 대해

우리는 당신께 감사드립니다.

당신께 영광이 영원히.

전능하신 주재자님,

당신은 당신 이름 때문에 만물을 창조하시고,

사람들에게 양식과 음료를 주시어 즐기게 하시고

당신께 감사드리도록 하셨습니다.

그리고 당신 종을 통하여

우리에게 영적 양식과 음료와 영생을 베풀어 주셨습니다.

무엇보다 우리가 당신께 감사드리는 것은,

당신이 능하시기 때문입니다.

당신께 영광이 영원히.

주님, 당신 교회를 기억하시어

악에서 교회를 구하시고

교회를 당신 사랑으로 완전케 하소서.

또한 교회를 사방에서 모으소서.

거룩해진 교회를 그를 위해 마련하신

당신 나라로 모으소서.

권능과 영광이 영원히 당신 것이기 때문입니다.

은총은 오고 이 세상은 물러가라!

다윗의 하느님 호산나!

어느 누가 거룩하면 오고

거룩하지 못하면 회개하라.

마라나타!

아멘.

『열두 사도들의 가르침-디다케』Didache, 9~10. (분도출판사)

『바르나바의 편지』Epistula Barnabae

익명의 저자가 쓴 이 작품은 바르나바 사도의 이름을 빌리고 있으며 다마스쿠스와 쿰란의 공동체들을 떠올리게 한다. 세례 입문 예식(6,11)과 주일 예식의 흔적이 발견되고, 특히 할례, 성전, 안식일 등 구약성서의 중요 주제들을 그리스도교 신앙의 열쇠로 읽고 있음을 주목해야 한다. 저자는 알렉산드리아의 필론Philon과 오리게네스가 즐겨 사용했던 성서의 우의적 해석만을 참된 독서법으로 여기고 있다. 예컨대 구약시대의 성전聖殿은 오늘날 그리스도교 공동체를 뜻한다. 그리하여 "하느님께서는 당신의 거처인 우리 안에 실제로 거하신다"(16,8).

헤르마스의 『목자』Pastor Hermae

『목자』라는 이름이 붙은 이 책은 피우스Pius 교황(140~155년)의 형제인 헤르마스Hermas라는 인물의 작품으로 소개된다. 이 저술은 동방에서는 성서 정경 가운데 하나로 취급될 정도로 신뢰를 얻었다.

본문에는 묵시문학 양식에 따라 환시와 계명, 그리고 비유 등이 번갈아 등장한다. 여기서 쓰이는 상징은 때로 혼란스럽기도 하지만 장엄하다. 예를 들어 노부인老婦人과 탑은 교회를 상징한다. 헤르마스의 『목자』는 선한 이와 악한 이가 공존하는 교회 공동체의 실상을 그려 보인다. 물질적 이해利害와 신앙의 해이, 그리고 박해 등으로 공동체의 몇몇 구성원들은 신앙을 버리거나 배교하기도 했다.

이 작품은 무엇보다도 죄인에게 교회라는 건축물 안에서 다시금 하나의 돌처럼 제자리를 찾을 수 있도록 참회하라고 권고한다. 교회의 건축은 마지막 날 완성될 것이다.

헤르마스의 『목자』: 탑의 건축과 참회

10(2). 3. 그녀는 이것을 말하고 나서 떠나려 하였습니다. 그래서 나는 그녀의 발 앞에 엎드려 그녀가 약속한 환시를 보여 달라고 주님의 이름으로 간청하였습니다. 4. 그러자 그녀는 다시 나를 손으로 일으켜 긴 의자의 왼편에 앉게 하고 자신은 오른편에 앉았습니다. 그녀가 빛나는 막대기를 들어 올리며 나에게 "커다란 어떤 것이 보이느냐" 하고

묻자 내가 그녀에게 "부인, 아무것도 보이지 않습니다" 하고 대답하였습니다. 그녀가 다시 나에게 물었습니다. "보라! 네 앞에 있는 흰빛 나는 네모난 돌로 거대한 탑이 물 위에 세워지는 게 보이지 않느냐?" 5. 그녀와 함께 온 여섯 젊은이가 탑을 네모나게 세우고 있었습니다. 다른 수많은 남자 가운데 더러는 깊은 곳에서, 더러는 땅에서 돌을 가져와 여섯 젊은이에게 넘겨주었습니다. 젊은이들은 그 돌을 받아 탑을 세웠습니다. 6. 그들은 깊은 곳에서 빼낸 모든 돌을 탑을 세우는 데 그대로 올려놓았습니다. 그 돌들은 크기가 알맞고 다른 돌과 모서리가 정확히 맞았기 때문입니다. 돌들은 서로 잘 맞아 잇댄 자리가 보이지 않았습니다. 그래서 탑 건물은 하나의 돌로 세워진 것처럼 보였습니다. 7. 그러나 젊은이들은 마른 땅에서 옮겨진 것 가운데 어떤 돌은 내버렸고, 어떤 돌은 탑을 세우는 데 올려놓았습니다. 그들은 다른 돌을 잘게 부수어 탑에서 멀리 내던졌습니다. 8. 다른 돌이 탑 주위에 놓여 있었지만 그 돌들은 탑을 세우는 데 쓰일 수 없었습니다. 돌들 가운데 더러는 표면이 거칠었고, 더러는 금이 갔고, 더러는 모서리가 떨어져 나갔고, 더러는 희고 둥글어서 탑을 세우기에 적당하지 않았기 때문입니다.

11(3). 1. 그녀는 나에게 이것을 보여 주고 나서 서둘러 떠나려 하였습니다. 그래서 내가 그녀에게 "부인, 제가 이 돌들의 의미를 알지 못한다면 제가 본 모든 것이 무슨 소용이 있겠습니까" 하고 묻자, 그녀는 나에게 "너는 탑에 관한 비밀을 알고 싶어 하는 교활한 녀석이구나" 하고 말하였습니다. 나는 "예, 부인. 저는 형제들이 더 즐거워하고 그

들이 이것을 듣고 주님의 완전한 영광 안에서 그분을 알도록 이것을 전하려는 것입니다"하고 말하였습니다. 2. 그녀가 말하였습니다. "많은 사람이 그것을 들을 것이다. 그들 가운데 더러는 듣고 기뻐할 것이나 더러는 울 것이다. 그러나 울 사람들도 듣고 회개한다면 그들도 기뻐할 것이다. 따라서 탑에 관한 비유를 알아들어라. 내가 너에게 모든 것을 계시할 터이니 그 밖의 계시에 대해서는 더 이상 나를 괴롭히지 마라. 이 계시들은 목적을 이루어 끝났기 때문이다. 그러나 너는 뻔뻔하기에 다른 계시도 보여달라고 계속 청할 것이다. 3. 네가 본, 세워지는 탑은 나, 교회다. 교회는 지금도 전에도 너에게 나타났다. 이제 탑에 대하여 더 알고 싶으면 무엇이든 물어보아라. 그러면 네가 성도들과 함께 기뻐하도록 탑에 관하여 밝혀 주겠다."

13(5). 1. "이제 탑을 세우는 데 쓰인 돌에 대하여 들어 보아라. 네모나고 흰빛 나며 모서리가 정확히 맞는 돌들은 사도들, 주교들, 교사들, 봉사자들이다. 그들은 하느님의 거룩함을 따라 살았고, 주교와 교사와 봉사자로서 하느님께서 선택하신 사람들을 위하여 자신들의 직무를 진실하고 거룩하게 행하였다. 그들 가운데 더러는 죽었으나 더러는 아직도 살아 있다. 그들은 언제나 서로 이해하고 화목하게 지냈으며 상대방의 말에 귀를 기울였다. 이 때문에 이 돌들의 모서리는 탑을 세우는 데 정확히 맞았다." 2. "그러면 깊은 곳에서 빼내어 탑을 세우는 데 그대로 올려놓은, 탑을 세우는 데 이미 쓰인 다른 돌과 모서리가 정확히 맞는 돌, 그들은 누구입니까?" "그들은 주님의 이름 때문에 고난받은 이들이다." 3. "저는 마른 땅에서 옮겨진 다른 돌, 그들이

누구인지 알고 싶습니다, 부인." 그녀가 말하였습니다. "다듬어지지 않은 채 탑을 세우는 데 쓰인 돌들은 주님께서 검증하신 이들로 그들은 주님의 곧은 길 안에서 살았고 그분의 계명을 지켰다." 4. "옮겨져 탑을 세우는 데 올려진 돌, 그들은 누구입니까?" "그들은 새로 믿음을 지닌 사람이다. 그들이 선을 행하도록 천사들이 올바르게 가르치기 때문에 그들은 나쁜 짓을 하지 않는다." 5. "젊은이들이 내던져 버린 돌, 그들은 누구입니까?" "그들은 죄를 지은 뒤 회개하기를 바라는 사람이다. 그들이 회개한다면 탑을 세우는 데 쓰일 수 있으므로 그들은 탑에서 멀리 내던져지지 않았다. 그러므로 회개하려는 이들이 회개하면, 곧 탑이 세워지는 지금 회개한다면 그들의 믿음은 강해질 것이다. 그러나 탑의 건설이 완성되면, 그들은 더는 어느 자리도 차지하지 못한 채 내쫓길 것이다. 그들은 탑 옆에 있을 뿐이다."

헤르마스, 『목자』Pastor, 10, (2), 3~8, 11, (3), 1~3, 13, (5), 1~5. (분도출판사)

최초의 그리스도교 시, 『솔로몬의 송가』Odae Salomonis

42편의 찬가로 구성된 이 작품은 솔로몬 왕이 지었다고 전해지지만 이는 허구다. 분명히 그리스도교 작품이지만 유대계 그리스도교의 색채가 짙다. 교회가 낳은 최초의 서정시인 이 작품은 셈족 특유의 사상과 시 형식으로 이루어져 있다(예컨대 대구법對句法적 진행).

초대교회의 신학이 즐겨 다루는 주제, 예컨대 승리하신 그리스도의 서사시, 저승에 내려가심, 마리아의 동정 잉태, 세례수, 낙원으로의 귀환 등의 주제가 등장한다. 여기서 그리스도인의 생활은 그리스도와의 혼인으로 묘사된다.

『솔로몬의 송가』

찬가 3. 사랑하는 이 말고 또 누가 사랑을 이해하랴?

사랑하는 이 말고는
또 누가 사랑을 이해하랴?
나는 사랑하는 분과 하나 되니
내 영혼이 그분을 사랑하노라

그분의 평화가 있는 곳,
거기 내가 있노라
나는 더 이상 이방인이 아니니
주님께는 미움이 없기 때문
아드님을 사랑하기에
나는 아들이 되리라
더 이상 죽지 않으시는 분께 애착함은
곧 불멸로 들어가는 것
생명을 사랑하는 이야말로
살아 있는 이라 하리

찬가 6. 온 우주에 넘쳐흐르는 성령의 강

샘물이 하나 솟아

계곡물이 되었네

그리하여 온 우주에 넘쳐흘렀네

그리하여 온 우주를 성전으로 이끌고 갔네

장애물도 둑도 그를 막지 못했네

그리하여 온 땅에 도달했네

그리하여 온 땅을 가득 채웠네

목마른 모든 이가 그 물을 마셨네

그제야 그 갈증이 가셨네

그것은 지극히 높으신 분이 마실 것을 주신 때문

그들은 생수를 통하여 영원히 사네

알렐루야!

찬가 17. 나는 그들을 나 자신으로 변화시켰노라

[그리스도께서 말씀하신다]

나는 자물쇠로 잠긴 문을 열었노라

걸쇠를 부수었으며

내 앞에서 쇠는 타서 녹아 버렸노라

그 무엇도 이제 갇히지 않았으니

이는 내가 모든 존재를 위한 문이기 때문이며
내가 그 누구도 버리지 않기 때문이니라

나는 열매들을 마음들 속에 씨 뿌렸으며
그들을 나 자신으로 변화시켰노라
그들은 내 지체이며 나는 그들의 머리이노라

우리 머리이신 주 그리스도께 영광!
알렐루야!

『솔로몬의 송가』Odae Salomonis, 3,6,17.

2. 최초의 사목 서간들: 선교하는 교회

바울의 선교 활동 덕분에 이교 출신으로 구성된 공동체들이 많이
생겼다. 이들은 복음의 메시지를 헬레니즘의 용어로 표현했다. 당시
지중해 주변 지역에서 다 그랬듯이 그들도 그리스어를 사용했다.

이 공동체들에서 나온 초기 저술들은 사목 서간으로서 문학 작품
이라기보다는 실제적인 삶의 지침에 더 가깝다. 저자는 로마의 주교
클레멘스, 안티오키아의 주교 이그나티우스, 스미르나의 주교 폴리
카르푸스Polycarpus, 그리고 『주님의 설교 해설』Explanatio sermonum Domini을
쓴 히에라폴리스의 파피아스Papias 등이 있다.

편지는 공동체와 공동체, 지방과 지방, 그리고 목자와 신자를 연
결하는 다리 구실을 했다. 각 지역 교회들은 서로의 일치를 돈독히

하기 위해 편지를 썼는데, 소식 교환에서 훈계에 이르기까지 다양한 내용을 포함했다. 최초의 편지는 주로 바울계 공동체들을 맡고 있던 주교들에게서 나왔는데, 이들은 부제를 보조자로 두고 있었다. 유대교의 회당 조직과 초대교회의 교계 제도는 얼마간의 모색기를 거친 후에 서로 통합되고 연결되기에 이르렀다.

로마의 클레멘스, 『고린토인들에게 보낸 편지』Epistula ad Corinthios

사도 요한이 에페소에 살아 있던 96년경 저술된 이 편지는 최초의 교부 문헌이다. 로마 교회는 고린토 공동체에 세 사람을 파견해 클레멘스의 편지를 전달했다. 로마 공동체의 권위를 짐작하게 하는 대목이다. 이름이 등장하지는 않지만 저자는 로마 주교 클레멘스임이 분명하다. 젊은이들이 사제단의 몇몇 원로를 몰아내 소용돌이에 휘말린 고린토 공동체의 문제에 개입한 클레멘스는 순명을 당부한다.

로마의 클레멘스: 다가오는 부활

사랑하는 여러분, 주 예수 그리스도를 죽은 이들 가운데서 부활시키심으로써 다가올 우리 부활의 맏물로 주신 주님께서 미래의 부활에 대해 어떻게 끊임없이 드러내 주시는지를 살펴봅시다.
사랑하는 여러분, 정해진 때에 일어날 부활에 대해 생각해 봅시다. 낮과 밤은 우리에게 부활을 보여 줍니다. 밤은 잠들고 낮은 일어납니다.

그리고 다시 낮은 떠나고 밤이 찾아오는 것입니다. 열매를 예로 들어
봅시다. 씨는 어떤 방식으로 그리고 어느 부위에서 생겨납니까? 씨 뿌
리는 이가 밭에 나가서 땅에다 씨를 흩뿌립니다. 씨는 땅에 떨어져 마
르고 벌거벗은 채 해체됩니다. 주님께서는 바로 이 해체된 것에서부
터 놀라운 섭리로 씨를 되살리시니, 단 하나의 씨에서 여러 개가 나와
많은 열매를 맺게 되는 것입니다.

로마의 클레멘스, 『고린토인들에게 보낸 편지』Epistula ad Corinthios, 4,1~5.

안티오키아의 이그나티우스, 『일곱 편지』Epistulae vii

위대한 교부학자 장 다니엘루Jean Daniélou가 말했듯 바울과 이그나티
우스의 차이는 "인도의 토양에 적응하는 선교사와 그리스도교에 대
해 심사숙고하는 인도인의 차이"와 같다. 보잘것없는 집안 출신인 이
그나티우스는 2세기 초 시리아의 중심 도시였던 안티오키아에서 에
보디우스Evodius의 뒤를 이어 주교가 되었다. 이때는 교회가 탄생한 지
50년쯤 되던 무렵이었다. 이교 집안 출신으로서 철학자들 밑에서 배
웠던 그는 스토아학파의 '디아트리바(혹평논법)'diatriba를 알고 있었다.

110년경 로마 군인들에 의해 체포되어 로마로 압송당한 이그나티
우스는 참수형을 당하지 않고 짐승들에게 내던져졌다. 로마로 끌려
오며 거친 모든 교회에 그가 써 보낸 편지 일곱 통(에페소, 마그네시아,
트랄레스, 필라델피아 교회에 보낸 편지, 스미르나 교회와 폴리카르푸스에게 보

낸 편지, 그리고 가장 중요한 『로마인들에게 보낸 편지』Epistula ad Romanus)이 오늘날까지 남아 있다. 『로마인들에게 보낸 편지』는 그가 아직 로마인들을 만나기도 전에 쓴 것으로, 그를 내적으로 불태우던 수난의 신비를 놀랍도록 훌륭하게 설명하고 있다.

> 내 안에 이미 세상 것에 대한 욕망의 불은 꺼졌습니다. 내 안에는 단지 생명의 물이 샘솟아 흘러가며 내게 이렇게 외치고 있습니다. '아버지께로 오너라!'

이그나티우스의 편지들은 그리스도교 문헌학의 진주로서, 고대 교회의 생활에 관한 소중한 정보를 담고 있다. 이 문헌은 고대 교회가 남긴 가장 빛나는 업적 가운데 하나이다.

여기서 이그나티우스는 사도들에게 전해 받은 신앙을 고백한다. 그의 가르침은 그리스도의 신성과 인성에 대해 더할 수 없이 분명한 입장을 보인다. 그는 그리스도의 신성과 인성의 실재를 간과하던 이들에 맞서 사도로부터 내려오는 신앙을 지켰다. 또한 그는 유대인들의 관습과 계명으로 되돌아가려던 당시 교회의 '유대화' 경향을 경계했다.

이그나티우스의 핵심 가르침은 '일치'다. 그는 하나요 동시에 세 위격이신 하느님의 일치, 신성과 인성의 두 본성을 지니신 그리스도 위격의 일치, 그리스도인과 신앙생활의 근본이신 그리스도와의 일치, 교회 안에서 신자들의 일치 등을 강조한다. 특히 제일 마지막에 언급한 교회의 일치는 주교를 통해 드러나는데 일종의 원로원을 구성하는 사제들과 사회봉사를 통해 그리스도의 섬김diakonia을 실천하는 부제들은 주교에게 협력한다.

안티오키아의 이그나티우스:
나는 하느님의 밀알, 맹수의 이빨에 갈려 깨끗한 빵이 될 것입니다.

4. 1. 저는 모든 교회에 이런 편지를 썼습니다. 여러분이 방해하지만 않는다면 제가 하느님을 위해 기꺼이 죽을 수 있다고 말입니다. 이제 여러분에게 청합니다. 불필요한 호의를 저에게 베풀지 마십시오. 저를 맹수의 먹이가 되게 놔두십시오. 저는 이를 통해 하느님을 만날 수 있습니다. 저는 하느님의 밀이니 맹수의 이빨에 갈려서 그리스도의 깨끗한 빵이 될 것입니다. 2. 오히려 맹수들을 유인하여 그들이 저의 무덤이 되게 하십시오. 또한 제가 죽었을 때 누구에게도 짐이 되지 않도록 맹수들이 제 몸의 어떤 부분도 남기는 일이 없게 해주십시오. 그리하여 세상이 저의 몸을 볼 수 없게 될 때 저는 참으로 예수 그리스도의 제자가 될 것입니다. 이런 과정을 거쳐 제가 하느님께 바치는 희생제물이 될 수 있도록 저를 위해 그리스도께 간구해 주십시오. 3. 저는 베드로와 바울처럼 여러분에게 명령하지 않습니다. 그들은 사도이고 저는 한 사람의 조수일 뿐입니다. 그들은 자유롭지만 저는 지금까지 종으로 있습니다. 그러나 제가 고통을 겪는다면 예수 그리스도의 자유인이 될 수 있겠고 그분 안에서 자유인으로 다시 일어날 수 있을 것입니다. 이제 저는 사슬에 묶인 사람으로서 아무것도 바라지 않는

법을 배우고 있습니다.

5. 1. 저는 시리아에서 로마까지 가면서 열 마리의 표범, 곧 군인들에게 묶인 채 육지에서나 바다에서나, 밤이나 낮이나 그 맹수들과 싸우고 있습니다. 그자들은 대접을 받으면 더욱더 악해집니다. 그들의 학대 속에서 저는 점점 더 제자가 되어 갑니다. 그렇다고 해서 제가 이로 인해 의로워진다는 말은 아닙니다. 2. 준비된 맹수들이 저에게 도움이 되기를 빕니다. 저는 그 맹수들을 빨리 볼 수 있기를 기도합니다. 맹수들이 어떤 사람들에게 겁을 먹어 달려들지 못하는 경우가 있다 하지만, 그와는 달리 맹수들이 저를 재빨리 삼켜 버리도록 제가 유인하겠습니다. 3. 저를 용서해 주십시오. 무엇이 제게 유익한지 저는 알고 있습니다. 이제 저는 제자가 되기 시작합니다. 보이는 것이나 보이지 않는 것이나 그 어떤 것도 저를 시기해서 방해하지 말기를 바랍니다. 불이나 십자가 또는 맹수들의 무리, 뼈를 비틀고 사지를 찢는 것, 온몸을 짓이기는 것, 악한 자의 잔인한 형벌, 이 모든 것이 저에게 오도록 내버려 두십시오. 그렇게 함으로써만 제가 예수 그리스도를 만날 수 있습니다.

6. 1. 세상의 목표도 이 세상 왕국도 저에게는 아무 소용이 없습니다. 저에게는 이 세상 땅끝까지 다스리는 것보다 예수 그리스도 안에서 죽는 것이 더 낫습니다. 제가 찾는 것은 우리를 위해 돌아가신 그분이며, 제가 원하는 것은 우리를 위해 다시 살아나신 그분입니다. 이제 출산의 고통이 저에게 다가와 있습니다. 2. 형제들이여, 저를 용서하

십시오. 제가 생명을 얻는 것을 방해하지 마시고, 또 제가 죽음의 상태에 있기를 원하지도 마십시오. 하느님의 것이 되고자 하는 사람을 세상에 내어주지 마시고 물질로 유혹하지도 마십시오. 제가 깨끗한 빛을 받을 수 있도록 해주십시오. 거기에 이르러서야 저는 참 인간이 될 수 있습니다. 3. 저로 하여금 하느님의 수난을 본받는 자가 될 수 있게 해주십시오. 누군가가 자신 안에 그분을 모시고 있다면, 저는 제가 원하는 바를 그가 이해할 수 있도록 하고, 저를 재촉하는 일이 무엇인지 그가 알고 저를 동정하게끔 하겠습니다.

7. 1. 이 세상 통치자는 저를 붙잡아 하느님을 향한 확신을 완전히 파괴해 버리려 합니다. 거기에 계시는 여러분 중 누구도 그를 거들어 주지 마십시오. 오히려 저의 편, 곧 하느님의 편이 되십시오. 여러분은 예수 그리스도를 입으로만 고백하지 말고, 또한 세상의 것들을 마음에 두지도 마십시오. 2. 시기하는 마음이 여러분 안에 자리 잡지 않도록 하십시오. 제가 가서 여러분에게 청하더라도 여러분은 귀를 기울이지 마십시오. 그 대신 제가 지금 편지로 여러분에게 하는 말에 귀를 기울여 주십시오. 저는 살아서 여러분에게 글을 쓰고 있지만, 죽기를 바라고 있습니다. 저의 욕망은 십자가에 못 박혔고 세상 것에 대한 욕망의 불이 제 안에는 없습니다. 제 안에 살아 있으면서 말을 하는 물이 있습니다. 그것은 제 속에서 아버지께로 오라고 말합니다. 3. 썩어 없어질 양식이나 인생의 쾌락이 저를 기쁘게 할 수는 없습니다. 제가 바라는 것은 하느님의 빵, 곧 다윗의 자손이신 예수 그리스도의 몸입니다. 그리고 그분의 피, 곧 썩어 없어지지 않을 사랑을 음료로 마시

길 원합니다.

8. 1. 저는 더는 인간적인 것에 따라 살기를 원하지 않습니다. 여러분이 원하시기만 하면 제가 그리될 수 있습니다. 원하십시오. 그러면 여러분도 원하는 대로 될 것입니다. 2. 이 짧은 편지로나마 여러분에게 청합니다. 저를 믿으십시오. 예수 그리스도께서 제가 진실하게 말하고 있음을 밝혀 주실 것입니다. 거짓이 없는 예수 그리스도의 입, 그입을 통해 아버지께서 진실로 말씀하셨습니다. 3. 하느님을 만날 수있도록 저를 위해 기도해 주십시오. 저는 육을 따라서가 아니라 하느님의 뜻에 따라 여러분에게 편지를 씁니다. 제가 고통을 겪게 된다면이는 여러분이 저에게 호의를 가지셨기 때문입니다. 제가 수난에서제외된다면 이는 여러분이 저를 미워하신 까닭입니다.

이그나티우스, 『로마인들에게 보낸 편지』Epistula ad Romanos, 4,1~8,3. (분도출판사)

안티오키아의 이그나티우스가 스미르나인들에게 보낸 편지

8. 1. 여러분은 모두 그리스도께서 아버지를 따르듯이 주교를 따르고, 사도들을 따르듯이 원로단을 따르며, 하느님의 계명을 섬기듯이 봉사자들을 섬기시오. 누구든지 주교를 제쳐두고 교회와 관계되는 일을해서는 안 됩니다. 주교가 드리는 감사성찬례, 또는 주교가 위임한 사람이 드리는 감사성찬례만이 유효합니다. 예수 그리스도께서 계신 곳

에 교회가 있듯이, 주교가 나타나는 곳에 공동체가 있어야 합니다.

이그나티우스, 『스미르나인들에게 보낸 편지』Epistula ad Smyrnaeos, 8,1. (분도출판사)

폴리카르푸스의 순교

13. 3. 장작더미를 태우려고 준비한 도구들이 곧바로 그의 주위에 놓였습니다. 그들이 그를 못 박으려고 하자 그가 말했습니다. "나를 이대로 내버려 두시오. 나에게 불을 참을 힘을 주시는 분께서 여러분이 못으로 나를 고정하지 않아도 장작더미 위에서 움직이지 않고 견디어 내는 힘도 주실 것이기 때문입니다."

14. 1. 그래서 그들은 그를 못 박지 않고 단단히 묶었습니다. 큰 양 떼 가운데 살진 숫양이 희생제물로, 하느님의 마음에 드는 번제물로 준비되었듯이 그의 손은 등 뒤로 단단히 묶였습니다. 그는 하늘을 바라보며 말하였습니다. "전능하신 주 하느님, 사랑하고 복을 주시는 당신을 알아보게 되었습니다. 천사들과 권능들과 모든 피조물과 당신 앞에 살고 있는 모든 의인의 하느님이시여, 2. 저를 이 날과 이 시간에 합당하다고 여기셨으니 당신을 찬미합니다. 당신께서는 제가 순교자들 가운데에 동참하고, 성령의 불멸 안에서 영원히 사는 삶인 부활을 위하여 영혼과 육체가 당신 그리스도의 잔에 참여하게 하셨습니다. 거짓이 없으시고 진실하신 하느님, 당신께서 미리 마련하고 계시하셨으며 지금 이루신 대로 오늘 저를 순교자들 가운데 마음에 드는 살진

희생제물로 당신 앞에 받아 주옵소서. 3. 이 때문에 당신께서 사랑하시는 종, 영원한 하늘의 대사제이신 예수 그리스도를 통하여 모든 것에 대해 찬미하고 찬양하며 당신께 영광을 돌리나이다. 예수 그리스도를 통하여, 그분과 성령과 함께 당신께 이제부터 영원히 영광이 있기를 빕니다. 아멘."

15. 1. 그가 "아멘"하고 기도를 끝마쳤을 때, 불을 맡은 사람들이 불을 붙였습니다. 불꽃이 활활 타오를 때 우리는 기적을 보았습니다. 이것이 우리가 본 것입니다. 우리는 일어난 일들을 다른 사람들에게 전하기 위하여 기적 이야기를 보존했습니다. 2. 배의 돛이 바람을 가득 안고 불룩해지듯이 불은 아치형이 되더니 순교자의 몸을 둘러쌌습니다. 그의 몸은 타지 않고 빵이 구워지듯이, 또는 용광로에서 금과 은을 정련하듯이 불 가운데에 있었습니다. 그리고 우리는 향내 나는 유향이나 다른 값진 향료들과 같은 그러한 향기를 맡았습니다.

『폴리카르푸스 순교록』Martyrium Polycarpi, 13,3~14,2. (분도출판사)

| 1~3세기 교황과 황제 목록 |

교황(로마 주교)	로마 황제
베드로Petrus (30?~64)	아우구스투스Augustus (BC 27~14)
	티베리우스Tiberius (14~37)
	칼리굴라Caligula (37~41)
	클라우디우스Claudius (41~54)
리누스Linus (64?~76?)	네로Nero (54~68)
	갈바Galba (68~69)
	오토Otho (69)
	비텔리우스Vitellius (69)
아나클레투스Anacletus (76?~88?)	베스파시아누스Vespasian (69~79)
	티투스Titus (79~81)
클레멘스 1세Clement I (88?~99)	도미티아누스Domitianus (81~96)
	네르바Nerva (96~98)
에바리스투스Evaristus (99~105)	트라야누스Trajan (98~117)
알렉산데르 1세Alexander I (105~115)	
식스투스 1세Sixtus I (115~125)	
텔레스포루스Telesphorus (125~136)	하드리아누스Hadrian (117~138)
히지누스Hyginius (136~140)	
피우스 1세Pius I (140~155)	안토니누스 피우스Antoninus Pius (138~161)
아니케투스Anicetus (155~166)	
소테리우스Soter (166~174)	마르쿠스 아우렐리우스Marcus Aurelius (161~180)
엘레우테리우스Eleutherius (174~189)	루키우스 베루스Lucius Verus (161~169)
빅토르 1세Victor I (189~199)	콤모두스Commodus (176~192)
	페르티낙스Pertinax (193)
제피리누스Zephyrinus (199~217)	디디우스 율리아누스Didius Julianus (193)
	셉티미우스 세베루스Septimus Severus (193~211)
	카라칼라Caracalla (198~217)
	게타Geta (209~212)
칼리스투스 1세Callixtus I (217~222)	마크리누스Macrinus (217~218)
우르바누스 1세Urban I (222~230)	엘라가발루스Elagabalus (218~222)
폰티아누스Pontian (230~235)	알렉산데르 세베루스Alexander Severus (222~235)
히폴리투스Hippolytus (217~235, 대립교황)	
안테루스Anterus (235~236)	막시미누스Maximinus (235~238)

교황(로마 주교)	로마 황제
파비아누스Fabian (236~250)	고르디아누스 1세Gordianus I (238)
	고르디아누스 2세Gordianus I (238)
	막시무스Maximus (238)
	발비누스Balbinus (238)
	고르디아누스 3세Gordianus III (238~244)
	필리푸스Philippus (244~249)
코르넬리우스Cornelius (251~253)	데키우스Decius (249~251)
	호스틸리아누스Hostilianus (251)
루시우스 1세Lucius I (253~254)	갈루스Gallus (251~253)
스테파누스 1세Stephen I (254~257)	아이밀리아누스Aemilianus (253)
식스투스 2세Sixtus II (257~258)	발레리아누스Valerianus (253~260)
노바티아누스Novatian (251~258, 대립교황)	
디오니시우스Dionysius (259~268)	갈리에누스Gallienus (253~268)
	클라우디우스 2세Claudius II (268~269)
펠릭스 1세Felix I (269~274)	퀸틸루스Quintilus (269~270)
에우티키아누스Eutychian (275~283)	아우렐리아누스Aurelian (269/270~275)
	타키투스Tacitus (275~276)
	플로리아누스Florianus (276)
	프로부스Probus (276~282)
카이우스Gaius (283~296)	카루스Carus (282~283)
	카리누스Carinus (283~285)
마르켈리누스Marcellinus (296~304)	막시미아누스(서방)Maximianus (286~305)
	디오클레티아누스(동방)Diocletianus (284~305)
	콘스탄티우스 1세(서방)Constantius I (305~306)
마르켈루스 1세Marcellus I (308~309)	갈레리우스(동방)Galerius (305~311)
	발레리우스 세베루스(서방)Valerius Severus (306~307)
에우세비우스Eusebius (309~310)	리키니우스(동방)Licinius (308~324)
밀티아데스Miltiades (311~314)	막센티우스(서방)Maxentius (306~312, 찬탈황제)
실베스테르 1세Sylvester I (314~335)	콘스탄티누스 1세Constantine I (306~337)
마르쿠스Mark (336~336)	
율리우스 1세Julius I (337~352)	콘스탄티누스 2세Constantine II (337~340)
	콘스탄스 1세Constans I (337~350)
	마그넨티우스Magnentius (350~351)
리베리우스Liberius (352~366)	콘스탄티우스 2세Constantius II (337~361)
펠릭스 2세Felix II (355~365, 대립교황)	율리아누스Julianus (360~363)
	요비아누스Jovianus (363~364)
다마수스 1세Damasus I (366~384)	발렌티니아누스 1세(서방)Valentinian I (364~375)
우르시누스Ursinus (366~367, 대립교황)	발렌스(동방)Valens (364~378)

교황(로마 주교)	로마 황제
시리키우스 1세Siricius I (384~399)	그라티아누스Gratianus (375~383)
	발렌티니아누스 2세Valentinian II (375~392)
	테오도시우스 1세Theodosius I (379~395)
아나스타시우스 1세Anastasius I (399~401)	호노리우스(서방)Honorius (395~423)
	아르카디우스(동방)Arcadius (395~408)
인노켄티우스 1세Innocent I (401~417)	테오도시우스 2세(동방)Theodosius II (408~450)
조시무스Zosimus (417~418)	
에우랄리우스Eulalius (418~419, 대립교황)	
보니파시우스 1세Bonifacius I (418~422)	콘스탄티우스 3세(서방)Constantius III (421~423)
켈레스티누스 1세Celestine I (422~432)	발렌티니아누스 3세(서방)Valentinian III (423~455)
식스투스 3세Xystus III (432~440)	마르키아누스(동방)Marcianus (450~457)
레오 1세Leo I (440~461)	페트로니우스 막시무스(서방)Petronius Maximus (455)
	아비투스(서방)Avitus (455~456)
힐라리우스Hilarius (461~468)	레오 1세(동방)Leo I (457~474)
	마요리아누스(서방)Majorianus (457~461)
	리바우스 세베루스(서방)Libius Severus (461~467)
심플리키우스Simplicius (468~483)	안테미우스(서방)Anthemius (467~472)
	올리브리우스(서방)Olybrius (472~473)
펠릭스 3세Felix III (483~492)	레오 2세(동방)Leo II (474)
겔라시우스 1세Gelasius I (492~496)	율리우스 네포스(서방)Julius Nepos (474~475)
아나스타시우스 2세Anastasius II (496~498)	제노(동방)Zeno (474~491)
심마쿠스Symmachus (498~514)	로물루스 아우구스툴루스(서방)Romulus Augustus (475~476)
라우렌티우스Laurence (498~506/8, 대립교황)	
호르미스다스Hormisdas (514~523)	
요한네스 1세John I (523~526)	
펠릭스 4세Felix IV (526~530)	
보니파시우스 2세Boniface II (530~532)	
요한네스 2세John II (533~535)	
아가페투스 1세Agapetus I (535~536)	
실베리우스Silverius (536~537)	
비질리우스Vigilius (537~555)	
펠라기우스 1세Pelagius I (556~561)	
요한네스 3세John III (561~574)	
베네딕투스 1세Benedict I (575~579)	
펠라기우스 2세Pelagius II (579~590)	
그레고리우스 1세Gregorius I (590~604)	

II. 신앙과 문화의 만남: 호교 교부

2세기는 선교 활동으로 인해 그리스도교가 크게 확장된 시기였다. 교회는 이제 지중해 연안에서 시리아, 소아시아, 이집트, 아프리카 등 내륙으로 진입하기 시작한다. 소少 플리니우스Plinius는 흑해 연안에서도 수많은 그리스도인을 만났다. 177년에 리옹의 주교 포티누스 Photinus는 이미 90세 노인이었는데 약 30년 전에 주교가 됐다. 복음은 갈리아의 수도로부터 게르마니아로 파고들어 트리어와 쾰른까지 전파되었다.

그리스도교는 안티오키아나 알렉산드리아 같은 대도시들에서 이미 모든 사회 계층의 호응을 얻었다. 신자 중에는 낮은 계층의 사람과 장인匠人, 지성인과 수사학자 그리고 철학자 등 온갖 계층의 사람들이 있었다. 교회는 처음 한동안 그리스 사상과 대화할 준비도, 또 자기 신앙을 헬레니즘의 언어와 범주로 표현할 준비도 되어 있지 않다고 느꼈다.

이 상황에서 이른바 호교론자apologista라고 불린 이들(이제부터 이들은 직업 저술가가 될 터였다)의 임무는 세 가지였다. 곧 그리스도교를 사람들의 비방이나 철학자들의 비판으로부터 보호하는 것, 하느님은 단 한 분뿐이시며 예수 그리스도를 통해 계시되셨음을 보여 주면서 우상 숭배와 다신교를 논박하는 것, 마지막으로 그리스도 신앙을 지성인들이 받아들일 수 있는 말과 개념으로 소개하는 것이었다.

호교 교부들 가운데 몇몇은 우리에게 잘 알려져 있지 않다. 이들은 겨우 이름으로만 오늘까지 전해오거나 기껏해야 몇몇 단편만이 남아 있을 따름이다. 죽은 이들의 부활에 관한 글을 남긴 아테나고라스Athenagoras가 대표적이다. 『디오그네투스에게』Ad Diognetum의 저자 역시 익명으로 남아 있다. 2세기 철학자 아테나고라스와 함께 가장 유명하고 주목할 만한 인물은 유스티누스Iustinus다. 그의 주요 저작은 오늘날까지 전해진다.

1. 『디오그네투스에게』Epistula ad Diognetum

우리는 이 유명한 작품의 저자도, 저술 연대도 그리고 저술 장소도 알지 못한다. 『디오그네투스에게』는 이교도가 던진 세 가지 물음에 대한 대답으로 쓴 그리스도교 반론이다. 그 질문이란 이러하다. 그리스도인들의 종교란 무엇이며, 그들은 왜 유대교와 이방 종교를 거부하는가? 그들이 가장 중요하게 여기며 찬양하는 형제 사랑은 도대체 무엇인가? 그리스도는 왜 그렇게 늦게야 오셨는가?

저자는 이 세 가지 물음에 답하면서 그리스도인들이 세상에서 맡은 역할에 관해 이야기한다. 하느님 나라의 약속된 시민인 그리스도인들은 서로의 삶을 전적으로 나누면서, 마치 세상의 영혼과도 같이 세상에 존재한다.

그들에게는 모든 객지가 고향이요, 모든 고향이 객지다.

그리스도인은 세상의 영혼

6. 1. 한 마디로 영혼이 육신 안에 존재하듯 그리스도인은 세상에 존재하고 있습니다. 2. 그리스도인이 세상의 모든 도시에 흩어져 살고 있듯이 영혼도 육신의 모든 부분에 존재하고 있습니다. 3. 그리스도인이 세상에 살면서 세상에 속하지 않듯이 영혼도 육신 안에 있으면서 육신에 속하지 않는 것입니다. 4. 보이지 않는 영혼은 보이는 육신 안에 갇혀 있으며, 그리스도인이 세상 안에 살고 있음을 볼 수 있으나 그들이 하느님께 바치는 예배는 보이지 않습니다. 5. 육신이 자기를 해롭게 하지 않는 영혼을 미워하고 싸움을 거는 것은 영혼이 육신의 쾌락 추구를 반대하기 때문인 것처럼, 세상이 아무런 해를 주지 않는 그리스도인을 미워하게 됨은 그 쾌락을 추구하지 못하게 하기 때문입니다. 6. 영혼이 자기를 미워하는 육신과 그 자체를 사랑함은 그리스도인이 자기를 미워하는 사람들을 사랑하는 것과 같습니다. 7. 영혼은 육신 안에 갇혀 있지만 육신을 살려 주며, 그리스도인도 세상이라는 감옥에 갇혀 있으면서 세상에 생명을 주고 있습니다. 8. 불사불멸의 영혼이 죽을 운명의 천막 안에 살고 있듯이 그리스도인 역시 하늘나라의 불멸의 운명을 기다리면서 썩어 없어질 세상 안에 살고 있는 것입니다. 9. 영혼이 굶주림과 목마름으로 극기할 때 진보하는 것과 같이 그리스도인은 박해를 당할 때 증가합니다. 10. 하느님께서 그들에게 주신 지위는 그렇게 고상한 것이기에 그것을 포기할 수 없습니다.

『디오그네투스에게』Epistula ad Diognetum, 6,1~10. (분도출판사)

2. 평신도 신학자 유스티누스(†165년)

팔레스타인 나블루스(옛 세겜)의 그리스계 가정에서 태어난 유스티누스는 평생 참된 철학을 찾아다녔던 사람이다. 130년경 그는 그리스도교에 귀의하였다.

나는 (그리스도교에서) 확실하고 유익한 단 하나의 철학을 발견했다.

『유대인 트리폰과의 대화』, 8,1)

그는 에페소에 한동안 머문 후 로마에 와서 철학자로 살았고 여기에 그리스도교 학교를 세웠으며, 165년 많은 제자와 함께 순교했다.

2.1. 작품

유스티누스의 작품으로는 『첫째 호교론』Apologia prima, 『둘째 호교론』 Apologia secunda과 『유대인 트리폰과의 대화』Dialogus cum Tryphone Inudaeo가 남아 전한다. 『첫째 호교론』은 안토니누스 피우스Antoninus Pius 황제에게 보낸 것이다. 전반부는 그리스도교에 대한 변호로서, 그리스도인은 무신론자도 아니요, 국가의 적도 아닐뿐더러 범죄자도 아니라는 사실을 밝히고 있다. 후반부는 그리스도교 진리에 대한 증명이다. 여기서 그는 그리스도께서는 구약의 예언들을 성취하신 분이시므로 참으로 하느님의 아들이시라고 말한다. 마지막 부분은 그리스도인들의 생활과 예배 의식에 대하여 묘사한다. 여기 등장하는 세례와 성찬, 주일 전례의 거행 등에 대한 묘사는 가장 오래된 것이다.

『둘째 호교론』은 로마의 원로원에 보낸 것으로서 특히 웅변가 프론토Fronto의 공격에 대한 답변으로 여겨진다. 프론토는 미누키우스 펠릭스Minucius Felix의『옥타비우스』Octavius(225년경)를 통해 알려져 있다.

『유대인 트리폰과의 대화』는 그리스도인과 유대인 사이의 논쟁과 대화를 담고 있으며 유대인들을 그리스도교 신앙으로 인도하려는 노력에 관한 가장 중요한 문헌이다. 이 작품은 길지만 구성이 그리 탄탄하지 않으며 종종 주제에서 벗어나기도 한다. 도입부는 유스티누스 자신이 받은 철학교육과 회심에 관한 이야기이다(1~8). 이어서 구약의 법은 신약의 법을 준비하는 것이기에 이제 그 효력을 잃었다고 주장한다. 여기서 엿볼 수 있는 유스티누스의 성서 주석 방법론은 예형론이라고 할 수 있다. 즉 구약은 계명이든 이야기하는 사건이든 모두 신약의 예형이요 예고라는 것이다. 그는 오직 그리스도교만 온 인류에게 최종적이고 보편적인 율법을 제공해 줄 수 있다고 주장한다.

이 작품의 두 번째 부분에서 유스티누스는 놀라운 예형의 법칙에 따라 모든 예언이 하느님의 아들이신 그리스도 안에서 완성된다고 밝힌다. 하느님께서는 구약성서 안에서 이미 그리스도를 통하여 당신을 드러내 보이고 계신다. 그리스도께서는 본티오 빌라도 통치 아래서 고난을 받으신 후 아버지의 영광 안에 들어가셨다. 그리스도를 공경하는 것은 아브라함과 이사악과 야곱의 신앙, 곧 유일하신 하느님을 믿는 신앙에 조금도 위배되지 않는다.

2.2. 가르침

이러한 논쟁의 소용돌이 속에서, 그리스도교 신앙에 대한 사색은 아직 체계적인 것은 아니었지만 서서히 꼴을 갖추어 갔다. 삼위일체 신학과 그리스도에 대한 최초의 신학이 조금씩 영글었다. 유스티누스는 성부와는 구별되지만 성부로부터 유래하시며 나뉨이 없으신 분, "수數에서는 구별되지만 생각에서는 구별되지 않는" 말씀λόγος의 역할에 초점을 맞춘다.

말씀께서는 하느님과 세상을 잇는 다리가 되어 주시는 분이다. 하느님께서는 말씀을 통하여 우주를 창조하고 다스리신다. 하느님의 말씀은 세상에 존재하는 모든 참되고 좋은 것 안에서 일하고 계신다. 이는 결국 그 유명한 말씀의 씨앗semina Verbi 사상과 연결된다. 유스티누스는 계시하시는 말씀을 일컬어 '씨 뿌리는 말씀'λόγος σπερματικός이라 하고, 인간이 받은 계시를 '말씀의 씨앗'이라고 부른다. 시인과 철학자들이 진리에 관해 통찰한 모든 것은, 말씀의 씨앗이 밀알처럼 세상에 뿌려진 데서 온 결과다.

모든 철학자 안에서 진리의 씨앗들이 발견된다.

구약성서에 이미 모습을 드러낸 말씀은 그리스도 안에서 충만하게 계시되었다. 메시아의 오심은 하느님 계획의 중심이며 역사의 모든 과정을 비춘다. 유스티누스는 최초의 역사신학을 전개하고 있는 셈이다. 이러한 그의 신학은 리옹의 이레네우스 같은 이에게 커다란 영향을 미쳤다. 평신도 유스티누스는 교회 최초의 신학자였다. 그는 모든 부분적 진리는 오직 그리스도교 안에서 충만하게 실현됨을 보여 주었다. 말씀은 진리를 찾는 모든 사람을 은밀하게 인도하는 분이라는 것이다.

순교자 유스티누스의 『첫째 호교론』:
주일 전례의 거행

65. 우리는 진리를 알게 된 후 모범적인 행동을 하며 선량한 시민들로 법률을 잘 지키는 사람들로 인정받고 영원한 구원을 받기 위하여, 우리의 믿음을 받아들이고 동의한 사람에게 이와 같은 세례를 베풉니다. 그 후 우리는 우리 자신과 영적으로 깨끗한 사람들 및 사방에 사는 다른 모든 사람을 위해, 함께 기도하기 위해 형제라고 불리는 사람들이 모여 있는 곳으로 세례받은 사람을 데리고 갑니다. 기도가 끝나면 우리는 입을 맞추면서 서로 인사합니다. 그다음에 빵과 함께 물과 포도주가 섞인 잔이 장상에게 봉헌됩니다. 그는 그것을 받고 나서 성자와 성령의 이름으로 만물의 아버지께 찬양과 영광을 드리고, 성부께서 허락하신 이러한 호의에 합당한 사람들을 위하여 긴 감사기도를 바칩니다. 이러한 기도가 끝나면 참석자들은 '아멘'이라고 응답하면서 동의를 표합니다. '아멘'은 히브리어로 '그대로 되소서'란 뜻입니다. 장상이 감사기도를 드리고 모든 사람이 동의한 후, 우리가 부제라고 부르는 사람들이 참석한 모든 사람에게 감사의 빵을, 그리고 포도

주와 물을 나누어 먹게 하고 불참자들에게도 그것을 가져다줍니다.

66. 우리는 이 음식을 성찬이라고 부릅니다. …

67. 이후 우리는 서로 이것들을 항상 기억하고 있습니다. 그리고 부유한 사람은 가난한 사람을 도와주며, 우리는 늘 함께 지냅니다. 우리는 우리가 누리는 모든 은혜를 두고 하느님의 아들이신 예수 그리스도와 성령을 통해서 만물의 창조주를 기립니다. 태양에 따라 이름을 붙인 날(일요일)에 도시들이나 바깥 여러 지역에 사는 사람들이 모두 모여 공동체 모임을 가집니다. 우선, 시간이 허락하는 대로 사도들의 회고록과 예언자들의 책을 읽습니다. 독서가 끝나면 장상은 말로 훈계하고 이러한 훌륭한 행위들을 본받을 것을 권합니다. 우리는 모두 함께 일어서서 우리의 기도를 바칩니다. 기도가 끝나면, 위에서 이미 말한 바와 같이 빵과 포도주와 물이 봉헌되며 장상은 정성을 다하여 기도와 감사를 드리고 백성은 아멘 하면서 동의를 표합니다. 성찬의 음식은 모든 사람에게 나누어지고 부제들은 그것을 참석하지 않은 사람들에게 가져다줍니다. 부유한 사람들과 원하는 사람들은 각자 원하는 대로 그들이 내놓고 싶은 자신의 소유물을 바치고, 장상은 모아진 것을 맡아 고아들, 과부들, 병 또는 다른 이유로 가난한 사람들, 묶인 이들과 다른 지방 출신의 나그네들을 도와줍니다. 한 마디로 그는 궁핍한 사람들을 모두 보살펴 줍니다. 우리 모두는 일요일에 공동체 모임을 가집니다. 그 까닭인즉, 일요일은 하느님께서 어두움과 물질을 변화시켜 세상을 창조하신 첫날이었기 때문이요, 아울러 우리 구원자이

신 예수 그리스도께서 죽은 이들 가운데서 같은 날 부활하셨기 때문입니다. 즉, 유대인들은 토요일 전날에 그리스도를 십자가에 못 박았으며, 그분은 토요일 다음 날, 즉 일요일에 당신의 사도들과 제자들에게 나타나셨으며, 우리가 여러분에게 숙고하도록 전해 준 것을 그들에게 가르치셨습니다.

유스티누스, 『예수의 최후 만찬과 초대교회의 성만찬』Apologia prima, 65,1~67,7.
(우리신학연구소)

아테나고라스의 『죽은 이들의 부활』

하느님께서 사람을 창조하신 것은 헛일이 아니었다. 하느님께서는 지혜로운 분이시므로, 그 지혜가 한 일치고 쓸모없는 일은 없다. 그분은 세상을 당신 자신의 유익을 위해 창조하신 것이 아니었다. 그분은 아무것도 필요치 않으시기 때문이다. 아무것도 필요 없으신 분께, 그분이 만드신 것들이 무슨 소용이 있을 리가 없다. 나아가 피조물 가운데 어떤 것의 유익을 위해 사람을 창조하신 것도 아니다. 이성과 판단력을 갖춘 존재가 그보다 열등하거나 혹은 우월한 어떤 존재를 위해 창조될 수는 없다. 피조물은 자기 자신을 위해 창조된 것이며, 자기 삶을 위해, 그리고 자기의 영속성을 위해 창조된 것이다. 그러므로 사람은 이유도 목적도 없이 창조된 것이 아니고 (창조주의 계획에 따라 이루어진 것인 한, 그분께서 창조하신 그 어떤 것도 쓸모없을 수가 없다) 자기 창조주의 유익이나 어떤 피조물의 유익을 위해 창조된 것도 아니다. 그렇다면 하느님 활동의 최종적이고도 일반적인 이유를 살펴보건대, 하느님께서 사람을 창조하신 목적은 당신의 선함과 지혜를 당신의 모든 작품 속에서 빛나게 하시려는 것이다. 그리고 그분 활동의 특별한 이유를 살펴본다면, 사람 창조의 목적은 사람이 생명을 얻도록 하시려는 것이라고 볼 수 있다. 파충류나 새, 물고기를 비롯한 모든 짐승에게 하느님께서 주신 생명은 잠깐 지속되다가 끝나는 것이다. 그러나 자기 안에 창조주의 형상(모상)imago Dei을 새기고 다니는 존재, 지성과 이성을 지닌 인간 존재에게는 하느님께서 영원한 생명을 약속하셨다. 그분께서는 사람이 자기를 지으신 분을 알고 그 힘과 지혜를 알며, 율법과 정의에 순명하는 것을 자기 목적으로 삼도록 하셨다. 그리하여 살아 있는 동안 자기의 지상적이고 부패할 육신 안에서 용감히 싸움을 벌이기만 한다면, 사람으로 하여금 마침내 고통 없이 살 수 있도록 해주신 것이다.

아테나고라스, 『죽은 이들의 부활』De resurrectione mortuorum, 12.

교부 시대를 풍미하던 철학사조

아리스토텔레스 철학

알렉산드로스 대왕Alexandros Magnus의 스승이었던 아리스토텔레스(기원
전 384~322년)에게서 유래한 이 철학은 페리파토스 학파 혹은 소요학
파逍遙學派라고도 불리는데, 관찰과 이성에 토대를 두고 있다. 이 철
학에 따르면, 하느님은 세상의 영혼이며, 세상은 하느님과 함께 영
원히 존재한다는 것이다. 이 철학이 초대교회에 끼친 영향은 그다
지 크지 않았다.

플라톤 철학

· 플라톤: 플라톤 철학은 소크라테스(기원전 427~348년)의 제자였던
아테네 출신 플라톤에게서 유래한다. 이데아론을 주축으로 삼는
플라톤 철학은 감각적 세계를 이데아 세계와 분리한다. 현실계는
영속하지 않는 것으로서 실제적 가치를 지니지 않으며, 오직 이
데아 세계만이 중요하다고 보았다. 육신은 아무 가치도 없고, 오
직 영혼만이 신성에서 유출한 것이므로 바랄만한 가치가 있는 유

일한 것이라고 가르쳤다.

· 필론: 기원후 50년경 죽은 알렉산드리아의 유대인 철학자 필론은 성서를 해석하기 위해 플라톤 철학을 원용했다.

· 플로티노스 : 플로티노스(204~270년)는 플라톤 철학 체계를 알렉산드리아에서 새롭게 했다. 그에 따르면 육신으로서의 사람은 감각 세계에 속하고 영혼으로서의 사람은 신적 세계에 속한다. 이 신적 세계에는 정화purification와 명상meditation, 그리고 황홀경을 통해 초월적 '하나'hen, 一者와 합일함으로써 이를 수 있다고 보았다.

스토아 철학

제논Xenon(기원전 342~270년)이 창시한 그리스 철학의 한 갈래로, 아테네의 주랑柱廊 아래에서 가르치던 것이라 하여 이런 이름이 붙었다 (그리스어로 '스토아'는 주랑이라는 뜻이다). 이 철학에 따르면 하느님은 세상의 활동 원리이자 불의 성격을 지닌 영이다. 모든 존재는 우주적 영혼의 인도 아래, 그리고 불변하는 법칙의 뒷받침으로, 동질의 '전체자'의 작은 부분들로 존재한다. 땅과 물, 불과 바람의 네 원리로 구성된 우주는 전체적인 일대 혼돈으로 종말을 맞이할 것이다. 스토아 철학의 엄격한 윤리는 초대 그리스도교에 영향을 미쳤다. 특히 테르툴리아누스는 지대한 영향을 받았다.

유대교

유대인

· 팔레스티나인: 성지에 거주하는 유대인(할례를 받음)

· 디아스포라, 혹은 그리스계 히브리인: 이방인 틈에 섞여 사는 유대인

비유대인

· 개종자Proselytes: 할례와 세례를 통해 개종한 비유대인

· '하느님을 두려워하는 이': 유일신 신앙을 받아들이는 비유대인

· '할례받지 않은 이', '이교인'nationes, pagani, '이방인'gentiles (3세기 용어)

유대 역사가 요세푸스가 본 예수(90년경)

이 시기에 예수라 불리는 현자가 있었는데 그의 처신은 훌륭했고 그의 덕행은 널리 알려졌다. 많은 유대인과 이방인이 그의 제자가 되었다. 빌라도는 그를 단죄하여 십자가형으로 죽였다. 그러나 그의 제자가 된 사람들은

교부 시대의 이단들

영지주의Gnosticismus: 2~3세기에 교회를 뒤흔들던 사상으로 영계靈界와 육계肉界의 철저한 이원론 위에 세워진 이단이다. 그들이 받았다고 주장하는 계시에 따르면, 선과 악의 원리(악은 물질과 거의 동의어다)에서 시작하여 현실 세계에 이르기까지 여러 단계의 유출emanatio이 있다.

마르키온주의Marcionismus: 마르키온Marcion(2세기)의 이단으로서, 구약의 하느님은 복수의 하느님이라 하여 그리스도 안에 계시된 선한 하느님과 대립시켰다.

몬타누스주의Montanismus: 프리기아의 몬타누스Montanus(2세기)는 자기 안에서 성령의 육화와 그리스도의 임박한 재림이 이루어졌노라 주장했다. 교회의 교계제도화에 대한 일종의 영성주의적 반발이었다.

마니교Manicheismus: 마니Mani(3세기)는 유대교와 비정통 그리스도교의 몇몇 요소를 조합하여 철저한 이원론을 구축했다. 한마디로 선의 원리와 악의 원리는 영원히 서로 싸우며, 이 세상은 그 싸움터라는 것이다.

아리우스주의Arianismus: 아리우스Arius(4세기)는 그리스도께서 온전한 신성을 지니신다는 것을 부인했다.

아폴리나리스주의Apollinarismus: 라오디케아의 아폴리나리스Apollinaris(4세기)의 오류로 아폴리나리스는 로고스가 그리스도의 인간 영혼을 대체한다는 이설異說을 내놓았다.

네스토리우스주의Nestorianismus: 네스토리우스Nestorius에게 기원을 둔다고 하는데, 그리스도의 두 본성(신성과 인성)을 지나치게 구분한 나머지 그리스도 안에 두 위격이 있다고까지 주장한 이단을 일컫는다.

그리스도 단성설 Monophysismus: 콘스탄티노플의 수도승 에우티케스Eutyches(5세기)가 주장한 이설로서, 그리스도 안에 인성은 없고 오직 신성만이 존재한다고 보았다. 그리스도 안의 신성이 인성을 흡수한다는 것이다.

그리스도 단일의지설 Monothelismus: 8세기경에 유행한 이단으로 그리스도 안에는 오직 하나의 의지만 존재한다고 주장한다. 즉 인간적 의지는 없고 신적 의지만 존재한다는 것이다.

주요 용어들

우의寓意, Allegoria: 더 깊은 의미, 숨은 의미를 담고 있는 본문이나 표상. 예컨대 헤르마스의 『목자』에서 '탑'은 교회를 상징한다. 그리고 바울은 아브라함의 두 아내 하갈과 사라를 회당과 교회의 예표로 풀이한다.

묵시 문학 Apocalypsis: 종말적 미래사에 관한 계시와 환시에 바탕을 둔 문학 유형. 묵시문학에 쓰이는 상징체계는 색色과 수數를 두루 포함한다.

호교론(변론) Apologia: 아직 잘 모르는 사람이나 헐뜯어 말하는 사람 앞에서 인물이나 교설을 변호하기 위해 쓰인 담론.

코덱스Codex: 두루마리에 기록된 문헌을 뜻하는데, 때로는 입법자의 이름을 단 법령 모음집을 뜻하기도 한다. 유스티니아누스 법전Codex Iustiniani이 그 좋은 예다.

디아트리바(혹평논법) Diatriba: 가상의 적수를 등장시키거나, 다른 질문으로써 현재의 질문에 대답하는 수사학적 진행 방식. 흔히 의인법을 사용한다(예컨대 죄나 죽음의 의인화).

경륜經綸, Oeconomia: 이레네우스를 비롯한 그리스어권 신학자들은 이 단어를 "그리스도의 오심과 그분이 하신 일로 말미암아 빛을 받은 사람을 위한 구원 계획"으로 이해했다.

에펙타시스Epectasis: 니사의 그레고리우스Gregorius에 따르면 이는 유한 자가 무한자를 향해 나아가려는 성향이다. 다시 말해 끝없는 성장의 움직임으로서 오직 하느님만 주실 수 있는 충만을 향해 나아가려는 인간의 성향을 가리킨다.

역사신학Theologia historiae: 사건들과 시간 전체를 그리스도와 그분 계시의 빛으로써 해석하는 작업.

신현神顯, Theophania: 신적 발현 또는 하느님의 감각적 현현. 인간이나 천사의 형상으로 나타나는 하느님께서는 아브라함에게 손님의 형상으로 모습을 드러내신 바 있다.

III. 리옹의 이레네우스(†200년경)

177년 포티누스의 뒤를 이어 리옹의 주교가 된 이레네우스는 특히 당대 영지주의 이단에 대한 반박으로 잘 알려져 있다. 그는 늘 깨어 있는 신앙의 파수꾼이었으며 복음의 선교사였고, 빛의 여정을 제시한 선구자이자 신학자였다.

1. 영지주의가 불러온 위기

이레네우스의 이름은 언제나 영지주의로 인한 위기와 연결되어 있다. 그의 주요 저서는 『이단 반박』Adversus haereses(본디 제목은 『거짓된 영지의 실체를 벗기고 반박함』)이다.

무엇보다 먼저 '영지'靈智,gnosis를 '영지주의'gnosticismus와 뚜렷이 구분할 필요가 있다. '영지'란 말은 '앎'을 뜻하는 것으로 애초에 영지주의 이단과는 아무런 관련이 없다. 유대교에서는 이 말을 지성적 앎이라기보다 '체험'이라는 뜻으로 사용했다. 『디다케』에 나오는 기도에도 '영지'는 이런 뜻으로 쓰이고 있다.

알렉산드리아의 클레멘스Clement에게 영지는 곧 '복음에 대한 이해력'을 뜻했다. 이레네우스는 진정한 영지의 소유자는 교회뿐이라고 보았는데, 클레멘스의 정의를 받아들인 것으로 보인다. 당시 그리스도인들은 거짓 영지를 거슬러, 혹은 영지주의의 교리적 체계를 거슬러 진정한 영지를 뚜렷하게 정의해야만 했다.

120~130년 사이에 피상적으로만 신앙에 귀의했던 지식인들이 교회에 몰려들었는데 영지주의 체계는 바로 이들의 교설에 토대를 두고 있다. 이들은 유스티누스처럼 사도 전통과 교회 전통의 입장에서 신앙을 받아들이는 대신, 신앙을 자기들 철학과 체계에 맞추어서 유리한 대로 써먹었다. 앎을 향한 정당한 욕구가 신앙의 신비에 대한 폭력과 거부로 변질되고 말았다.

2. 이레네우스의 가르침

이레네우스의 주저主著『이단 반박』은 다섯 권으로 구성되어 있다. 나중에 『사도적 가르침의 논증』Demonstratio praedicationis apostolicae이라는 책을 썼는데 이는 일종의 신앙 교리서라 할 수 있다.

영지주의자들의 주장에 이레네우스는 성서와 사도들의 전승으로 맞선다. 복음에 바탕을 둔 사도 전승의 가르침은 신앙 규칙으로 후대에 전승되기 때문에 '신앙 규칙'은 어떤 의미에서 그리스도교 신앙의 핵심을 이루는 진리를 요약하고 있다고 할 수 있다. 또한 그는 영지주의의 극단적 이원론에 맞서 '단일성'을 천명했다. 하느님도 한 분, 그리스도도 한 분, 사람도, 교회도, 신앙도 하나라는 것이다.

참된 영지

참된 영지는 하느님의 신비 자체만 알게 하는 데 그치지 않는다. 참된 영지는 인간을 위한 하느님 사랑의 활동인 창조를, 그리고 이레네우스가 바울 사도를 따라 '경륜'經綸, oeconomia이라고 표현했던 구원의 역사를 통해 나타나는 하느님의 계획을 알게 해준다. 이 신적 계획은 삼위일체 안에서 샘솟아 나와 진흙으로 창조된 인간이 하느님을 뵙는 영광으로까지 나아가도록 이끌어 준다.

이레네우스의 첫 번째 확신은 하느님과 관련이 있다.

우리를 창조하시고 빚으신 그분 밖에 다른 하느님은 없다. 따라서
그분과 그분의 '두 손' 즉 아드님과 성령 밖에는 구원이 없다.

온 창조세계가 하느님의 작품이다. 따라서 창조세계(물질도 여기 포함된다)는 좋은 것, 구원을 위해 만들어진 것이다.

구원 경륜과 인간

인간의 창조는 물질계의 한복판에서 이루어졌다. 인간은 육신 안으로 떨어진 영이 아니라 "영으로 생기를 얻는" 육신이다. 그리고 성령은 이러한 사람 안에서 일치를 유지해 주고 썩지 않도록 보증해 준다. 인간은 '하느님의 형상'imago Dei으로 창조되었다. 이 말은, 사람은 "장차 육신으로 탄생하실" 성자의 형상을 따라 육신으로 빚어졌다는 말이다. 구원 경륜은 이제 하느님과 완전한 유사성similitudo에 도달하기 위해 걷는 멀고도 점진적인 상승의 여정으로서 인간은 이 여정으로 나아갈 책임이 있다. 여기서 하느님은 인간이 두려움 없이 당신을 맞이할 수 있도록 준비시키시며 그리하여 당신을 받아들이고 친교로

들어갈 수 있도록 해주신다. 이것이 하느님의 '교육'이다.

그리스도의 오심

따라서 초기 신학에서 그리스도께서 세상에 오신 것은 일차적으로 사람의 죄와 관계된 것이 아니라, "세상이 시작될 때부터 예견된 것"이었다. 인간의 역사는 죄와 실패로 점철되어 있지만, 영지주의자들이 생각하듯 이것이 인간의 육체적 본성에서 비롯한 것은 아니다. 오히려 인간의 자유와 허약함 그리고 거역하기 좋아하는 성격으로 말미암은 것이다. 어린이가 자랄 때 그러하듯 구원의 역사에서도 인간은 서서히 조금씩 철이 들고, 책임 있는 인간이 되기 위해 수련 과정을 거쳐야 한다. 여기서 죄는 장애물이 될 수는 있지만 하느님의 계획을 방해하지는 못한다.

이렇듯 역사는 성자의 오심에 대한 점진적 준비로 드러난다. 성자께서는 "성서 곳곳에 흩어져 계시면서 아브라함과 모세, 그리고 다윗에게 말씀하신 바로 그분이다". 하느님께서 예언자들을 보내신 것은 그들로 하여금 사람을 준비시켜서 "당신의 성령을 모셔 들이고 당신과의 친교를 얻게" 하시려는 것이었다. 이레네우스에게 예수는 역사의 빛나는 중심이다. 이 중심으로부터 모든 역사의 흐름은 의미를 얻는다. 하느님께서는 사람을 만드실 때 바로 이분을 본보기로 사용하신 것이다.

그리스도께서는 성육신하심으로써 하느님께서 성령을 통하여 사람 안

으로 들어가실 수 있게 하시고, 사람은 하느님께로 되돌아오도록 하신
다. 이리하여 사람 안에 몸소 형성하신 작품을 완성하시는 것이다.

이 성육신 덕분에 그리스도께서는 당신의 위격 안에 아담으로부터
시작하는 인류의 긴 역사를 다 모으고 재창조하신다. 생명나무를 떠
올리게 하는 그리스도의 십자가는 죽음에 이르기까지 순종하신 그
분 생애의 일대 드라마를 보여준다. 그리스도께서 나무에 달리신 것
은 "고대의 불순종을 갚으시기 위함이다. 이와 동시에, 사방으로 뻗
친 십자나무의 가지들은 십자가가 온 우주를 껴안고 있다는 것을 알
려 주시기 위함이다"(『사도적 가르침의 논증』 34).

영지주의 체계:
이레네우스가 전하는 바실리데스의 이설異說
(알렉산드리아의 영지주의)

바실리데스에 따르면 태어나지 않은 성부로부터 먼저 지성知性이 탄
생했다. 지성으로부터 로고스가 탄생했으며, 로고스로부터 생각이 탄
생했고, 생각으로부터 지혜와 능력이 탄생하여, 지혜와 능력으로부터
권능이 나왔으니 이 권능이 아르콘(세상과 인간을 서툴게 창조한 하층신神
인 데미우르고스를 둘러싼 악한 세력들)들과 천사들이라는 것이다. 바실리
데스는 이 아르콘들과 천사들을 첫째라고 불렀으며 이들이 첫째 하늘
을 만들었다고 했다. 그리고 이들로부터 유출되어 나온 것이 다른 천

사들인데 이 다른 천사들이 첫째 하늘과 유사한 둘째 하늘을 만들었다는 것이다. 이런 식으로 다른 천사들이 또 생겨 나와서 … 셋째 하늘을 만들었다고 한다. 이 세 번째 그룹의 천사들이 타락하여 생겨나온 것이 네 번째 천사들이고, 그들 이후에도 이런 식으로 계속 이어진다는 것이다. 요컨대 이런 방식으로 아르콘들과 천사들 이후 하늘들이 계속 만들어져서, 삼백예순다섯 하늘까지 만들어졌다. 따라서 하늘들의 수와 맞갖게 1년 365일이 되었다는 것이다.

우리가 눈으로 볼 수 있는 열등한 하늘들을 차지하는 천사들은 세상에 있는 모든 것을 만들었고, 서로 갈라져서 땅들이 되고 나라들이 되었다. 그들의 수장이 바로 유대인들의 하느님이라고 불리게 된 것이다. 그런데 이 하느님이 다른 모든 나라를 자기 백성 곧 유대인들에게 복속시키고자 하였기에, 다른 아르콘들이 반대하여 들고일어났다. 다른 나라들이 그의 백성과 맞서는 것은 이런 까닭이다. 태어나지 않고 이름 붙일 수도 없는 성부께서는 아르콘들의 악행을 보시고 자신의 맏아들인 지성을 내려보냈으니, 이분이 그리스도라 일컬어진다. 이는 세상을 만든 아르콘들로부터 그리스도를 믿는 이들을 해방하기 위함이었다. 그리스도는 아르콘들이 다스리는 나라들에서 나타나셨다. 곧 이 땅 위에 사람의 형상을 하고 나타나서 기적들을 행하신 것이다. 따라서 그 자신이 수난을 당한 것이 아니고, 키레네 사람 시몬이 징발되어 대신 그의 십자가를 졌다. 그리고 바로 이 시몬이 사람들의 무지와 오류로 말미암아 십자가형에 처해졌다. …

따라서 이런 사실을 '아는'(영지靈智를 지닌) 이들은 세상의 창조자인 아르콘들로부터 자유를 얻었다. 십자가에 달린 시몬에 대한 신앙을 고백할 것이 아니라, 인간의 형상으로 오신 그분, 십자가에 달리신 것처럼 보인 그분, 예수라 불리는 그분을 믿어야 한다. 예수야말로 이 세상의 창조자들이 만들어 놓은 것들을 파괴하기 위해 아버지께서 보내신 분이다. 바로 이것이 하느님의 '경륜'oeconomia이다. 바실리데스에 따르면, 누가 예수께서 십자가에 달리셨다고 말한다면 그는 아직 노예이며, 육신을 만든 이들의 지배 아래 있다. 그러나 이런 것을 부인하는 사람은 그들의 압제에서 벗어나 탄생이 없는 성부의 '경륜'을 알게 된다. 오직 영혼에게만 구원이 있을 따름이니, 육신은 그 본성상 썩어 버린다는 것이다.

이레네우스, 『이단 반박』Adversus haereses, 24,3~5.

이레네우스의 어릴 적 기억:
스미르나의 주교 폴리카르푸스 문하에서 배우다

나는 최근 일보다는 이때의 일들을 더 잘 기억하고 있습니다. 어릴 적 배운 것들은 영혼과 함께 자라면서 영혼과 하나가 되기 때문입니다. 그래서 나는 복되신 폴리카르푸스께서 앉아 말씀하시던 곳, 대중 앞에 나타나시던 모습, 들어오시던 모습, 삶의 방식, 외모, 군중 앞에서 나누시던 대화, 그리고 요한 사도와 그 밖에 주님을 직접 뵈었던 분들과 맺으시던 관계를 이야기할 수 있습니다. 폴리카르푸스께서 그분들의 말씀을 어떻게 기억하고 계셨으며, 주님과 그분의 기적 및 가르침에 관해 그분들에게서 들으신 것을 어떻게 마음속에 간직하고 계셨는지도 나는 이야기할 수 있습니다. 폴리카르푸스께서는 말씀이 지상에서 보내신 삶을 직접 눈으로 뵌 증인들로부터 이 모든 것을 전해 받으시고 성서에 맞추어 설명해 주셨습니다. 그때 나에게 내리신 하느님의 자비로 나는 이 말씀을 정성스레 들었고, 종이가 아니라 제 마음에다 적어 두었던 것입니다. 역시 하느님의 은총으로 나는 이 말씀을 충실히 곱씹어 생각하여, 그 복되시고 사도적인 원로(폴리카르푸스)께서 이 비슷한 소리(영지주의 교설)를 들으셨다면 어떻게 하셨을지 하느님 앞에서 증언할 수 있습니다. 그분은 들은 것 때문에 상심하여 보통 하시던 대로 이렇게 소리치셨을 것입니다. "어지신 하느님, 제가 이따위 소리를 참아 견뎌야 한다니, 저를 위해 마련해 두신 때가 어떤 시대란 말입니까!" 그러고는 앉아서든 서서든 그런 소리를 들으셨던 그곳을 떠나셨을 것입니다. 이것은 그분이 이웃 교회를 돕기 위해 보내신 편지에서나, 아니면 훈계하시고 격려하시기 위해 몇몇 형제들에게 보내신 편지에서도 드러나는 사실입니다.

이레네우스, 『플로리누스 반박』De Ogdoade contra Florinum(카이사레아의 에우세비우스 Eusebius of Caesarea, 『교회사』Historia ecclesiastica, 5,20에 보존되어 있다.)

39. 2. 그대가 아직 사람도 되지 못했다면, 어찌 하느님이 될 수 있단 말인가? 이제 겨우 창조되었을 따름이라면, 어찌 완전할 수 있단 말인가? 필사必死의 본성으로 그대의 창조주께 순명하지 않았다면, 어찌 불사不死일 수 있단 말인가? 그대는 우선 사람의 자리를 지켜야 하고, 그런 다음에야 하느님의 영광에 참여하는 것이다. 그대가 하느님을 만드는 것이 아니라 하느님께서 그대를 만드시기 때문이다. 그러므로 그대가 하느님의 작품이라면 그대를 만드셨고 모든 일을 알맞은 때에 행하시는 분의 손길을 끈기 있게 기다려라. '알맞은 때에'라는 말은 물론 그분의 피조물인 그대를 두고 한 말이다. 그대의 마음을 부드럽고도 유연하게 하여 그분께 바치고, 원래 그분께서 그대에게 주신 그 형태를 보존하라. 그대 안에 그분에게서 오는 '물'을 지녔으니, 마음을 완고하게 가져 그분 손길을 거절하지 말라. 그분과의 이러한 동화同化.conformatio를 유지함으로써 완덕으로 올라가게 될 것이니 하느님의 솜씨ars로 그대 안에 흙이 감추어지게 될 것이다. 그분의 손이 그대의 본체를 만드셨으니 그대의 안팎을 순금과 순은으로 옷 입혀 주실 것이다. 이토록 그대를 치장해 주신 나머지 왕께서 몸소 그대의 아름다움에 사로잡히실 것이다. 그러나 그대의 마음이 굳어짐으로써, "왜 나를 사람으로 만들었습니까?" 하면서 그분의 솜씨와 은혜를 몰라 드린다면 그분의 솜씨도 생명도 다 잃게 될 것이다. 만든다 함은 창조주의 선하심에 고유한 것이요, 만들어진다 함은 인간 본성에 고유한 것이기 때문이다. 그러니 그대가 그대의 것을, 즉 신앙과 복종을 그분께

드린다면 그분의 솜씨를 얻을 것이요, 그리하여 하느님의 완전한 작품이 될 것이다.

3. 그러나 반대로 그분께 거역하고 그분의 손을 피해 도망간다면 그대 불완전의 원인은 그대를 부르신 그분께 있지 않고 순명하지 않은 그대에게 있는 것이다. 사실 그분은 혼인 잔치에 초대하시려고 사람들을 보내셨지만, 초대에 응하지 않은 사람들은 스스로 왕국의 잔치에서 제외되었다. 그러므로 결함이 있는 쪽은 하느님의 솜씨가 전혀 아니다. 그분은 진정 돌들로도 아브라함의 자녀를 만드실 수 있기 때문이다. 이 솜씨에 순응하지 않는 사람 쪽이 스스로 자기 불완전의 원인이 된 것이다. 스스로 눈이 먼 사람들 때문에 빛 자체에 결함이 생기지는 않는다. 빛은 있는 그대로 남되 눈먼 사람들이 제 탓으로 어둠 속에 머물게 된다. 빛이 빛을 받으라고 강요하는 법도 없거니와 하느님께서는 거절하는 이에게 당신의 솜씨를 강요하지도 않으신다. 아버지의 빛에서 떨어져 나와 자유의 법을 어긴 사람은 자신의 탓으로 떨어져 나온 것이다. 그들은 애초에 스스로 결정 내릴 수 있는 자유로운 존재로 창조되었기 때문이다.

4. 모든 것을 미리 아시는 하느님께서는 이런 사람들에게나 저런 사람들에게 저마다 맞는 거처를 마련해 두셨다. 불멸의 빛을 찾아 그리로 달려가는 사람들에게는 인자롭게 그들이 원하는 이 빛을 주신다. 그런가 하면 그 빛을 업신여기고 등을 돌리며 도망치면서 스스로 장님과 같이 되는 사람들에게는 빛에 등을 돌리는 사람에게 맞갖은 어

둠을 마련해 두셨다. 그리고 하느님께 복종하지 않고 달아나는 사람들에게는 그들에게 합당한 형벌을 마련해 두셨다. 하느님께 복종하는 것은 영원한 휴식이다. 따라서 빛으로부터 도망치는 사람은 그 도망에 맞갖은 거처를 얻게 된다. 모든 선이 하느님 안에 있듯이 제 의지로 하느님으로부터 도망치는 사람은 이 모든 선으로부터 제외된다. 이렇게 하느님 안에 있는 모든 선에서 제외되는 사람은 당연히 하느님의 의로운 심판에 떨어지게 될 것이다. 휴식에서 도망치는 사람은 당연히 고통 중에 살 것이며 빛에서 도망친 사람은 당연히 어둠 속에 살게 될 것이다. 우리 지상 생활의 이 일시적 빛에서 도망치는 사람이 빛에서 벗어나 어둠 속에 머물게 되는 것은 빛의 탓이 아니다. 그 책임은 어디까지나 그들 자신에게 있음은 이미 말한 바와 같다. 마찬가지로 모든 선을 다 포함하고 있는 하느님의 영원한 빛에서 도망치는 사람도 그들 스스로의 탓으로 어둠 속에 머물게 될 것이다. 그들 자신이 그런 거처를 얻은 원인이 되어 모든 선에서 제외된 상태로 머물기 때문이다.

이레네우스, 『이단 반박』Adversus haereses, 4,39,2~4.

성령과 교회

그리스도의 경륜은 성령의 경륜을 통해 완성된다. 메시아(기름 부음 받으신 분)로부터 성령의 기름이 교회의 온몸을 적시며 각각의 지체들에게까지 흘러내린다. 성령은 교회 지체들 안에 머무시며 당신의 향기로 그들을 가득 채우신다.

교회 있는 곳에 성령께서 계시고, 성령 계신 곳에 교회가 있다.

우리 안에서 싹트는 신앙은 사랑의 누룩이 되어 하느님을 뵙도록 이끌어 준다. 성찬은 구원 역사의 마지막 단계다. 축성되는 그 순간부터, 땅의 소출이었던 빵과 포도주는 온 창조세계를 담고서 강물처럼 흘러 모든 은사의 원천이신 하느님을 향해 되돌아간다. 교회는 성찬을 통해 빵과 포도주로써 감사를 드리는 동시에, 이미 현존하면서 점점 무르익어 가는 하느님 나라가 이루어지길 기다린다.

　이것은 한 폭의 놀라운 그림과도 같다. 이로써 이레네우스는 하느님 계획의 단일성과 점진적 성장을 동시에 드러내 보일 뿐 아니라, 두 계약(구약과 신약)의 조화, 두 아담(아담과 예수 그리스도)의 조화, 두 하와(하와와 마리아)의 조화와 온 창조세계의 회복 또는 만유회복萬有回復, recapitulatio을 동시에 멋들어지게 표현해냈다.

리옹과 비엔 공동체의 편지

5. 1. 3. 갈리아의 비엔과 리옹에서 순례 생활을 하는 그리스도의 종들이 구원에 관한 동일한 신앙과 희망을 지니고 사는 아시아와 프리기아의 형제들에게 써 보냅니다. 하느님 아버지와 우리 주 예수 그리스도의 평화와 은총과 영광이 그대들에게.

20. … 어떤 것을 물어도 그저 라틴 말로 "나는 그리스도인이오"하

고 대답할 따름이었습니다. 이름을 물어도, 출신 도시를 물어도, 출신 민족을 물어도 그는 오직 이렇게 대답할 따름이었습니다. 이교인들은 그에게서 그 어떤 다른 말도 듣지 못했던 것입니다. 21. … 결국 그들은 그 몸의 가장 민감한 부위에 불로 달군 석쇠를 갖다 대었습니다. 22. 석쇠에 그의 살이 타들어 갔어도, 성인은 그리스도의 옆구리에서 솟는 생명수의 샘으로 적셔져 튼튼하게 된 자신의 신앙을 꿋꿋이 고백하며 곧게 서서 흔들리지 않았습니다. 23. 그러나 그의 가엾은 육신은 가해진 형벌을 증언했습니다. 그의 몸은 온통 멍들고, 상처투성이가 되었습니다. 잔뜩 오그라들어 더는 사람의 몰골이라고 할 수가 없었습니다. 그리스도께서 그 안에서 몸소 수난을 겪으시면서 큰 영광을 받으셨습니다. 그는 적대자를 물리치면서 아버지께 대한 사랑이 있는 곳에는 두려울 것도 없고, 그리스도의 영광이 있는 곳에는 고통도 없다는 사실을 모든 이에게 본보기로 보여 주었습니다. 24. 며칠 후 악인들은 증거자를 다시 고문하였습니다. 온통 붓고 불에 덴 그의 육신에다가 똑같은 고문을 가한다면 그를 이길 수 있으리라고 생각했기 때문입니다. 사실 상처에 손만 살짝 스쳐도 못 견디게 고통스러워하는 것을 보았던 것입니다. 혹은 다시금 고문으로 몸을 상하게 하면 다른 사람들이 두려움에 떨게 되리라고 생각했을 터입니다. 그런데 우리 성인에게는 이 비슷한 일이 전혀 일어나지 않았습니다. 오히려 모든 인간적인 예상을 뒤엎고, 그 가엾은 몸은 이어지는 고문에도 생기를 되찾고 있었습니다. 꼿꼿이 서서 애초의 모습을 되찾아, 몸을 다시 가눌 수 있게 되었습니다. 그리하여 그리스도의 은총으로 이 두 번째 고문은 형벌이기는커녕 오히려 회복이 되었던 것입니다. …

28. 너무 가혹하게 고문을 당한 나머지 갖은 치료를 받는다 해도 도저히 살아날 수 없을 것같이 보이던 사람들 몇몇은 인간적인 도움이라고는 전혀 없이 오직 주님의 도움으로 감옥에서 살아남았습니다. 그리하여 영혼과 육신이 굳세어져 동료들을 격려하고 힘을 북돋아 주었습니다. 한편 갓 체포된 몇몇 젊은이들은 그 육신이 고문의 치욕을 당하기도 전에 이미 갇혀 사는 무게를 감당하지 못해 감옥에서 죽기도 했습니다. 29. 리옹의 주교였던 복되신 포티누스는 아흔이 넘어 기력이 몹시 쇠약한 나머지 겨우 숨이나 쉬고 있는 형편이었습니다. 그런데도 성령의 북돋움과 순교하려는 자신의 열망으로 말미암아 기력을 회복하였습니다. 그분 또한 재판정에 끌려갔습니다. 몸은 늙고 병들어 있었지만 영혼은 깨어 있었습니다. 그래서 그리스도께서 이 영혼을 통해 영광 받으실 수 있었습니다. 30. 군사들에 의해 재판정에 끌려간 그분을 도시의 재판관들과 시민들이 호송하였는데, 그들은 마치 그리스도를 직접 보기라도 한 듯 온갖 고함을 다 질러댔습니다. 이런 가운데 그는 훌륭한 증언을 하였습니다. 31. 통치자가 그에게 그리스도인들의 하느님에 관해 묻자 그는 이렇게 답했습니다. "당신이 합당하면, 그분을 알게 될 것이오." …

41. 한편 블란디나Blandina는 나무에 매달려서 들녘에 짐승의 먹이로 내던져져, 짐승들이 그 위로 달려들었습니다. 매달린 그 모습은 십자가 형상을 띠고 있었고, 큰 소리로 기도함으로써 함께 순교하는 동료들에게 크게 용기를 북돋아 주었습니다. 순교라는 전투를 치르고 있던

동료들은 블란디나의 모습에서 그들을 위해 십자가에 달리셨던 그분의 모습을 눈으로도 뵈었습니다. 그리하여 그리스도께 영광을 드리기 위해 수난을 겪는 사람은 누구든지 살아 계신 하느님과 일치를 이룬다는 확신을 그리스도인들에게 심어주었습니다. …

55. 복되신 블란디나는 모든 사람 중 맨 마지막이었습니다. 그는 덕스러운 어머니처럼 자녀들에게 용기를 북돋아 주고 그들이 승리자로서 하늘 임금님께 먼저 나아가도록 한 뒤, 마지막으로는 자기도 자녀들이 겪었던 전투의 모든 고난을 다 겪어 냈습니다. 이제 그 역시, 세상을 떠나게 된 데서 오는 행복과 기쁨에 빛나는 모습으로 자녀들을 만나러 서둘러 달려가고 있었습니다. 그 모습은 전혀 짐승의 먹이로 던져진 사람 같지 않고, 오히려 혼인 잔치에 초대된 사람처럼 보였습니다. 56. 매질 당하고 짐승에게 뜯기고 석쇠 위에서 달구어진 후, 마침내 그물에 뒤엉킨 채 황소의 발아래 내던져졌습니다. 짐승에게 여러 차례 들이받혀서 높이 튕겨 나가면서도, 신앙의 희망과 기대에 가득 차 그리스도와 더불어 이야기하는 데 열중한 나머지, 자기가 지금 무슨 일을 겪고 있는지조차 모르고 있었습니다. 이리하여 그도 죽임을 당했으되, 이교인들조차 그들 역사에서 단 한 번도 여인의 몸으로 이토록 참혹한 고문을 견디어 낸 사람은 없었노라고 인정했습니다.

이레네우스, 『리옹과 비엔 공동체의 편지』Lettre des chrétiens de Lyon et de Vienne
(카이사레아의 에우세비우스 『교회사』, 5,1,1~2,8에 보존되어 있다)

3. 리옹의 순교자들

177년 리옹에서 민중 반란이 일어나 몇몇 그리스도인들이 체포되었다. 그들은 마르쿠스 아우렐리우스Marcus Aurelius 황제의 승인 아래 유죄 판결을 받았다. 에우세비우스Eusebius는 그때 생긴 일을 전해 주는 편지 하나를 자신의 『교회사』Historia ecclesiastica에 보존하고 있다. 이것은 이레네우스가 쓴 편지일지도 모른다.

203년 북아프리카와 이집트에서 다시 박해의 광풍이 휘몰아쳤다. 테르툴리아누스는 불의한 박해자에게 항의했으나 헛일이었다(『이교인들에게』Ad nationes, 『호교론』Apologeticum). 카르타고에서는 페르페투아Perpetua와 펠리키타스Felicitas가 순교했다. 그들의 옥중 수기가 보존되어 전해 오는데, 이것은 의심할 나위 없이 테르툴리아누스가 소개한 것이다.

성서 정경

정경canon이란 말은 규칙regula을 뜻하는 그리스어다. 성서 정경은 교회가 자기 신앙의 규칙으로 인정한 책들의 목록이다. 진정성 authenticitas과 혼동하지 말아야 한다.

무라토리 정경 목록: 1740년 무라토리Muratori가 발견했다 하여 이 이름이 붙었다. 무라토리 단편은 2세기에 기록된 것으로 보이며 몇 권을 빼고는 거의 모든 신약 정경을 두루 언급한다. 여기서 언급되지 않는 책은 히브리인들에게 보낸 편지와 야고보의 편지, 베드로의 첫째, 둘째 편지다. 헤르마스의 『목자』의 경우 "유익한" 책으로 언급된다.

아타나시우스 정경 목록: 아타나시우스는 이미 369년에 현재의 것과 같은 신구약 정경 목록을 보여 주며 382년 로마 교회회의 역시 그러하다. 4세기의 시나이 수사본은 2세기, 혹은 3세기 사본으로서 현재와 같은 신약 정경 목록을 담고 있다.

성서 해석

교부들은 신약성서의 노선을 따라 때로는 세 개, 때로는 네 개의 의미를 구분한다. 그러나 이를 도식화하지는 않았다. 성서의 4중 의미는 특히 중세에 들어 확립되었다.

3중 의미(오리게네스, 히에로니무스)

문자적 혹은 역사적 의미, 우의적 혹은 예형론적·그리스도적 의미, 영적 혹은 윤리적 의미. 예컨대 홍해를 건넌 이야기는 첫째로는 역사적 사건이요, 둘째로는 예수께서 성취하신 구원 업적의 예형이며, 셋째로는 교회와 그리스도인을 위해 세례를 통해 이루어지는 것이다.

4중 의미(아우구스티누스, 요한 카시아누스Iohannes Cassianus, 베다Bede)

문자적 의미, 우의적 의미, 윤리적 의미, 영적 의미 혹은 신비적 의미. 예컨대, 생 빅토르의 리카르두스Richardus에 따르면, 니네베는 문자적 의미로는 아시리아의 도시를 뜻하고, 우의적 의미로는 세상을 뜻하며, 윤리적 의미로는 영혼을 뜻하고, 영적·신비적 의미로는 교회를 뜻한다.

『무라토리 정경』

… 복음의 세 번째 책은 루가가 쓴 복음이다. 박식해서 바울의 눈에 띄었던 루가는 의사였는데, 그는 그리스도께서 승천하신 뒤 알려져 있는 사실들을 바탕으로 자기 이름으로 복음서를 썼다. 그러나 루가도 주님을 직접 뵙지는 못했다. 그리하여 스스로 이해할 수 있었던 것을 토대로 세례자 요한의 출생부터 글을 써나가기 시작했다.

네 번째 복음은 제자들 가운데 한 사람인 요한의 작품이다. 자신을 격려하던 동료 제자들과 주교들에게 요한은 말했다. "오늘부터 나와 함께 사흘 동안 단식합시다. 그리고 각자에게 계시된 바를 서로 이야기해 봅시다." 바로 그날 밤 사도들 가운데 하나인 안드레아에게 계시가 내려, 요한은 모든 것을 자기 이름으로 써야 하며 모든 이는 그가 쓴 것을 검열하리라 하였다.

모든 사도의 행장기行狀記들은 단 한 권의 책 『사도행전』에 편집되어 있다. 루가는 지체 높은 테오필루스 Theophilus에게 모든 일은 자기가 보는 앞에서 진행되었노라고 천명한다. 이는 그가 베드로의 수난과 바울이 로마에서 히스파니아까지 여행한 일을 빠뜨린 것만 보아도 분명한 일이다.

바울의 편지들은 주의 깊은 독자들에게 편지의 저술 동기를 뚜렷이 보여 준다. 바울은 먼저 고린토인들에게 긴 편지를 썼는데, 이는 이단과 열교를 거슬러 싸우려는 것이었다. 다음으로 갈라디아인들에게는 할례를 금하기 위해 썼고, 마지막으로 로마인들에게는 그리스도께서 모든 성서의 원리라는 사실을 지적하기 위해 편지를 썼다. 각 편지를 하나하나 다 살펴볼 필요는 없다. 복된 바울은 자신의 선임자인 요한의 발자취를 따라 다음과 같은 순서로 일곱 교회들에게 이름 붙여 가며 편지를 썼기 때문이다. 첫째 고린토인들에게, 둘째 에페소인들에게, 셋째 필립비인들에게, 넷째 골로사이인들에게, 다섯째 갈라디아인들에게, 여섯째 데살로니카인들에게, 일곱째 로마인들에게 썼다. 그리고 고린토인들과 데살로니카인들에게는 나무라기 위해 편지를 한 통씩 더 썼다. 그러나 온 땅에 퍼져 있는 교회는 하나라는 사실을 유념해야 한다. 요한도 묵시록에서 일곱 교회들에게 편지를 썼지만 사실은 모든 교회에게 말하고 있는 것이다. 필레몬과 디도, 그리고 디모테오에게 보낸 편지들은 그들을 향한 우정과 사랑으로 쓴 것이지만, 궁극적으로는 보편교회의 성화와 영예를 위해, 그리고 교회 규율의 조직을 위해 쓴 것이다.

바울의 이름을 사칭하여 라오디케아인들에게 보낸 편지, 알렉산드리아인들에게 보낸 편지라는 것들이 돌아다니고 있지만, 그것은 마르키온의 오류를 선전하는 것들이다. 그밖에 다른 편지들도 있지만 보편교회가 받아들일 수 없는 것들이다. 그것은 쓸개즙을 꿀과 섞을 수 없는 것과 같은 이치다.

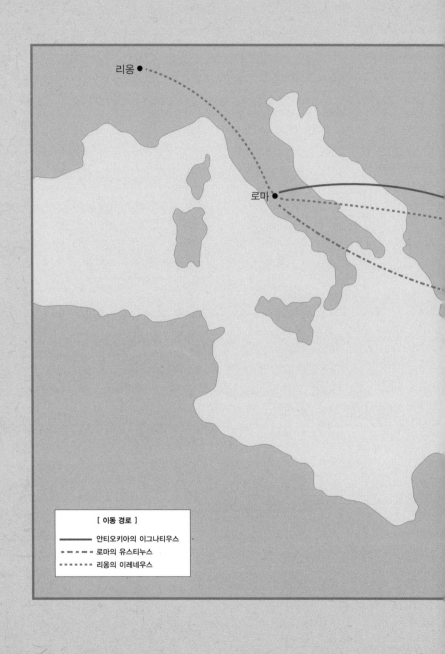

리옹

로마

[이동 경로]

안티오키아의 이그나티우스

로마의 유스티누스

리옹의 이레네우스

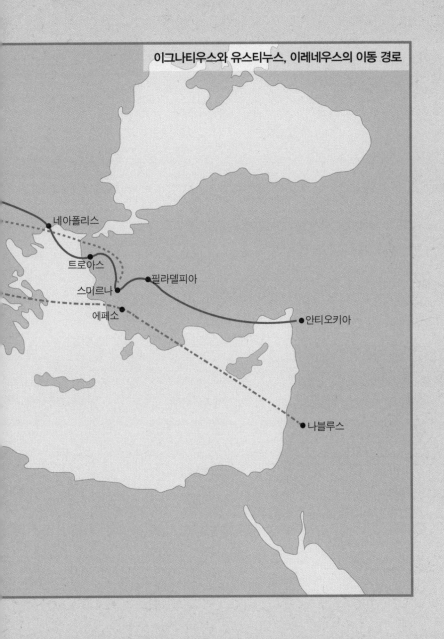

이그나티우스와 유스티누스, 이레네우스의 이동 경로

네아폴리스

트로아스

필라델피아

스미르나

에페소

안티오키아

나블루스

제 2 장

순교자들의 교회

✳ 순교자들의 교회(3세기)

바울이 선교여행을 떠난 지 한 세기 반이 지나 교부시대가 본격적으로 시작되었다. 3세기, 교회는 동방의 경우 카파도키아와 메소포타미아까지 확장되었으며, 서방의 경우 이집트와 로마 치하의 아프리카, 그리고 갈리아와 게르마니아 땅에 튼튼히 뿌리를 내렸다.

세례를 받으려고 밀려드는 사람들을 품고자 교회는 적응력을 키워야 했다. 세 단계 교계 제도(주교-사제-부제)에서 사제와 부제는 주교의 든든한 협력자였다. 예비 신자 기간은 3년으로 굳어졌다. 오리게네스와 키프리아누스Cyprianus의 설교와 저작들은 신앙을 심화하는 데 도움을 주었다. 또한 이 시기, 비록 의무적으로 두루 통용되진 않았지만 규범집 성격을 띤 두 개의 저서, 로마에서 저술된 『사도 전승』Traditio apostolica과 동방에서 나온 『열두 사도들의 가르침-디다케』가 탄생했다.

그리스도인들은 박해와 잠정적 평화의 시기를 번갈아 맞이했지만, 교회는 이미 박해의 충격을 견딜 수 있을 정도로 활기를 띠었다. 가지치기한 나무는 새로운 가지들을 뻗기 마련이다. 테르툴리아누스는 열정에 들떠 말했다.

> 그대들의 어떤 가혹한 잔인함도 아무 쓸모가 없다. 그대들이 우리를 낫으로 죄다 베어낼 때마다 우리는 더 수가 많아진다. 그리스도인들의 피는 씨앗이기 때문이다. (『호교론』, 50,13)

3세기부터 교회는 비범한 저술가들을 배출하기 시작했다. 카르타고에는 테르툴리아누스가 있었고, 알렉산드리아에는 오리게네스가 있었다. 그들의 활동은 오랜 세월 지속적인 영향을 끼쳤다. 그들은 그리스도교 고유의 언어와 전문 용어를 만들었을 뿐 아니라, 후대의 그리스도교 세대를 풍요롭게 해줄 신학과 주석학을 탄생시켰다.

로마의 히폴리투스의 『사도 전승』

… 하느님, 마지막 시대에 당신의 사랑하시는 아들 예수 그리스도를 구원자이며 구속자救贖者이고 당신 뜻의 사자使者로 우리에게 보내 주심에 감사드리나이다. 그분은 당신의 불가분의 말씀이며

당신은 그 말씀을 통하여 만물을 창조하셨고

당신이 가장 기뻐하시는 분이시나이다.

당신은 그분을 하늘로부터 동정녀의 품 안으로 내려보내시고,

그 모태에서 육화하게 하시고,

당신의 아드님으로 나타나게 하시고,

성령과 동정녀로부터 태어나게 하셨나이다.

그분은 당신의 뜻을 채우시고 당신께 거룩한 백성을 얻어 드리고자,

당신을 믿는 이들을 고통에서부터 구원하기 위해

수난받을 때에 손을 펼치셨나이다.

그분은 자신을 스스로 수난에 내부치시어 죽음을 소멸하시고

악마의 사슬을 깨뜨리시고, 지옥을 몰아내시고,

의인들을 비추시고, 신앙의 법을 제정하시고,

부활을 드러내 보이셨나이다.

그분은 빵을 드시고 당신께 감사의 기도를 바치시며 말씀하셨나이다.

"너희는 받아먹어라. 이는 너희를 위해 부수어질 내 몸이다."

잔에도 같은 모양으로 말씀하셨나이다.

"이는 너희를 위해 흘릴 내 피다.

너희는 이를 행할 때마다 나를 기념하라."

그러므로 우리는 그분의 죽음과 부활을 기념하여

당신께 빵과 잔을 드리오며,

우리로 하여금 당신 어전에 합당한 자로 서게 하고

봉사하게 하신 은혜에 감사하나이다.

청하오니, 거룩한 교회의 예물에 당신 성령을 보내 주소서.

거룩한 신비에 참여한 우리 모두를 일치시켜 주시고
진리 안에서 믿음이 굳세어지도록 성령으로 충만케 하시어
우리로 하여금 당신의 아들 예수 그리스도를 통하여
당신께 찬미와 영광을 드리게 하소서.
그분을 통하여 성령과 함께 성부와 성자와 영광과 영예가
성교회 안에서 지금과 세세에 있으소서. 아멘.

히폴리투스Hippolytus, 『사도 전승』Traditio apostolica (분도출판사)

현대 성찬 감사기도 제2양식

※ 굵은 글씨는 성찬기도 가운데 『사도 전승』과 일치하는 대목이다.

거룩하신 아버지, 사랑하시는 성자 예수 그리스도를 통하여
언제나 어디서나 아버지께 **감사함이**
참으로 마땅하고 옳은 일이며 저희 도리요 구원의 길이옵니다.
아버지께서는 말씀이신 그리스도를 통하여
모든 것을 창조하시고
그분을 저희에게 구세주로 보내셨으니
그분께서는 성령으로 인하여
동정 마리아에게서 사람으로 태어나셨나이다.
성자께서는 아버지의 뜻을 이루시고자

십자가에서 팔을 벌려 백성을 아버지께 모아들이셨으며
죽음을 이기고 부활하셨나이다.
그러므로 저희는 모든 천사와 성인과 함께
아버지의 영광을 찬양하나이다.

거룩하신 아버지
아버지께서는 모든 거룩함의 샘이시옵니다.
간구하오니
성령의 힘으로 이 예물을 거룩하게 하시어
우리 주 예수 그리스도의 몸과 피가 되게 하소서.

스스로 원하신 수난이 다가오자 예수님께서는
빵을 들고 감사를 드리신 다음
쪼개어 제자들에게 주시며 말씀하셨나이다.

"너희는 모두 이것을 받아먹어라.
이는 너희를 위하여 내어줄 내 몸이다."

저녁을 잡수시고 같은 모양으로
잔을 들어 다시 감사를 드리신 다음
제자들에게 주시며 말씀하셨나이다.

"너희는 모두 이것을 받아 마셔라.
이는 새롭고 영원한 계약을 맺는 내 피의 잔이니

죄를 사하여 주려고 너희와 많은 이를 위하여 흘릴 피다.
너희는 나를 기억하여 이를 행하여라."

신앙의 신비여 …

아버지, 저희는 그리스도의 죽음과 부활을 기념하며
생명의 빵과 구원의 잔을 봉헌하나이다.
또한 저희가 아버지 앞에 나아와 봉사하게 하시니 감사하나이다.
간절히 청하오니 저희가 그리스도의 몸과 피를 받아 모시어
성령으로 모두 한 몸을 이루게 하소서.

주님, 온 세상에 널리 퍼져 있는 교회를 생각하시어 …
저희에게도 자비를 베푸시어 … 영원한 삶을 누리며
성자 예수 그리스도를 통하여 아버지를 찬양하게 하소서.

그리스도를 통하여, 그리스도와 함께, 그리스도 안에서,
성령으로 하나 되어, 전능하신 천주 성부
모든 영예와 영광을 영원히 받으소서.

I. 피로 쓴 서사시

3세기, 그리스도교가 확고하게 뿌리를 내리던 이 시기는 로마제국이라는 거대한 건물에 금이 가고 허물어져 가던 시점과 맞물려 있다. 야만족들은 국경을 넘보았고, 급속한 통화 팽창에 시달리고 있었으며, 인구수는 줄어들고 있었다. 이미 그리스도인이 된 엘리트들의 미지근한 애국심을 본 황제들은 황제 숭배를 통해 백성을 움직여 병력을 충원하려 들었다.

셉티미우스 세베루스Septimius Severus 황제(193~211년)는 종교 단체들이 커나가는 데 제동을 걸었고, 사람들이 그리스도교로 개종하는 것을 금했다. 따라서 예비 신자 교육은 불법이 되었다. 이런 분위기에서 테르툴리아누스는 『순교자들에게』Ad Martyres를 저술했다. 203년에는 카르타고의 페르페투아와 펠리키타스, 그리고 수많은 예비 신자들이 체포되어 순교했다.

박해가 잠시 잦아드는 듯했으나 큰 키로 말미암아 스스로를 신이라 믿었던 막시미누스 트락스Maximinus Thrax(235~238)는 교회 지도자들만 사형에 처할 것을 명하는 칙령을 내렸다. 그 결과 235년 로마의 주교 폰티아누스Pontianus와 뛰어난 주석가였던 히폴리투스가 사르데냐로 귀양 가서 삶을 마감했다. 일반적으로 『사도 전승』은 히폴리투스의 작품이라고 알려져 있다.

교회는 다시금 잠시 휴식기를 맞이했다. 국경이 야만족에게 위협당하자 데키우스Decius 황제(249~251년)는 시민들의 충성을 확인하고 싶어 했고, 제국 수호를 위해 호소문supplicatio을 널리 반포하기에 이르렀다. 모두가 신들에게 희생 제사를 바치고 증명서libellus를 발급받아야했다. 예기치 않았던 박해는 신앙인들에게 혼란을 불러일으켜 수많은 배교자가 생겼다. 교회는 다시금 순교자들을 배출했다. 스미르나의 사제 피오니우스Pionius와 동료들, 에페소의 막시무스Maximus, 니코메디아의 루키아누스Lucianus와 마르키아누스Marcianus, 알렉산드리아의 아폴로니아Apollonia와 수많은 이들이 모두 이 시대의 순교자들이다. 이들 순교자에 대한 우리의 지식은 이 시대의 권위 있는 순교록에 근거를 두고 있다. 키프리아누스는 바로 이 시기에 감옥에 갇힌 증거자들에게 편지로 힘을 북돋아 주었다.

한차례 회오리가 지나간 다음, 압력에 굴하여 희생 제사를 바친이들을 어떻게 할 것인가 하는 문제가 대두되었다. 카르타고와 로마에서는 온건한 입장을 취하여 일정한 참회 과정을 거친 뒤 화해하는것으로 가닥을 잡았다. 그러나 이는 엄격주의자들과의 충돌을 불러일으켰다.

발레리아누스Valerianus 황제(253~260년)는 재위 초기에 그리스도인들에게 큰 호의를 지닌 인물 가운데 하나였다. 그러나 심각한 경제적위기에 봉착하자 재정을 되살리기 위해 그리스도인에 대한 일반 대중의 적대감을 이용하려 했다. 최초의 칙령(257년)은 교계 제도의 고위 성직자들이 신들에게 희생 제사를 바치도록 명하는 내용을 담고있었다. 카르타고의 키프리아누스와 알렉산드리아의 디오니시우스Dionysius도 복종을 요구받았지만 거역했고, 그 결과 유배당했다. 두 번째로 반포된 칙령은 항명하는 자들을 사형에 처한다는 것이었고 순교자들은 더욱 늘어났다.

로마에서는 식스투스Sixtus 2세 주교가 부제 네 명과 함께 처형됐는데, 부제들 가운데 한 사람이 라우렌티우스Laurentius였다. 카르타고에서는 키프리아누스가 같은 운명을 겪었다. 또한 258년 타라고나에서 프룩투오수스Fructuosus 주교가 두 부제와 함께 처형되었다. 카르타고의 키프리아누스와 프룩투오수스 그리고 몬타누스Montanus의 경우 순교록이 남아 있다.

『폴리카르푸스 순교록』에 잘 나타나 있듯이, 순교자를 공경하는 신심은 2세기로 거슬러 올라간다. 이 신심은 3세기에 들어 순교자의 수가 늘어나면서부터 확산되었다. 순교 기념일에는 교회가 세심하게 보존해 온 유명한 증거자들의 『순교자 행전』Acta Martyrum을 읽었다. 『폴리카르푸스 순교록』, 『페르페투아와 펠리키타스 수난기』Passiones Perpetuae et Felicitatis는 동시대인들이 편집해 교회가 보존한 것이다. 후대에 나온 『성인전』Legendae들은 진실과 꾸며낸 이야기가 뒤섞인 것이다. 체칠리아Caecilia의 전기처럼 어떤 문헌들은 순교자의 이름과 순교했다는 사실을 제외하면 모두가 꾸며낸 이야기다.

프룩투오수스 주교와
부제 아구리우스와 에울로기우스의 순교

원형 경기장에서 그의 군대 동료였던 펠릭스Felix 형제가 다가와 자기를 천국에서 기억해 달라고 부탁했다. 그러자 프룩투오수스는 또렷한 목소리로 대답했다. "나는 동방에서 서방까지 널리 퍼진 보편교회를 생각해야 하오."

『프룩투오수스와 두 부제 수난기』Les premiers martyrs de l'Église, 142.

II. 알렉산드리아의 그리스도교 사상

오늘날 알렉산드리아 항에 내리는 관광객들은 이 도시가 고대에 얼마나 중요한 곳이었는지 짐작조차 하기 어려울 것이다. 제국의 두 번째 도시였던 알렉산드리아는 아프리카와 아시아를 잇는 경제와 상업의 요충지로서, 인구가 백만에 달하던 대도시였다. 또한 알렉산드리아는 고대 아테네에 이어 그리스 지성계 전체에서 가장 활달한 중심지이자 모든 종교와 철학이 만나는 길목이었다.

아테네의 뮤즈 언덕을 본떠 만든 학당Museum은 원래 프톨레마이오스 궁의 경내에 있었는데, 학식 있는 이들과 철학자들이 모여들던 곳이었다. 그러다가 세상에서 가장 많은 장서를 갖춘 대학이 되었으나 (700,000권), 율리우스 카이사르Julius Caesar가 포위하던 때 불타버렸다. 나일 강변에서 많이 자라던 파피루스는 도서 산업을 번성하게 했다.

특별히 수가 많았던 유대인 공동체는 상당한 특권과 행정적 자율권을 누리고 있었다. 헬레니즘 세계와 더 잘 접촉하기 위해 알렉산드리아의 랍비들은 구약성서를 그리스어로 옮기는 일을 시도했다. 전승에 따르면 이 랍비들의 수가 70명이었기 때문에 이 그리스 역본을 70인역 성서Septuaginta(LXX)라 부른다. 사도 바울이 읽었던 것이 바로 이 역본인데, 대략 기원전 250년에서 150년 사이에 만든 것으로 보인다.

또 알렉산드리아에는 필론이라는 박식한 유대인이 있었다. 예수 그리스도와 동시대 사람이었던 그는 성서에 대한 우의적 주해들을 저술했는데, 주로 창세기에 관한 것이었다. 필론의 활동은 성서와 그리스 철학이 만나는 계기를 제공해주었다. 알렉산드리아의 그리스도인들은 우의적 주해를 가르치는 학교를 설립했으며 이 학교는 나중에 하나의 학파를 이루었다.

알렉산드리아는 매우 이른 시기부터 일찌감치 복음화 되었는데(이미 2세기 초에 기록된 네 복음서의 파피루스 수사본 단편들이 전해 온다), 그 주역은 아마도 마르코였던 것 같다(『교회사』, 2,16). 알렉산드리아 교회는 신앙 유산을 위태롭게 하던 영지주의자들(발렌티누스Valentinus, 바실리데스, 카르포크라테스Carpocrates(120~130년))의 막대한 영향력 아래 일찍부터 흔들리고 있었다. 이들을 대적할 인물들이 나오기까지는 한 세대가 흘러야 했다.

180년경 시칠리아 출신 철학자 판타이누스Pantaenus는 알렉산드리아에서 사제가 되어 예비 신자들을 가르치는 학교를 열었는데 클레멘스가 그의 제자였다.

1. 알렉산드리아의 클레멘스(†215년경)

본디 그리스 출신이었던 티투스 플라비우스 클레멘스는 그리스도교에 귀의하기 전에 훌륭한 교육을 받았다. 스승들을 찾기 위해 여행에 나선 그는 결국 알렉산드리아에 정착한다.

180년경 클레멘스는 판타이누스의 교리 학교에 들어갔다.

(판타이누스는) 예언자들과 사도들의 정원에서 주옥같은 글만 가려

모아서 듣는 이들의 마음에 순수한 '영지'가 꽃피게 했다. (『양탄자』 1,11,1)

판타이누스의 가르침은 사색에 토대를 둠과 동시에 신앙에도 합치되는 지성적인 그리스도교 신앙이었다.

스승의 뒤를 이어서 그리스도교 '사설학원'didaskaleion의 책임자가 된 클레멘스는 알렉산드리아의 지성인들을 받아들여 고전 문화와 복음을 조화시키는 작업을 계속해 나갔다. 셉티미우스 세베루스 황제의 박해(202~203년) 때까지 여기서 가르치다가 카파도키아로 피신한 클레멘스는 다시 예루살렘으로 가서 교회에 봉사하며 저술 활동을 이어갔다.

사제는 아니었을 것으로 추측되는 그는 유스티누스처럼 교회 한가운데 사는 평신도로서 그리스도교 인문주의를 개척했다. 클레멘스는 회심의 세 단계에 상응하는 세 작품(『그리스인들을 향한 권고』 Protrepticus ad graecos, 『교육자』Paedagogus, 『양탄자』Stromata)을 남겼다.

1.1. 작품

『그리스인들을 향한 권고』

'프로트렙티쿠스'protrepticus는 원래 '보내다, 향하다'라는 그리스어 동사에서 나온 말이다. 이 말이 고대 그리스도교 문헌학에서는 하나의 문학 장르를 지칭하여, 이교인들에게 "신적 로고스의 새로운 노래"를 경청해 보라고 권고하고 초대하는 작품을 통틀어 일컫는 말이 되었다. 체계적 구성으로 섬세함과 열정이 돋보이는 글들이다.

클레멘스는 이방 종교와 문화를 속속들이 아는 사람이었다. 그는 이방 종교의 신비와 그 의식儀式의 어리석음과 고약함을 일방적으로 비난했다. 자신의 체험으로 그 헛됨을 알고 있었던 것이다. 그래서 그는 대화 상대자로 하여금 그리스도인이 믿는 하느님과 만나도록 이끌어 주고자 했다.

클레멘스는 이 책을 교향곡을 작곡하듯 만들었다. 그는 온 인류에게, 구세주이신 말씀의 인도하심을 온전히 따르며 "하례하나이다, 빛이시여!"(그리스 비극작가 아이스킬로스Aeschylus에게서 따온 말)라는 환호를 울려 퍼지게 하자고 권고하면서 그리스도께 바치는 찬가로 작품을 시작한다. 이 찬가는 작품 전체의 주된 주제로 책 끝자락에 다시 나타난다.

『교육자』

『그리스인들을 향한 권고』가 막 신앙에 입문하려는 이들을 위한 것이라면『교육자』는 일종의 그리스도교 교리서다. 이 책에서는 하느님의 말씀이 사람이 되신 것은 사람들을 교육하고 깨우치며 양성하기 위한 것이라고 한다.

어린이와 같은 우리에게는 교육자가 필요합니다. 이처럼 온 인류는 예수를 필요로 합니다. (『교육자』, 1,83,3)

클레멘스는 새 생명으로 다시 나게 하는 전인적 변화에 대해 말하고 있다. 하느님께서는 인간을 내면의 손님이신 그리스도의 모습으로 변화시킬 수 있다는 것이다. 사람은 가정과 사회생활을 꾸려나가면서(기도, 식사, 집안의 가구, 사치의 거부 등 모든 일상에서) 로고스이신 그리스도의 모습으로 날마다 동화되어야 한다고 그는 말한다. 이 과정은 세상 한가운데서 살아가는 그리스도인들에게 수행修行의 노력을 요구하지만, 동시에 그들로 하여금 복음의 광채를 발산하게 한다.

『양탄자』

여덟 권으로 된 이 책은(제목은 '여러 색깔이 섞인 양탄자' 혹은 '잡문록'雜錄, miscellanea을 뜻한다) 당시까지 쓰인 그리스도교 저술 중 가장 긴 것이다. 매우 다양한 주제에 대해 다룬 글들을 모아 만든 이 책의 구성은 다음과 같다.

· 철학과 계시의 관계(제1권)
· 신앙과 인간의 운명에 관련된 문제들(제2권)
· 그리스도인의 혼인(제3권)
· 순교와 완덕(제4권)
· 하느님의 지식(제5권)
· 철학과 인간적 지혜 그리고 계시(제6권)
· 참된 영지의 사람(제7권)
· 그 밖의 여러 주제에 관한 단상(제8권)

물질적 풍요가 넘치던 알렉산드리아 사회에서 부富는 문젯거리였다. 이 책에서 클레멘스는 마르코복음 10장 17~31절을 주해하면서 부자가 아니라 탐욕에 빠져서 회개할 줄 모르는 죄인이 하느님의 나라로부터 스스로를 배제시킨다고 말한다.

1.2. 클레멘스가 전한 가르침의 의미

신적 로고스를 추구하고 받아들이는 준비 과정으로 그리스 사상을 개방적으로 수용한다는 점에서 클레멘스는 그리스도교를 자신만만하고 느긋하게 그보다 우월한 종교로 소개한다.

신적 로고스는 실제적으로 역사의 중심에 있다. 그분의 교육 활동은 이교 세계에서는 철학자들과 함께 시작하고, 히브리인들에게서는

하느님 아버지, 하느님 어머니

37. 1. 하느님 자신도 사랑이시며 사랑 때문에 그분께서는 우리에게 보이는 분이 되셨습니다. 2. 그분의 형언할 길 없는 부분은 아버지이며, 우리를 동정하는 부분은 어머니이십니다. 아버지께서는 당신의 사랑 때문에 여성의 본성을 취하셨습니다. 이에 관한 명백한 증거는 그분께서 낳으신 아들입니다. 사랑으로 태어난 열매는 사랑입니다. 3. 이는 아드님께서 몸소 세상에 오신 이유이며, 인간의 모습을 취하신

율법과 예언자들과 함께 시작한다. 성육신은 이러한 긴 준비 과정의
끝이요 충만한 완성이다. 말씀은 교육자로서, 성부께서는 말씀에게
온 인류를 맡기셔서 진리를 드러내게 하셨다.

알지 못하는 사람은 찾는다. 찾는 사람은 스승을 발견한다. 스승을
발견한 사람은 믿는다. 믿는 사람은 희망한다. 그리고 사랑하는 사
람은 자기가 사랑하는 그 사람과 하나가 된다. 그는 그가 이미 오래
전부터 사랑해 오던 그 사람이 되기를 열망한다. (『양탄자』, 5,17,1)

참된 신앙으로 "자신의 삶 자체가 끊임없는 기쁨의 날이 되게 하는"
사람 안에 머무시는 하느님의 활동을 통해, 세례의 은총과 영지는 사
랑과 덕 안에서 신앙을 성숙하게 한다.

2. 오리게네스(†254년): 말씀의 몸인 성서

우리가 오리게네스보다 더 상세히 아는 고대 저술가는 없을 것이다. 이는 에우세비우스의 『교회사』에 힘입은 바 크다. 오리게네스는 185년 알렉산드리아의 신실한 그리스도교 가정에서 태어났다. 철저한 신앙 교육과 세속 교육을 받은 그는 플로티노스의 스승이던 철학자 암모니우스 사카스Ammonius Saccas에게서 배우며 단단한 철학적 기반을 갖추었다.

202년 오리게네스의 아버지 레오니데스Leonides는 순교로 삶을 마감했다. 그리하여 일곱 형제 가운데 장남이라 가계를 돌봐야 했던 그는 문법, 즉 문학을 가르치는 교사로 큰 성공을 거둔다. 그 후 데메트리우스Demetrius 주교는 그에게 예비 신자들의 교육을 위탁한다. 이리하여 오리게네스는 소장하던 세속 책을 모두 팔고 "하느님 나라를 위해 스스로 고자 된 사람"으로서 수행 생활을 시작한다.

교리 학교는 이 젊은 스승 오리게네스의 명성으로 인해 수많은 이교인과 영지주의자로 북적대었는데 수업 과목을 배로 늘려야 할 정도였다. 그는 상급반만 가르쳤는데 제자들에게 우선 고전 공부 과정을 거치게 한 뒤, 성서와 신학의 체계적 연구에 접근할 수 있게 했다. 215년에서 220년 사이에는 영지주의에서 그리스도교로 귀의한 암브로시우스Ambrosius라는 인물의 요청을 받고 『원리론』De principiis을 썼다.

이 기간에 그는 로마, 요르다니아, 팔레스티나의 카이사레아 등을 두루 다니며 설교도 했다. 그런데 이러한 활동은 소속 교구인 알렉산드리아의 주교 데메트리우스의 심기를 불편하게 했다. 그가 평신도였기 때문이다.

　그러자 카이사레아의 주교는 지역 교회에서 오리게네스가 설교하는 것을 합법화하기 위해 그를 사제로 서품한다. 그 후 알렉산드리아로 돌아왔을 때, 데메트리우스는 그의 사제직이 무효하다고 선언하고 파문한 뒤 유배를 명했다. 이에 오리게네스는 카이사레아로 피신하여 거기서 알렉산드리아의 교리 학교와 유사한 학교를 설립한다. 여기서 그는 설교와 성서 주석이라는 두 가지 소임을 계속 수행해 나갔다. 조언을 해달라는 요청을 받고 그리스와 아라비아를 여행하기도 했다.

　250년 오리게네스는 데키우스 황제의 박해 시절 붙잡혀 옥살이하며 고문을 받았다. 그리고 박해가 끝난 뒤 254년경 69세의 나이로 숨을 거두었다.

2.1. 작품

　오리게네스의 저작은 방대하다. 의심할 나위 없이 그는 고대 그리스도교에서 가장 많은 저술을 남긴 사람이다. 에우세비우스가 작성한 그의 저술 목록에는 2,000편이 열거되어 있지만 오늘날까지 전해오는 것은 그중 일부에 불과하다. 그는 다양한 문제들을 다루었다. 신학과 영적 생활을 다룬 것으로는 『순교 권면』Exhortatio ad Martyium과 『기도론』De oratione이 있고, 『켈수스 반박』Contra Celsum은 이교 철학자 켈수스Celsus의 한 작품을 반박한 논쟁 작품이다. 그러나 그의 전체 저술 중에서 특히 주목할 만한 것은 성서에 관한 저술들인데 성서를 해설하는 방식에 따라 주해류Commentarii(구절마다 붙이는 박식한 설명), 발췌 주해류Scholia(몇몇 성서 구절, 특히 난해한 구절에 대한 설명. '스콜리아'는 '발췌'라는 뜻이다), 설교류Sermones(대중을 상대로 한 강론으로 속기로 기록된 것이다)등이 있다. 마지막으로 『육중역본』Hexapla은 여섯 난으로 편집된 대조 성서인데, 가장 중요한 것은 다섯 번째 난(70인역 성서)으로 다른 역본과 비교하여 히브리어 원전에서 탈락한 요소들을 독특한 기호를 써서 표기해 두었다. 이전에 그리스어 본문으로 이런 작업이 이루어진 문헌은 전혀 없었다. 카이사레아에 유일한 사본이 하나 있었음이 분명한데, 그것은 히에로니무스가 이 사본을 이용했기 때문이다(그러나 현재는 유실되어 전하지 않는다). 이른바 '오리게네스 논쟁'으로 인한 공격과 오리게네스가 했다는 주장들에 대한 콘스탄티노플 공의회(553년)의 단죄로 말미암아 엄청난 분량의 오리게네스 저술에 대한 조직적인 파괴가 자행되었다. 그리하여 몇몇 권은 일부가 그리스어로 전해 오고(『원리론』 일부와 『켈수스 반박』), 다른 몇몇은 라틴어 번역본으로 전해 오지만, 주해류에서 온전한 형태로 전해지는 것은 단 한 권도 없다. 1941년 이집트 투라에서 발견된 파피루스 필사본 하나는 『헤라클레이다와의 논쟁』Disputatio cum Heracleida을 얻게 해주었다.

1 히브리어 본문	2 그리스어 음역본	3 아퀼라 역본	4 심마쿠스 역본	5 70인역	6 테오도시우스 역본
히브리 문자	정확한 히브리어 발음을 위해 그리스 문자로 음역	기원후 2세기	기원후 2세기	기원전 3~2세기	기원후 2세기

육중역본Hexapla의 구성

2.2. 가르침

오리게네스는 그리스 사상의 후계자로서, 필론과 판타이누스 그리고 클레멘스로 이어지는 유대교적이면서도 그리스도교적인 이중의 전통 노선에 서 있는 인물이다. 그의 저서는 사변적 신학, 논쟁, 성서 주석, 영성 등의 분야를 모두 다룬다. 여러 분야에서 그의 작품은 선구자적 면모를 지니고 있으며 동·서방을 통틀어 후대의 여러 세기에 걸쳐 이어진 신학적 모색과 주석학적 탐구에 기초를 놓았다. 주석가로서 그는 무엇보다도 먼저 본문을 회복시키려 애썼으며, 그런 다음 학문적이면서 동시에 영적인 자세로 본문 탐구에 들어갔다. 그는 본문에서 의미의 세 가지 수준을 구별하였다.

· 문자적 의미sensus litteralis: 단어가 지닌 뜻, 역사적 사실과 관습.
· 윤리적 의미sensus moralis: 심리적·윤리적 의미로서 영성 생활에 적용된다.
· 영적 의미sensus spiritualis: 우의적이거나 신비적 의미로서 하느님 나라의 신비를 향해 열린 의미.

보통의 경우 오리게네스는 이 세 가지 의미를 두 가지(문자적 의미와 영적 의미)로 줄였다. 그에 따르면 문자는 필수 불가결한 것으로 본문과 본문 해석을 떠받치는 버팀목 같은 역할을 하지만, 여기에는 숨어 있는 의미 곧 본문에서 영감을 주신 성령께서 일러 주시는 의미(혹은 영적 의미)가 담겨 있다. 이 영적 해석을 통해 우리는 구약성서를 그리스도의 빛으로 비추어 읽으며 구약성서를 신약성서의 예언으로 알아듣게 된다. 나아가 신약성서를 통해 장차 천국에서 누릴 행복의 약속을 발견하게 된다. 본문을 두 가지 수준에서 읽는 이러한 방식은 바울 이후 모든 고대 성서 주석의 특징이다. 이 원칙은 분명히 신약성서에 뿌리내리고 있지만, 오리게네스는 이를 매우 세밀한 부분에까지 적용함으로써 논쟁의 소지를 남기기도 했다. 예를 들어 베드로의 둘째 편지는 노아의 방주를 교회의 예형으로 보는데 오리게네스는 이 정도에 머물지 않고 훨씬 더 나아간다. 그는 방주의 치수에 관해 풀이하면서 삼백 자는 "영적 피조물의 총계"이고, 쉰 자는 "속량과 죄의 용서"이며, 여러 층으로 된 것은 덕의 완성에 이르는 여러 단계를 뜻한다고 말했다(창세 6:15~16 참조).

신학자로서 오리게네스는 모두 네 권으로 구성된 『원리론』을 통해 『신학대전』Summa Theologiae의 선구자적 면모를 보여 준다. 이 작품은 젊은 시절에 쓰인 것인데, 지나치게 대담한 가설들이 많아서 사후에 박해를 받는 원인이 되기도 했다.

오리게네스에 따르면 구원 경륜은 하느님과 그리스도의 3중 현존으로 요약된다. 하느님과 그리스도께서는 성서 안에, 교회 안에 그리고 신앙인 안에 현존하신다는 것이다. 성서, 그리스도 그리고 그분의 신비체인 교회는 동일한 진보의 법칙으로 지탱된다. 다시 말해 문자로부터(성서의 경우), 육신으로부터(그리스도의 경우) 그리고 표지로부터(신앙의 경우) 보이지 않는 신비에까지 도달해야 한다. 지상의 구원 역사로부터(모세, 그리스도 그리고 교회) 하늘나라에서 이루어지는 그 완성에까지 도달해야 하는 것이다.

그대 또한 구약성서의 모든 표지를 찾아서 신약성서의 어떤 사실에 대한 예형인지를 자문해 보라. 그리고 신약성서의 형상들 안에서는, 표징이 실현된 이후에 어떤 것이 다가올 세상이나 혹은 적어도 후대 세상을 위한 예고인지를 찾아보라. (『마태오복음 주해』, 12,3)

영적 스승으로서 오리게네스는 세상 안에 현존하시는 하느님의 신비를 성서를 통해 파악하려 했다. 그리고 그는 마치 아가에 나오는 신부와도 같은 열망으로 세상에서 하느님의 숨은 현존을 찾아내려 노력했다. 그것이야말로 어떤 값을 치르고서라도 찾아내야 할 것이라고 그는 생각했다. 우리는 문자와 외형을 넘어서, 성육신하시고 십자가에 달리신 말씀의 영광을 만나 뵈어야 한다고 그는 말했다.

그에 따르면 십자가의 신비는 사막을 건너가는 듯한 인생 여정에 리듬을 부여해 준다. 시련들, 감각적인 것에 대한 포기, 욕정의 극복, 내적 감각의 각성, 신적 말씀과의 일치 등을 통해서 말이다. 성령 안에서의 거룩한 변모는 끊임없는 과정으로 오리게네스는 이를 세 단계로 구분했다(이후의 모든 신비가는 이 도식을 사용했다). 정화purificatio의 단계, 조명illuminatio의 단계 그리고 일치unio의 단계. 인간은 정화되고 조명되어서 혼인의 일치에까지 나아가야 한다. 하느님과 하나 될 때까지 나아가야 하는 것이다.

한스 우르스 폰 발타사르Hans Urs von Balthasar는 그리스도보다 200년 뒤에 살았고, 아우구스티누스보다 200년 앞서 살았던 오리게네스가 그리스도교 신학에 지울 수 없는 위대한 흔적을 남겼다고 말했다.

몸은 늙어 가지만 영혼은 젊어 간다

예수님께서는 우리를 우리 안의 늙은이로부터, 그리고 노년의 흔적에서 해방시키기 위해 오셨습니다. 주름살은 사실 노년의 흔적입니다. 그래서 사도 바울도 "이것은 그분이 교회를 빛나는 모습으로 당신 앞에 나오게 하시려는 것이었습니다. 그리하여 교회가 때나 주름이나 그와 비슷한 어떠한 흠도 없이 거룩하고 나무랄 데 없게 하려고 하신 것입니다"(에페 5:27)라고 한 것입니다. 따라서 주름살투성이 노년으로부터 청년으로 건너가는 일은 가능합니다. 놀라운 것은, 몸은 청년에서 장년으로 가지만, 영혼은 완전한 상태에 도달하면 노년으로부터 청년으로 변화된다는 사실입니다. 이것이 사도 바울이 "비록 우리 안에서 겉사람은 해어져 가지만, 속사람은 반대로 나날이 새로워져 갑니다"(2코린 4:16)라고 하신 이유입니다. 임금이 넋을 놓게 만드는 그 아름다움을 그대가 알아야 합니다. 옛적 '아름다움의 왕관'이었던 이를 그대는 그대 안에서 찾아야 합니다. 그리고 이 영광을 얻게 될 때, 그대 역시 넘어지지 않도록 조심해야 합니다. 넘어졌던 그 사람도 한때는 지혜와 '아름다움의 왕관'으로 충만하여 하느님과 닮은 사람이었기 때문입니다.

"그는 아름다운 왕관이었다"(에제 28:12)에 관한 오리게네스의 설교.
『에제키엘 예언서에 관한 오리게네스의 설교』Origenis sermones in Ezechielem prophetam,
13,2,161~176.

네 우물에서 마셔라

"네 우물에서 물을 마시고 네 샘에서 솟는 물을 마셔라. 이는 너만이 할 수 있느니라"고 이르시는 '지혜'의 말씀대로 우리도 한번 해 볼 일입니다. 즉 내 말을 듣고 있는 그대 또한 그대 자신의 우물과 그대 자신의 샘을 지니도록 애써 보라는 것입니다. 그래서 그대가 성서를 펴들 때 교회에서 배운 바에 따라 그대 자신의 생각이나 해석을 내놓아 보십시오. 흙이나 퇴적물 따위로 막히지만 않았다면 그대 내면의 샘에서는 생명의 물이 샘솟을 것입니다. 그리하여 정신적 감각의 영원한 물줄기들, 넘치는 개울들이 그대 안에 흐르게 될 것입니다. 그러므로 그대의 땅을 뒤져 샘을 파고, 그것을 온갖 더러운 것들로부터 정화하십시오. 다시 말해, 그대 영혼을 깨끗이 하십시오. 그대 영혼에서 게으름을 몰아내고 그대 가슴에서 둔감함을 털어내어 버리십시오. 그리하여 그대 또한 그대 자신의 샘에서 생수를 길어 올리십시오.

오리게네스, 『창세기 강해』In Genesim homiliae, 12,5.

오리게네스의 묵상

이 본문은 "그리스도께서는 세상 끝날까지 죽음의 고통을 겪으신다"고 한 파스칼의 말을 상기시킨다.

우리 구세주께 하느님 나라에서 성인들과 함께 다시 오실 날까지 포도주를 드시지 않겠다고 하신 이유가 무엇인지를 생각해 봅시다. 주님께서는 지금까지도 내 죄 때문에 울고 계십니다. …

내 죄가 드리는 슬픔이 그분께 끊임없이 올라가고 있다면, 죄인이나 나를 위해 화해의 제물로 제단에 나아가시는 그분께서 기쁨 중에 계시는 일이 어찌 가능하겠습니까? 그분께서 "너희와 함께 내 아버지의 나라에서 새 포도주를 들겠다"고 하셨거늘, 하느님의 나라로 올라가기에 합당하게 처신하지 않는다면 그분 홀로 이 포도주를 드실 수는 없는 것입니다. 그것을 우리와 함께 드시겠다고 약속하셨기 때문입니다.

그래서 그분은 우리와 함께 기쁨 중에 계시면서, 우리와 함께 당신 아버지의 나라에서 포도주를 드시기 위해 우리가 회개하기를, 그분의 모범을 본받기를, 그분의 발자취를 따르기를 기다리고 계십니다.

이 포도나무의 열매 마시기를 기다리고 계시는 것입니다. 어떤 포도나무를 일컫습니까? 그분이 비유로 말씀하신 그 포도나무를 말합니다. "나는 포도나무요 너희는 가지다." 그리하여 그분은 다음과 같이 말씀하셨습니다. "내 살은 참된 양식이며 내 피는 참된 음료다." 정녕 그분은 "당신의 옷을 포도송이의 피로써 씻으셨기 때문입니다". 이것은 무슨 뜻입니까? 기쁨을 기다리고 계신다는 뜻입니다. 언제까지 기다리십니까? "당신의 일을 마칠 때까지"라고 하셨습니다. 언제 이 일을 마치십니까? 나를, 모든 죄인 중에 가장 못한 죄인인 나를 완성하시고 거룩하게 하실 때, 그때 당신의 일을 마치십니다. 지금 그분의 일은 아직 미완성입니다. 내가 아직 불완전하기 때문입니다. 결국 내가 성부께 무릎을 꿇어 순종하기 전까지는 그분도 성부께 무릎을 꿇어 순종했노라 말씀하지 않으실 것입니다. 그분께서 성부께 순종할 줄 모르신다는 말이 아니라, 당신 안에서 순종할 줄 모르는 나로 말미암아 당신의 일이 아직 완성되지 않았다는 뜻입니다. 그래서 "우리는 그리스도의 몸이요, 각자는 그분의 지체다"라는 말씀이 있는 것입니다. …

그렇다면 당신의 일을 마치시고 모든 창조물을 지고의 완성으로 이끄실 그때에는 당신도 성부께 순종하는 이들 안에서 순종하실 것이며, 그들 안에서 "하느님께서 모든 것 안에 모든 것이 되시도록", "아버지께서 맡기신 일을 마칠 것입니다". 여기서 그분이 아버지께로 바친 다음과 같은 기도가 나옵니다. "거룩하신 아버지, 세상이 있기 전에 제가 아버지 곁에서 누리던 그 영광으로 저를 영광스럽게 하소서." 그런 다음 주님께서는 비로소 포도주를 드십니다. 그러나 이 포도주는 새 포도주입니다. 새 하늘 새 땅의 새 포도주이며, 새 노래를 부르는 새 사람들과 함께 있는 '새 사람'입니다. 그러므로 새 포도나무에서 나온 새 포도주는 아직 낡은 사람의 행실과 함께 있는 낡은 사람이 마실 수는 없다는 사실을 알아야 합니다. 아무도 새 포도주를 낡은 부대에 담지 않는 것과 같은 이치입니다. 그러므로 그대 역시 이 새 포도주를 마시고 싶다면, 자신을 새롭게 하고 이렇게 말하십시오. "우리의 겉사람은 해어져 가지만 속사람은 나날이 새로워지고 있습니다."

오리게네스, 『레위기 강해』In Leviticum homiliae, 7,2.

하느님을 목말라하다

그리하여 아브라함이 파던 우물들, 다시 말해 구약성서의 각 권은 필리스티아 사람들에 의해 흙으로 메워지고 말았습니다. 즉 고약한 스승들인 율법학자나 바리사이파 사람들에 의해서 뿐 아니라, 적대자들에 의해서도 가려졌다는 것입니다. 나아가 그 물길들이 막히고 말았으니, 아브라함에게서 난 이들에게 더는 마실 물을 주지 못하도록 하기 위함이었습니다. 이 백성은 성서에서 물을 마시게 될 때까지 하느님 말씀에 대한 갈증에 시달립니다.

그러므로 아브라함의 아드님이신 분, 즉 그리스도께 감사드릴 것이니, 그분에 관해 다음과 같이 기록되어 있습니다. "다윗의 아들이요 아브라함의 아들로서 우리에게 오셔서 우물들을 열어 주신 예수 그리스도의 탄생에 관한 책." 이 우물을 누구에게 열어 주셨습니까? 바로 다음과 같이 말하던 이들에게 열어 주셨습니다. "그분이 우리에게 말씀하실 때나 성서를 설명해 주실 때에 우리가 얼마나 뜨거운 감동을 느꼈던가!"(루가 24:32)

따라서 이 우물을 여시고, 조상 아브라함이 불렀던 같은 이름으로 이 우물들을 부르셨다고 성서에 기록되어 있습니다. 그분은 우물들의 이름은 바꾸지 않으셨습니다. 모세가 모세로 불리고 예언자들이 각기 제 이름으로 불리는 것이 놀라울 수 있습니다. 그러나 그리스도께서는 그들의 이름을 바꾸신 것이 아니라 그 의미 해석을 바꾸신 것입니다. …

그분은 우물을 여심으로써 이제 우리가 어떤 장소에서 하느님을 찾을 것이 아니라, 온 땅에서 그분의 이름에 희생 제사가 바쳐지고 있음을 깨닫게 해 주셨습니다. 지금은 예루살렘이나 그리짐[그리심] 같은 특정 장소에서 하느님을 예배하는 때가 아니라, 영과 진리로 하느님을 참되게 예배하는 때입니다. 하느님께서는 특정한 장소에 머무시지 않으며, 땅에 머무시지도 않고 사람의 마음에 머무시기 때문입니다. 그대, 하느님 계신 곳을 찾습니까? 그분이 머무시는 곳은 순결한 마음입니다. 예언자를 통해서 다음과 같이 말씀하셨을 때 주님께서는 바로 이 순결한 마음에 머물겠노라 하신 것입니다. "그들과 함께 머물 것이며 그들 가운데 거닐겠노라. 그들은 내 백성이 될 것이며 나는 그들의 하느님이 되겠노라." 따라서 우리 각자의 마음에도 생수가 솟는 우물이 있다고, 다시 말해 숨겨진 어떤 천상적 의미와 하느님의 형상이 있다고 생각해야겠습니다. 이것이 바로 필리스티아 사람들이, 즉 적대자들이 흙으로 메워 버린 우물입니다. 그 흙이란 무엇입니까? 다름 아닌 육체적 욕망이요, 세속적 생각들입니다. 이 때문에 우리는 흙이라는 표상을 사용했으니, 우리가 흙에 속한 사람의 형상을 지니고 있는 동안 필리스티아 사람들이 우리의 우물들을 흙으로 메웠던 것입니다. 그러나 이제 우리의 이사악이 왔으므로 그를 환영하고 우리의 우물을 파기로 합시다. 흙을 걷어 내고, 즉 모든 더러움과 진흙처럼 질척거리는 세속적인 생각들로부터 우리를 깨끗이 합시다. 그러면 그 우물 안에서 생명의 물을 발견하게 될 것이니, 이 물을 두고 주님께서는 이렇게 말씀하셨습니다. "나를 믿는 사람은 그의 마음에서 생명의 물이 샘솟아 나올 것이다."

우리 주님이 얼마나 관대하신지 생각해 보십시오. 필리스티아 사람들이 우물을 메워서 약하디약한 물줄기가 쫄쫄거릴 따름이었으나 이제 솟는 샘과 강 같은 물길을 얻게 되었습니다.

오리게네스, 『창세기 강해』In Genesim homiliae, 13.

| 성서의 3중 의미 또는 4중 의미 |

교부들은 성서의 의미에는 여러 지층地層이 있다고 보았다. 오리게네스의 경우 인간이 몸σῶμα - 영혼ψυχή - 영πνεῦμα으로 구성되었다고 본 바울의 인간학을 따라 성서도 세 가지 차원으로 구성되었다고 보았다. 이 중 몸에 해당하는 것은 문자적 의미, 영혼에 해당하는 것은 윤리적 의미, 영에 해당하는 것은 신비적 의미다. 그는 구약의 율법서로 대표되는 문자적 의미는 초심자들을 위한 것이며 예언서로 대표되는 윤리적 의미는 앞보다 진보한 이들에게, 신약성서로 대표되는 영적,신비적 의미는 완전한 덕에 이른 이들을 위한 것이라고 말했다. 그의 '3중 의미론'은 『원리론』De principiis 제4권 2장에 상세히 설명되어 있고, 세 층의 의미에 영적 진보 단계를 상응시키는 이야기는 『민수기 강해』In Numeros homiliae 제7편에 나온다. 훗날 히에로니무스도 이 입장을 따랐으며 요한 카시아누스(360~435년)의 경우 역

사적(문자적)의미, 그리스도론적(혹은 우의적) 의미, 윤리적 의미, 그리고 종말론적 의미라는 4중 의미로 확장했다(『담화집』 Collationes 14). 아우구스티누스도 같은 입장을 취한다.

중세 시기에는 이 3중과 4중 의미론이 혼용되는데, 앙리 드 뤼박Henri de Lubac은 이를 그의 『중세 주석』 첫 부분에서 상세히 다루고 있다. 4중 의미론은 13세기 다키아의 아우구스티누스 Augustinus de Dacia에 의해 사행시로 정리되어 오늘까지 전해진다.

> 문자적 의미는 생긴 일들을 가리키고,
> 믿어야 할 바를 일컬어서는 우의적 의미라 하며,
> 행해야 할 바는 윤리적 의미이고,
> 지향할 바를 일러 종말론적 의미라 한다.

한편 이 4중 의미는 랍비들의 성서 주석학에서 나온 것으로 추측할 수 있는데, 문자적 의미Pshat, 연상 독서Remez, 윤리적 의미Darash, 신비Sod의 단계로 성서 독서가 성장한다고 보는 전통이 유대교에 있었기 때문이다. 위의 네 단계들을 지칭하는 앞 글자들만 따 모으면 P-R-D-S가되는데, 이는 고대 페르시아어에서 유래한 히브리말 '낙원'Pardes을 뜻한다. 그들은 이 네 단계를 거쳐 성서를 읽는 이는 낙원으로 들어간다고 보았다.

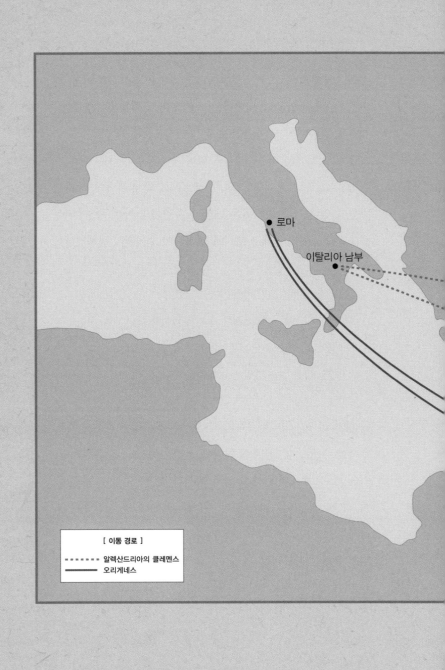

로마

이탈리아 남부

[이동 경로]

••••••• 알렉산드리아의 클레멘스
———— 오리게네스

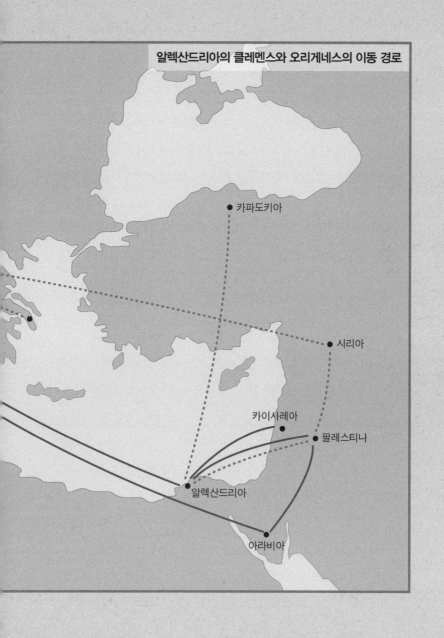

알렉산드리아의 클레멘스와 오리게네스의 이동 경로

카파도키아

시리아

카이사레아

팔레스티나

알렉산드리아

아라비아

III. 북아프리카 그리스도교인들

아프리카에 복음이 전해지게 된 것은 레반트 지역에서 짐을 싣고 오가던 배 덕분이었다. 오순절을 지내기 위해서 예루살렘에 모여든 히브리인들 사이에서는 그리스도교로 개종한 리비아인에 관한 이야기들이 오가곤 했는데, 리비아는 로마제국의 일부였다. 테르툴리아누스와 아우구스티누스는 아프리카 교회가 동방교회에 그 기원을 두고 있다고 증언한다. 최초의 그리스도교 개종자들은 아마도 유대교 공동체 출신이었던 것 같다. 실제로 고고학자들은 5~60년경에 만들어진 것으로 추정되는 몇몇 그리스도인들의 무덤을 유대인 공동묘지에서 발굴하기도 했다.

아프리카 교회에 라틴어로 쓰인 첫 교회 문헌이 태어나는데, 그것은 『스킬리움의 순교자 행전』Acta Martyrum Scillitanorum in Africa이다. 스킬리움은 현재 그 위치를 정확히 알 수 없는 작은 도시인데, 그곳에서 남자 일곱 명과 여자 다섯 명이 순교했다고 이 문헌은 전한다. 카르타고의 총독 앞에 끌려 나온 그들은 180년 6월 17일 참수형에 처해졌다. 이는 복음이 아프리카 깊숙이 침투하여 지방 총독이 다스리던 변방에까지 퍼져 있었다는 것을 증명한다.

스킬리움의 순교자들은 바울 서신의 라틴어 번역판을 알고 있었고 또 사용했는데, 순교자들 가운데 한 사람은 이 성서를 작은 상자caspa에 담아 가지고 다녔다. 이 순교자 행전은 라틴어로 쓰인 최초의 그리스도교 작품으로 아프리카 그리스도인들의 자랑거리였는데, 테르툴리아누스는 『스카풀라에게』Ad Scapulam에서 이 사실을 암시한다. 이제부터 만나게 될 아프리카 최초의 저술가들은 알렉산드리아의 저술가들과는 사뭇 다르다. 그들은 혈통으로는 아프리카인이지만, 라틴 민족의 특성과 특유의 법정신을 지닌 사람들이었다. 그들은 신학 용어를 고정하는 데도 철학 용어를 쓰기보다는 법률 용어를 선호했다. 테르툴리아누스와 키프리아누스는 사변적이기보다는 실용적인 정신으로 사목 활동이나 윤리에 우선순위를 두었다.

스킬리움의 순교자들

14. 사투르니우스Saturnius 총독은 나무판에 쓰여 있는 판결문을 읽었다. "스페라투스Speratus, 나르트찰루스Nartzalus, 키티누스Citrinus, 도나타Donata, 베스티아Vestia, 세쿤다Secunda 그리고 그리스도인으로 살겠노라 고백한 모든 이에게 선고한다. 로마 종교로 돌아올 기회를 베풀어 주었음에도 고집스럽게 거부하였으므로 이들을 참수형에 처하노라." 15. 스페라투스는 말했다. "하느님, 감사합니다."

『스킬리움의 순교자 행전』Acta Martyrum Scillitanorum in Africa, 14~15.

1. 하느님의 투사 테르툴리아누스(155~212년경)

1.1. 생애

퀸투스 셉티미우스 플로렌스 테르툴리아누스Quintus Septimius Florens

Tertullianus는 백인대장의 아들이었는데, 백인대장이라는 직책은 로마인이 아닌 사람이 오를 수 있는 최고의 관직이었다. 이러한 출신 배경은 테르툴리아누스에게 깊은 영향을 끼쳤다. 그는 모든 일에 엄격했고, '규율'disciplina이라는 말을 특히 좋아했다. 젊은 테르툴리아누스는 훌륭한 교육을 받았고, 법률과 수사학도 배웠다. 이후 로마에서 변호사로 활동하다가 고향 아프리카로 돌아간 것 같다.

파란만장한 젊은 시절을 보낸 테르툴리아누스는 이방인들과는 정반대로 살아가는 그리스도인들의 생활 방식에 충격을 받아 그리스도교에 귀의한다. 갓 세례받은 테르툴리아누스의 열의와 천재적 재능, 그리고 끝까지 밀어붙이며 타협할 줄 모르는 기질은 교계 조직과 신자 수에서 튼튼하게 성장하던 젊은 교회 공동체에 이바지하게 된다.

그리스도교 라틴어의 창시자, 테르툴리아누스

테르툴리아누스는 법률 용어를 이용하여 신학 어휘들을 만들어냈다. 성사sacramentum는 처음에 법정 소송을 위한 공탁금을 의미했지만, 나중에는 신병들이 하는 선서를 뜻했다. 테르툴리아누스는 그리스도께 복무하는 세례 서약에 이 용어를 사용한다.

위격persona이라는 말은 그리스어 히포스타시스hypostasis나 프로소폰prosopon을 번역한 말로 가면, 배역, 개성, 인격을 의미했다. 테르툴리아누스는 이 용어를 삼위일체의 각 위격에 적용했다.

다른 많은 경우에도 테르툴리아누스는 그리스 용어들을 라틴어로 즐겨 바꾸어 썼다. 아가페*ἀγάπη*(caritas, 사랑), 엑소몰로게시스 *ἐξομολόγησις*(poenitentia, 공적 고해 또는 참회), 스프라기스*σφραγίς*(sigillum, 봉인) 등은 그 대표적인 예다.

1.2. 작품

테르툴리아누스의 작품은 대개 논쟁적이고 호교적이며 금욕적이다. 이 호교론자는 황제 숭배 의식을 통하여 자신의 권위를 확립하고자 했던 셉티미우스 세베루스 황제 시절(193~211년) 교회와 로마 공권력이 대립하던 분위기에서 저술 활동을 이어갔다. 아프리카는 머잖아 수많은 새로운 순교자들을 낳게 된다. 197년경 테르툴리아누스는 『순교자들에게』Ad martyres라는 작품을 써서 감옥에 갇혀 있는 예비 신자들에게 순교를 권고했다.

> 비록 육신은 갇혀 있지만 영으로는 모든 것이 열려 있습니다. 영은 드넓습니다. … 그대 앞에 하느님께 가는 길이 펼쳐지고 있습니다.(『순교자들에게』, 2,9)

호교론자 테르툴리아누스의 걸작은 『호교론』Apologeticum인데, 이 작품은 그리스도인들에게 덧씌워진 혐의를 변호하는 절절한 변론으로서, 로마 지방 통치자들을 대상으로 쓰인 것이다. 테르툴리아누스는 법정 소송에서 상대편이 저지르는 잘못들을 고발한다. 그는 변론조차 들으려 하지 않는 상대방을 공박하면서 종교의 자유를 외친다.

> 사람들에게 종교의 자유를 빼앗음으로써 무종교의 범죄를 저지르지
> 않도록 조심하십시오!

논쟁가

테르툴리아누스는 날카로운 독설을 퍼붓는 그리스도인이었으며 불같은 논쟁을 일삼았다. 그의 작품 대부분은 무엇인가를 반박하는 책들이다. 저서를 통해 그는 유대인과 이단자, 이교인을 반박했다. 또한 이레네우스처럼 영지주의자들을 논박하기도 했다. 『마르키온 반박』Adversus Marcionem, 『헤르모게네스 반박』Adversus Hermogenem, 『발렌티누스파 반박』Adversus Valentinianos 등이 그 예다. 이 외에도 그가 쓴 논쟁적인 작품으로는 『그리스도의 육신론』De carne Christi, 『육신의 부활』De resurrectione carnis 등이 있다. 『프락세아스 반박』Adversus Praxeam에서는 삼위일체 교리를 소개하기도 했다. 테르툴리아누스는 이단자들이란 어떠한 권리도 지닐 수 없는 개량주의자들이라고 주장한다.

> 너희는 누구인가? 언제부터 존재하는가? 마르키온, 누가 너에게 내
> 숲에서 나무를 벨 수 있는 권리를 주었는가? 이 땅은 내 땅이며, 나
> 는 이 땅의 주인에게 받은 소유권을 합법적으로 지니고 있다. 내가
> 바로 사도들의 상속자다.

『그리스도의 육신론』

2. … 마르키온아, 존경해야 할 자연의 이런 것들을 경멸하는 너는 어떻게 태어났느냐? 인간의 출생을 혐오하는 너는 어떻게 다른 사람을 사랑할 수 있겠느냐? …

3. 그러나 그리스도는 모태 안에서 더러운 것으로 엉켜 있던 그 인간, 부끄러운 곳을 통해 태어난 그 인간, 우스꽝스러운 행위들을 통해 양육된 그 인간을 사랑하신다는 것이 분명하다. 그분은 인간을 위해 내려오셨고, 인간을 위해 설교하셨으며, 인간을 위해 죽기까지, 아니 십자가에 달려서 죽기까지 당신 자신을 내맡기시어 온전히 낮추셨다. 그분은 많은 값을 치르고 산 인간을 분명히 사랑하셨다. 그리스도가 창조주에 속한다면, 당신에게 속한 인간을 마땅히 사랑하신다. 그러나 그리스도가 다른 신에게서 왔다면, 당신의 것이 아닌 다른 인간을 구속하셨다는 점에서 더욱 사랑하신 것이 된다. 그러므로 그분은 인간과 함께 그 탄생과 육신까지도 사랑하셨다. 존재하는 것과 그것을 존재하게 하는 것을 나누어 사랑할 수는 없다.

4. 그렇지 않다면, 탄생은 없애고 나서 인간을 제시해 보아라. 그리고 육신을 제거하고 나서 하느님이 속량하신 인간을 제시해 보아라. 이런 것들이 하느님께서 속량하신 인간에 속한다면, 너는 그분에게서 속량하신 것들을 그분께 수치스러운 일로 만들려 하며, 그분이 사랑하지 않으셨다면 속량하지 않았을 바로 그것들을 부당한 것들로 만들 작정이냐? 그리스도는 천상 재생을 우리에게 주시기 위해 죽음을 탄생으로 변화시키셨고, 온갖 고통에서부터 육신을 치유하셨으니, 즉

나병에 걸린 육신을 깨끗이 하셨고, 맹인의 육신에게 빛을 주었으며, 불구의 육신을 고쳐 주셨고, 귀신들린 육신을 해방시키셨고, 죽은 육신을 살리셨다. 그런데도 그분께서 육신 안에 태어나는 것을 부끄러워하겠느냐?

테르툴리아누스, 『그리스도의 육신론』De carne Christi, 4,2~4.(분도출판사)

그리스도교 공동체의 스승이자 금욕의 스승

테르툴리아누스가 사제였는지 아니었는지는 알 수 없다. 그는 독특한 모습으로 교회 한쪽에서 공동체를 매혹하기도 하고, 가르치기도 했으며, 염려를 낳기도 한 인물이었다. 당대 아프리카 교회 공동체의 삶을 이해하게 해주는 그의 저서는 『세례론』De baptismo과 『기도론』De oratione이다. 『세례론』은 성서 예형론, 세례 예식, 성사에 대한 가르침 등을 다루고 있는 교리서다. 여기서 그는 우리를 작은 물고기로 묘사하면서 우리가 세례를 통하여 그리스도(ἰχθύς(물고기)는 곧 하느님의 아들 구세주 예수 그리스도)의 생명과 삼위일체의 생명 안에 태어나게 된다고 말한다. 『기도론』에서 테르툴리아누스는 주의 기도를 해설하고, 그리스도교 기도의 특성과 조건을 다룬다. 서문은 이렇게 시작한다.

하느님의 영이시며

하느님의 말씀이시며

하느님의 지혜이시며

말씀과 지혜의 영이신

우리 주 예수 그리스도께서는

신약의 새로운 제자들에게

새로운 형식의 기도를 명하십니다. (『기도론』, 1,1)

테르툴리아누스의 모든 저서는 힘찬 필력과 빼어난 문장으로 가득 차 있다. 기혼자였던 테르툴리아누스는 여성들에게 커다란 관심을 기울였다. 그는 『여성의 복장』De cultu feminarum을 저술했고, 부인에게 『아내에게』Ad uxorem라는 작품을 헌정하면서 자기가 죽은 후에도 재혼하지 말라고 당부한다. 짐짓 여성을 무시하는 듯한 테르툴리아누스의 신랄한 말투는 그 당시 전통에서도 종종 쓰이던 것들이다. 테르툴리아누스가 그리스도인 가정의 가치를 칭송할 때에는 날카롭고 까다로운 도덕가의 면모가 엿보인다.

몬타누스주의자

교회 공동체의 기강이 해이해졌다고 여긴 극단적 엄격주의자 테르툴리아누스는 결국 몬타누스의 '성령주의'pentecostismus에 빠지고 말았다. 몬타누스파는 성령의 육화가 곧 이루어질 것이라고 가르쳤다. 테르툴리아누스의 마지막 작품들은 그가 몬타누스주의에 빠져 있던 시기에 쓰인 것이다. 『월계관』De corona은 객관적 양심을 주장하고, 『박해 중의 도피』De fuga in persecutione에서는 박해 중에 도망가는 사람들을 책망한다. 『너울로 가려야 하는 동정녀들』De virginibus velandis에서는 정결을 권고하고 있으며, 이 밖에도 『일부일처제』De monogamia와 『정덕』De pudicitia 등을 남겼다.

테르툴리아누스는 결국 자기 종교 조직을 세우게 되는데, 테르툴리아누스파의 마지막 추종자들은 아우구스티누스에 의해서 다시 교회로 받아들여진다.

1.3. 의미와 영향

테르툴리아누스의 영향과 천재성을 과소평가할 수는 없다. 그는 그리스도교 교의 어휘를 고정시키면서 철학 용어보다는 법률 용어를 선호했다. 필요에 따라 신조어를 만들어 내기도 했다. 그는 라틴 신학의 아버지며 삼위일체 정식의 틀을 만든 인물이다.

또한 테르툴리아누스는 이레네우스와 동일한 역사 전망을 지니고 있었다. 즉 그리스도야말로 창조와 시간 흐름의 중심이며 정점이라는 것이다.

> 진흙으로 표현된 모든 것은 진흙으로 빚어진 인간이 되실 그리스도를 일컫는 것이며, 흙이라 할 수 있는 살이 되실 말씀을 일컫는 것이다.

테르툴리아누스는 역사와 그리스도인의 상황은 결국 완성을 향하여 나아가게 된다고 본다. '알파'는 그 안에 이미 자신이 예언하고 준비한 '오메가'를 담고 있기 때문이다. 이것이 바로 테르툴리아누스의 신학을 종말론을 향해 이끌고 가는 역동적인 긴장의 힘이다.

2. 카르타고의 주교 키프리아누스(†258)

2.1. 생애

키프리아누스는 테르툴리아누스보다 한 세대 늦게 태어났다. 키프리아누스가 그리스도교에 귀의한 247년 그의 나이는 이미 마흔을 넘었다. 그는 이교인 집안에서 태어나 훌륭한 사회 교육을 받았으며 학교에서는 문학과 수사학을 배웠다. 그 후 그는 유명한 수사학 교사가 되어 명성을 떨치며 가르쳤다.

그의 회심에 결정적인 계기가 된 것은 성서와 사제 카이킬리아누스Caecilianus의 영향이었던 것 같다. 키프리아누스가 그리스도교에 귀의했다는 사실은 카르타고에서 큰 반향을 불러일으켰다. 일종의 고백록인 『도나투스에게』Ad Donatum라는 작품에 이 사실이 묘사되어 있다. 그는 회심한 뒤 자기 재산의 대부분을 가난한 사람들에게 나누어 주었다. 그 후 얼마 지나지 않아 사제가 되었고 249년 초 많은 사제의 반대에도 불구하고 "하느님의 선택과 백성들의 동의로" 카르타고의 주교로 선출되었다.

키프리아누스는 교회를 이끌어 가는 데 유익한 재능을 많이 지니고 있었다. 그는 순수하고 균형 잡힌 인물이었고, 외유내강의 성품으로 지도자 자질을 갖추고 있었으며, 교회를 향한 뜨거운 사랑도 지니고 있었다. 그는 있는 힘을 다하여 그리스도인의 기강을 바로잡고 생활양식을 개선해 나갔다. 그의 주교 생활은 데키우스와 발레리아누스 황제의 두 박해와 전염병으로 많은 어려움을 겪었다. 첫 박해 시기에 키프리아누스는 카르타고 도시에서 얼마 떨어지지 않은 곳에 숨어 지내면서 상처 입은 자신의 공동체를 지도하며 격려했다.

다시 카르타고에 돌아온 키프리아누스는 로마 교회와 일치하여 온건한 해결책을 받아들임으로써 배교자들lapsi의 문제를 정리했으나, 엄격주의자 펠리키시무스Felicissimus가 이끄는 열교裂敎 무리의 반대에 부딪혀야 했다.

키프리아누스는 2년마다 카르타고에서 정기적으로 교회회의를 열어 굵직한 문제들을 다루었다. 카르타고의 주교이자 아프리카 교회의 수장이었던 키프리아누스는 아프리카의 주교들과 뜻을 모아 이단자들이 베푼 세례는 무효라고 강력히 주장했다. 교회 '밖'foris에는 성령도 세례도 없기 때문이라는 것이다. 그리하여 키프리아누스는 이단자들이 교회에 돌아올 때 다시 세례를 베풀었다. 이것은 로마 전통과 반대되는 것이었다. 로마 교회는 이단자들이 교회로 돌아올 경우 안수를 하고 교회 공동체에 받아들였기 때문이다. 로마 교회와 아프리카 교회 사이에 이른바 '재세례'rebaptismus 논쟁이 한창이던 257년, 키프리아누스는 또 한 차례 밀어닥친 박해로 체포되었다. 처음에는 귀양살이에 처해졌으나, 그 뒤 사형 선고를 받아 258년 9월 14일 참수당했다. 그의 생애는 마치 훌륭한 전례와도 같이 끝맺는다. 그는 아프리카에서 가장 유명한 순교자로 기억되고 있다.

키프리아누스가 그리스도교에 귀의하여
세례받기까지

3. 내가 칠흑 같은 밤의 어둠 속에 안주하고 이 세상의 험난한 바다에 이리저리 떠다니면서 의혹 가운데 그릇된 길을 가고 삶의 의미조차 모르고 있었을 때, 나는 빛과 진리로부터 멀리 떨어져 있었네. 그때 나에게는 삶이 힘들고 어리석은 것처럼 보였지. 그러나 이것은 바로 하느님의 자비가 나에게 구원을 약속하는 것이었네. 사람이 새로 태어날 수 있기 위해서 또 구원의 물로 씻김을 받아 새로운 생명에 이르기 위해서는 이전의 생활을 청산해야 하고, 비록 육체는 그대로 남아 있다 하더라도 마음과 정신이 변화되어야 하네. 우리의 타고난 체질에 이미 굳어 있거나 오랜 옛 습성에 의해 자라난 것을 한순간에 갑자기 벗어 버리는 그런 회개가 어떻게 가능할 것인가 하고 나는 자문해 보았지. 이런 것들이 아주 길고 깊게 뿌리박혀 있었어. 축제의 만찬과 풍성한 음식에 젖어 있던 자가 검소한 생활을 언제 배울 수 있겠는가? 금과 자주색 도포로 값진 옷을 돋보이게 하던 자가 어떻게 평범하고 단순한 의복을 걸칠 수 있겠는가? 높은 직위와 명예를 누리던 자는 품위 없는 감추어진 생활을 할 수 없지. 공적 모임에서 많은 사람에 둘러싸여 칭송을 받던 자에게는 혼자 있게 된 것이 하나의 형벌처럼 생각되지. 습관적으로 늘 그랬던 것처럼 나에게는 술 취하고 싶은 마음이 유혹했고, 교만에 부풀어 있고 분노를 불태우며, 강탈하고 싶은 마음이 가득했고, 폭력을 휘두르려 하고 야심의 충동을 받으며, 정욕에 몰두하고 싶은 마음 등 온갖 유혹들이 집요하게 따라다녔지.

4. 이런 유혹들이 자주 내 주위에 맴돌고 있었어. 사실 나는 지난 세월에 수많은 잘못의 포로가 되어 있었기 때문에 거기서 벗어날 수 없다고 생각했지. 나는 굳어 버린 악습들에 젖어 있는 생활을 개선할 가망이 없다고 보고, 이미 내 것이 되어 버려 내 안에서 주인 행세를 하는 악들에 다시 빠져들었다네. 그런데 내가 재생의 물의 도움을 받아 지난날의 허물을 씻어 버린 다음에는 위에서부터 오는 빛이 속량되고 깨끗해진 내 마음속으로 쏟아져 들어왔어. 내가 천상 성령의 물을 흠뻑 받고 난 다음 두 번째 탄생이 나를 바꾸어 놓았으니 모든 의심은 묘하게도 사라지고, 닫혔던 것이 열리고, 어둡던 것이 빛나고, 전에는 어렵게 보이던 것들이 쉬워지고, 불가능한 것들처럼 생각되던 것들을 행할 수 있게 된 거야. 이렇게 되자 나는 죄악에 젖어 있던 이전의 육적인 삶은 땅에 속한 것인 반면 성령께서 생기를 주신 삶은 죽음이 제거되고 덕스러운 생명을 받을 수 있다는 사실을 필히 깨닫고 알 수 있게 된 걸세. 내가 말하지 않아도 자네는 알아듣겠지. 자화자찬은 가증스러운 자만을 낳게 되지. 이것은 자만할 수 있는 것이 아니라 하나의 은총일세. 이것은 인간의 능력에 의한 것이 아니라 하느님의 역사하심에서 오는 것으로 생각해야 하네. 지금 죄짓지 않는 것은 믿음에서 오는 것이고 전에 죄지었던 것은 인간의 오류에서 오는 것일세. 우리가 할 수 있는 모든 것은 하느님으로부터, 거듭 말하지만 하느님으로부터 오는 것일세.

키프리아누스, 『도나투스에게』Ad Donatum, 3~4.(분도출판사)

코르넬리우스 교황과 키프리아누스 주교의 합의

카르타고의 주교 키프리아누스는 코르넬리우스 교황에게 보낸 편
지에서 존경을 표시하고 어려운 박해 상황에서 그들의 굳은 합의를
확인한다.

1. 사랑하는 형제, 우리는 여러분의 믿음과 덕행을 알게 되었습니다.
여러분의 훌륭한 증거는 우리에게 크나큰 기쁨을 주었으며 우리도 여
러분의 영광에 참여하고 있다고 느낄 정도입니다. 우리에게는 오직
하나의 교회, 하나의 영혼, 하나의 마음밖에 없습니다. 어떤 주교가
다른 교회의 기쁨을 즐거워하지 않겠습니까? 우리 사이에서 터져 나
오는 이 기쁨과 여러분의 용기 있는 행동을 알게 되었을 때의 환희는
이루 표현할 수가 없습니다. 주교님께서는 로마에서 형제들을 위해
신앙고백의 길잡이가 되어 주셨습니다. 형제들의 품행은 교회의 수장
이 증거한 믿음의 가치를 드높였습니다. 주교님께서 몸소 앞장서 가
심으로써 많은 동료를 영광 속에서 모으셨습니다. 주교님께서는 가장
먼저 모든 이의 이름으로 순교할 결심을 밝히심으로써 백성들이 신앙
을 증거하도록 배려하셨습니다. 우리는 주교님의 굳건한 믿음을 먼저
칭송해야 할지, 아니면 형제들의 갈림 없는 사랑을 먼저 칭송해야 할
지 모르겠습니다. 모든 이보다 앞서가는 주교님의 용기는 공적 본보
기가 되었으며 형제들도 당신을 따라 똑같은 신앙을 확증했습니다.
여러분은 한마음으로 한목소리만 내었으며, 로마의 모든 교회가 그리
스도를 고백했습니다.

> 4. ··· 우리는 언제나 여러분을 일치와 사랑 안에서 기억합니다. 우리
> 는 여러분을 위해 늘 기도하고 있으니 여러분도 그렇게 해 주십시오.
> 이 박해의 때에 서로 사랑함으로써 고난을 가볍게 합시다. 하느님께
> 서 우리 둘 가운데 한 사람에게 빨리 죽어서 다른 사람들보다 앞서갈
> 수 있는 은총을 주신다면, 그분과 함께하는 우리의 우정은 주님 곁에
> 서도 이어질 것이고, 형제자매들을 위한 우리의 기도는 끊임없이 아
> 버지의 자비를 간청할 것입니다.
> 사랑하는 형제, 늘 안녕하시기를 빕니다.
>
> 키프리아누스, 『편지』Epistulae, 60.

2.2. 작품

키프리아누스는 서방교회 최초의 주교 저술가다. 그의 작품은 교
리 교육이나 설교와 같은 사목활동에서 자연스럽게 흘러나왔다. 그
의 주된 관심사는 성서, 교회 일치, 세례, 참회, 순교였다. 테르툴리
아누스처럼 문체가 수려하지는 않지만 지나침이 없고 절도가 배어있
다. 키프리아누스의 문체는 고상해서 그리스도인 키케로Cicero 라는 별
명이 그를 따라다니기도 했다.

성서의 사람

키프리아누스는 그리스도교에 귀의한 후 언제나 성서와 더불어

살았다. 『증언록: 퀴리누스에게』Ad Quirinum: Testimonium libri tres의 첫 두 권에서 키프리아누스는 교리 교육이나 유대인들과의 논쟁을 위해 체계적으로 성서 본문들을 뽑아 정리해 두었다. 그는 구약성서를 그리스도의 열쇠로 읽었고 교회를 참 이스라엘로 이해했다. 설교자들을 위해 제3권을 덧붙였는데, 여기서는 그리스도인들에게 감동을 주는 성서의 본보기를 제시한다.

교회 일치의 수호자

당시 아프리카 교회는 분열이라는 고질병을 앓고 있었다. 훗날 아우구스티누스가 도나투스파에 맞서 싸웠듯이 키프리아누스도 분열이라는 재앙에 맞서 끊임없이 싸웠다. 키프리아누스 주교는 교회에 대한 뜨거운 사랑을 지닌 인물이다. 그는 "교회를 어머니로 모시지 않는 이는 하느님을 아버지로 모실 수 없다"라는 유명한 말을 남겼다. 이것은 최초의 교회론 작품인 『가톨릭 교회일치』De unitate catholicae ecclesiae 6장에 나오는 말이다. 키프리아누스에게서 '일치'는 주교단의 일치, 사도좌와 이루는 친교에 바탕을 두고 있으며 지역 주교는 교회 일치의 구체적인 표지다. 그는 교회의 중앙 집권화에 반대하여 북아프리카 지역 교회의 특수성을 옹호한다. 또한 키프리아누스는 『배교자들』De lapsis을 저술하는데 이 책은 '배교자들'lapsi, 곧 박해 때 이교 신들에게 '제사를 바친 사람들'sacrificati, '분향한 사람들'thurificati, 혹은 돈을 주고 '제사 증명서를 산 사람들'libellatici과 화해하기 위한 작품이다. 그는 죄의 경중에 따라 참회 규정을 달리 적용했다.

주교의 사목 활동

키프리아누스도 사도 바울처럼 편지로 사목 작품들을 꾸준히 저술했고, 편지마다 사본 한 통씩을 정성스레 보관해 두었다. 몇몇 편지들은 『성찬에 관한 편지 63』처럼 짧은 작품들이다. 오늘날 65통의 편지가 전해 오는데, 당시 문제 되던 로마의 수위권, 열교裂敎, 이단자들의 세례, 유아세례, 카르타고 공동체의 일상과 같은 주제를 다루고 있다.

그는 짧은 작품들을 통해서 교회 활동이나 영성 생활을 다루었다. 『선행과 자선』De opere et eleemosynis에서는 자비를 권고하고 『인내의 유익』De bono patientiae에서는 비폭력과 평화를 호소하며 『죽음』De mortalitate에서는 전염병이 돌던 시절 사람들을 위로한다. 『동정녀의 복장』De habitu virginum은 축성된 동정녀들의 부르심에 관한 작품이며, 『주의 기도』De dominica oratione는 기도 입문서이고 『순교 권면』De exhortatione martyrii은 순교자들의 영웅적인 모범에 관한 작품이다.

키프리아누스는 몸소 영웅적으로 순교함으로써 사목자의 면모를 한층 드높여 교회사에서 가장 아름다운 모습을 지닌 주교들 가운데 한 사람이 되었다. 그의 작품들은 가장 많이 읽히고 필사되었으며, 가장 많이 출판되고 번역된 작품들 가운데 하나가 되었다. 키프리아누스는 큰 힘을 들이지 않고서도 위대해졌고 별다른 논란 없이 영웅이 되었다. 시대가 그러한 모범을 요청했기 때문이다. 그리고 죽음은 그의 삶을 완성해 주었다.

재화의 공동 사용권

25. 하느님의 것은 무엇이든 우리가 공동으로 사용해야 합니다. 그분의 은혜와 선물에서 그 누구도 소외되어서는 안 됩니다. 온 인류가 하느님의 선하심과 너그러우심을 공평하게 누려야 합니다. 낮은 공평하게 빛을 비추고, 태양은 공평하게 햇살을 비추며, 비는 공평하게 적셔 주고, 바람은 공평하게 불며, 잠자는 이들에게 잠은 하나이고, 별빛과 달빛도 공동의 것입니다. 지상에서 재화를 소유하고 있는 사람은 이 평등성의 본보기를 따라 자신의 수확물을 형제들과 나누어야 합니다. 거저 나누어 줌으로써 더불어 소유하는 정의로운 이는 하느님 아버지를 닮은 사람입니다.

키프리아누스, 『선행과 자선』De opere et eleemosynis. (분도출판사)

키프리아누스의 순교

3. 9월 14일 아침 갈레리우스 막시무스Galerius Maximus 총독의 명에 따라 섹스투스 마을에는 수많은 군중이 모여들었다. 총독은 그날 사우치올루스라는 총독관저로 키프리아누스를 끌어내리고 했다. 키프리아누스 주교가 그 앞에 대령했을 때 갈레리우스 막시무스는 그에게 "그대가 타키우스 키프리아누스인가?"하고 물었다. 그러자 키프리아누스 주교는 "그렇소"하고 대답했다. 총독이 "그대는 그 불경한 자들의 집

단에서 지도자로 일해 왔는가?"라고 묻자, "그렇소"하고 키프리아누스 주교는 대답했다. 총독이 다시금 "거룩한 황제들께서는 그대가 제사를 바치도록 명령을 내리셨다"고 말하자, "나는 그렇게 하지 않겠소"하고 대답했다. "잘 생각해 봐라"하고 총독이 권고하자 키프리아누스 주교는 "명받은 대로 하시오. 이처럼 명백한 상황에서 더는 생각할 필요가 없소"라고 대답했다.

4. 총독은 잠시 배심원들과 판결에 대해 상의한 뒤 마지못해 이렇게 말했다. "그대는 오랫동안 대역죄를 범하며 살아왔고, 수많은 범죄자와 미신자의 무리를 끌어모았으며 로마의 모든 신에게 바치는 예배의 식에 적대감을 드러냈다. 경건하고 거룩한 군주들인 발레리아누스 황제, 갈리에누스Gallienus 황제, 탁월하신 갈레리아누스Galerianus 부황제께서도 그대를 공적 예배로 되돌릴 수 없었다. 그대는 엄청난 범죄의 주모자이며 그런 파렴치한 행위를 하도록 부추겨 공범자들의 전범이 되었다. 그대의 피로써 법 기강을 바로잡아야 한다." 이 말을 끝낸 다음 총독은 자기 자리에서 큰 소리로 판결문을 낭독했다. "타키우스 키프리아누스 주교를 참수형에 처한다." 그러자 키프리아누스 주교는 "하느님께 감사!"하고 말했다.

『키프리아누스 순교자 행전』De exhortatione martyrii, 3~4.

3. 인문주의자 그리스도교인: 락탄티우스(†330년)

락탄티우스Lactantius는 그리스도교를 인문주의와 접목한 인물이다. 그는 키프리아누스가 순교하기 조금 전 아프리카에서 태어났다. 디오클레티아누스Diocletianus 황제는 락탄티우스에게 니코메디아 학교에서 가르치게 했다. 그러는 동안 락탄티우스는 그리스도인이 되었고, 박해 때문에 가르치는 일을 그만둘 수밖에 없었다. 락탄티우스는 콘스탄티누스 황제가 트리어로 부를 때까지 니코메디아에 머물렀으며 330년경 트리어에서 세상을 떠났다.

평신도였던 락탄티우스는 한마디로 신학에는 덜 정통한 그리스도교 인문주의자였다. 호교론자이자 비판가였던 그는 『박해자들의 죽음』De mortibus persecutorum이라는 저작에서 303년부터 313년 사이에 일어난 박해자들의 비참한 종말에 관한 이야기를 들려준다.

락탄티우스의 대작은 일곱 권으로 된 『거룩한 가르침』Divinae institutiones이다. 이 작품의 목적은 이교들의 오류와 보편교회의 신앙을 공격하던 이교 사상가들의 비이성적 태도를 고발하고 반박하는 것이었다. 여기서 락탄티우스는 키케로에게 기댄다. 락탄티우스는 그리스도교 계시를 설명하면서 고대 문화에서부터 이야기를 끄집어내는데, 그리스도교 지혜는 모든 고대 문화의 참된 완성이라고 그는 주장했다.

그의 작품은 의심할 나위 없이 야심 찬 계획의 산물이다. 그러나 이 인문주의자의 작품을 4세기 교부들의 작품과 견주기에는 신학적 준비가 충분하지 않아 보인다.

인간애hamanitas

10. 나는 하느님에 대한 의무에 관해서 말했다. 이제는 인간에 대한 의무에 관해서 말하고자 한다. 인간에 대한 의무는 곧 하느님에 대한 의무다. 인간은 하느님의 형상이기 때문이다. 그럼에도 불구하고 정의의 첫 의무는 하느님과 관계 맺는 것이다. 그리고 두 번째 의무는 인간과 관계 맺는 것이다. 하느님과 관계 맺는 것을 종교라고 한다면 인간과 관계 맺는 것은 연민이나 인간애라고 하겠다. 이 덕은 의로운 사람들과 하느님을 섬기는 사람들의 것이다. 이 덕만이 더불어 사는 삶의 근본을 이루기 때문이다. 하느님께서는 다른 생명체에게는 지혜를 주지 않은 대신 다른 짐승들의 공격이나 위험에서 더 안전할 수 있도록 자연적 방어수단을 갖게 하셨다. 그와는 반대로 하느님께서는 인간을 알몸으로 연약하게 창조하셨는데, 인간에게 지혜를 주기 위해서였다. 게다가 인간에게는 특별한 연민의 정도 주셨다. 그리하여 인간은 다른 사람들을 돌보고 사랑하고 지켜주고 위험에서 보호해 주며 도와주게 되었다. 사람과 사람을 이어 주는 가장 질긴 끈은 인간애다. 이 끈을 끊는 사람은 누구나 범죄자이며 살인자다. 우리 모두가 하느님께서 창조하신 한 조상에게서 왔다면, 우리는 확실히 한 핏줄이다. 그러므로 비록 그가 부랑인이라고 할지라도, 그 사람을 미워하는 것은 커다란 죄로 여겨야 한다. 하느님께서는 우리가 결코 적대감을 키우지 말고 그 감정을 늘 가라앉혀야 한다고 말씀하신다. 이처럼 우리는 우리를 하나로 만드는 혈연을 기억함으로써 자연스레 우리 원수들과 화해하게 된다. 이와 마찬가지로 우리가 한 분이신 하느님에

게서 생명의 숨결을 얻었다면, 우리는 형제가 아니고 무엇이겠는가? 우리는 육적인 끈으로 맺어진 사람들보다 더욱 밀접하게 일치되어 있다. 우리는 영적으로 맺어졌기 때문이다. "우리 모두는 하나의 천상 씨앗에서 비롯했는데, 하늘은 우리 모두의 공동 아버지다"라고 한 루크레티우스Lucretius의 말이 옳다. 그러므로 다른 사람에게 해를 입히고, 인권과 하느님의 법을 거스르고, 약탈하고, 고문하고, 죽이고, 추방하는 자들은 사나운 짐승으로 여겨야 한다. …

11. 그러므로 우리가 인간이라고 합당하게 불리고자 한다면 인간애를 드러내야 한다. 인간애를 보인다는 것은 사람을 사랑하는 것이 아니고 또 무엇이겠는가? 우리 자신이 인간이듯 다른 사람도 똑같은 인간이기 때문이다.

락탄티우스, 『거룩한 가르침』Divinae institutiones, 6,10~11.

| 박해와 순교자들의 행적 |

역사가 타키투스가 전하는 네로의 박해(63년)

먼저 그리스도인이라고 고백하는 이들이 붙잡혔고, 나중에는 그들의 진술에 따라 수많은 사람이 혐의자로 지목되었다. 그들에게는 방화의 죄목뿐 아니라 인류에 대한 증오라는 죄목도 덧씌워졌다. 고문에다 모욕까지 가하였으니, 그들은 짐승 가죽을 덮어쓰고 개 이빨에 죽거나 십자가에 매달렸고, 저물녘에는 밤을 밝히기 위해 햇불처럼 태워졌다.

네로는 자신의 정원을 구경거리로 내어놓고 경주를 벌였다. 네로는 마부 옷을 입거나 마차 위에 올라타서 군중과 뒤섞여 놀았다. 비록 이들이 죄가 있고 본보기에 해당하는 벌을 받아 마땅했지만 군중은 이들을 불쌍히 여겼다. 공동의 선익을 위해서가 아니라 오직 네로 한 사람의 잔인함으로 인한 희생제물이었기 때문이다.

타키투스, 『타키투스의 연대기』Annales, 15,44. (범우)

소 플리니우스 총독에게 보낸 트라야누스 황제의 명령

친애하는 플리니우스, 그리스도인이라고 고발되어 그 대에게 넘겨진 이들의 송사를 다룰 때 그대는 정확히 해야 할 일들을 했소. 이런 일들에는 사실 모든 경우에 적용할 수 있는 규정이 없는 법이라오. 고발당해 넘겨 져서 스스로 자백하면 벌을 내리는 것이 마땅하오. 그 러나 누가 그리스도인임을 부인하고 행동으로 이를 입 증해 보인다면, 즉 우리 신들에게 간청의 기도를 올린 다면, 비록 과거에 그 어떤 혐의가 있다고 하더라도 그 참회의 대가로 용서받을 것이오. 이런 일은 우리 시대 에는 전혀 맞지 않는 역겨운 관습이기 때문이오.

『서간집』Epistula, 10,97.

유스티누스의 순교:
마르쿠스 아우렐리우스 황제 치하(165년), 로마

성도들은 체포된 후 루스티쿠스Rusticus라는 로마 총독 앞으로 끌려갔다. 법정으로 끌려 나아가자 총독 루스티쿠스는 유스티누스에게 말했다. "무엇보다 먼저 모든 신을 믿고 제왕들에게 순종하라." 그러나 유스티누스는 "우리가 우리 주 예수 그리스도의 계명에 순종한다고 해서 그것이 고발당하고 억압받을 이유가 되지 못합니다"라고 대답했다. "너는 무슨 교설을 신봉하느냐?"하고 루스티쿠스가 물었다. 유스티누스는 대답했다. "저는 온갖 교설을 알아보려고 노력한 후 마침내 그리스도인들의 참된 가르침을 받아들였습니다. 비록 오류에 빠진 사람들이 그것을 받아들이지 않는다 해도." 그러자 총독은 "이 불쌍한 녀석아, 그게 바로 네가 신봉하고 있는 교설이란 말이냐?"하고 말했다. 유스티누스는 대답했다. "예, 그렇습니다. 저는 그것이 올바른 가르침이기에 따르고 있습니다."

총독은 물었다. "그건 무슨 가르침인가?" 유스티누스는 대답했다. "우리는 그리스도인의 하느님, 태초에 보이는 것과 보이지 않는 만물을 창조하시고 조성하신 유일하신 하느님을 믿고, 구원의 전달자와 탁월한 가르침의 스승으로서 사람들 가운데 오시리라고 예언자들이 예언한 하느님의 아들 주 예수 그리스도를 믿습니다. 저는 이 영원하신 하느님에 대해 올바로 말할 자격이 없는 사람입니다. 그런 제가 미리 말씀드린 이분이 하느님의 아들이시라는 것이 예언되었기 때문에 하느님에 대해 말할 때 예언의 힘을 필요로 함을 알고 있고, 또 그분께서 사람들 가운데 오시리라고 예언한 예언자들은 그 예언의 힘을 하늘에서 받았음을 알고 있습니다."

그러자 루스티쿠스는 "그렇다면 너는 그리스도인이란 말이냐?"하고 물었다. 유스티누스는 "예, 저는 그리스도인입니다"하고 대답했다.

총독은 유스티누스에게 말했다. "너는 스스로 학식 있고 참된 가르침을 아는 사람이라고 생각한다. 자, 내 말을 듣거라. 내가 너를 매로 치고 목을 자른다면 너는 천국에 올라가리라고 믿느냐?" 유스티누스는 대답했다. "제가 각하께서 말하는 것을 견디어 낸다면 주님의 집에서 살게 되리라 기대하고 있습니다. 저는 선한 삶을 살아간 모든 사람이 마지막 날이 되면 하늘의 상급을 받으리라 믿습니다." 총독은 말했다. "그래서 네가 천국에 올라갈 때 어떤 합당한 상급을 받으리라고 상상한단 말이냐?" 유스티누스는 서슴없이 대답했다. "그것은 상상하는 것이 아닙니다. 저는 알고 있고 또 확신합니다." 총독은 말했다. "이제 쓸데없는 이야기는 그만두고 핵심으로 돌아가자. 우리가 시급하게 해야 할 일은 이것이다. 너희는 함께 앞에 나와 모든 신에게 제사를 지내라." 그러나 유스티누스는 단호하게 말했다. "제정신을 지닌 사람이라면 아무도 참된 신앙을 포기하고 거짓 신앙에 넘어가지 않을 것입니다."

총독은 고집했다. "내가 말한 대로 하지 않는다면 너는 무자비하게 고문당할 것이다." 유스티누스는 대답했다. "우리 주 예수 그리스도를 위해서 고문당함으로 구원에 이르는 것, 그것이 우리 소원입니다. 이 고통은 우리에게 구원을 얻어 주고 우리가 구세주이신 주님의 준엄하고 공정한 심판대 앞에 나아갈 때 자신감을 줄 것입니다." 모든 순교자가 똑같이 말했다. "귀하가 원하는 대로 하십시오. 우리는 그리스도인입니다. 우상에게 제사 지내지 않겠습니다." 총독은 마침내 판결을 내렸다. "이 자들은 모든 신에게 제사 지내기를 거부하고 또 황제의 명령에 복종하기를 거부했다. 이 자들을 끌어내 매질하고 법에 따라 처형하라." 거룩한 순교자들은 하느님을 찬미하면서 늘 형을 집행하던 형장으로 나아갔다. 그곳에서 참수형을 당함으로써 구세주께 대한 신앙을 고백하면서 순교자의 월계관을 얻었다.

『성무일도』Acta Martyris Iustini, 1~5. (한국천주교중앙협의회)

페르페투아와 펠리키타스의 순교(203년)

··· 며칠 후 우리가 심문받을 것이라는 소문이 돌았다. 그래서 내 아버지는 고통으로 초주검이 되어 내게 달려오셔서, 내 마음을 돌리려고 말씀하셨다. "내 딸아, 내 백발을, 네 아비를 제발 불쌍히 여겨다오. 내가 참으로 네 아비라 불릴 수 있다면, 참으로 꽃다운 지금 네 나이에 이르도록 내 손이 너를 이끌어 왔다면, 내가 너를 네

형제 가운데 누구보다 귀여워해 왔다는 것이 사실이라면, 제발 나를 사람들의 비웃음거리로 만들지 말아다오. 네 형제를 좀 생각해 보렴. 네 어미를 좀 생각해 보렴. 네 고모와 네 자식을 생각해 주렴. 너 없이 그 아이가 어쩌 살겠니. 제발 고집을 버리고, 우리 모두가 망하지 않도록 해 다오. 네게 좋지 않은 일이 생긴다면, 우리 가운데 어느 누구도 자유인으로 살 수 없게 될 게야." 아버지는 참으로 애틋한 정으로 이렇게 말씀하시며 내 손에 입 맞추시고 내 발 앞에 엎드리셨다. 그리고 눈물을 흘리시며 나를 딸이라 부르지 않고 마님이라 부르셨다. 아버지의 이 고통이 나에게 깊디깊은 아픔을 주었다. 이는 오직 그분만이 가족 중에서 내 순교를 기뻐하지 않는 유일한 분이셨기 때문이다. 나는 이런 말로 아버지를 위로했다. "재판장에서는 하느님께서 원하시는 대로 모든 일이 진행될 것입니다. 우리가 우리 자신의 뜻이 아니라 하느님의 뜻에 달려 있음을 생각하세요." 아버지는 형언할 수 없이 상심하여 돌아가셨다.…

아, 지극히 굳세고 강하신 순교자들! 정녕 그리스도의

영광에 한 몫을 차지하도록 불리고 뽑히신 분들! 그리스도의 이름을 공경하고 알아 뵈오며 숭배하는 이들이 온 교회에 큰 가르침이 되는 이 증거, 결코 지난날의 증거에 못지않은 이 증거를 읽는 것이 참으로 마땅하고도 필요한 일이다. 그리하여 오늘날에도 우리는 새로운 덕행들을 통하여 유일하시고 늘 한결같으신 성령께서 지금도 일하고 계신다는 것을 증거하며, 성령과 함께 또한 전능하신 하느님 아버지와 그 아드님 우리 주 예수 그리스도를 증언할 수 있어야 한다. 우리 주 예수 그리스도께 영광과 무한한 권능이 영원히. 아멘.

『페르페투아와 펠리키타스의 순교』Passiones Perpetuae et Felicitatis,
5,1~5, 21,11.

정치적 사건	연도	교회 역사	동방 교부	서방 교부
도미티아누스 황제 암살	95년경	요한의 밧모섬 유배		클레멘스의 편지
네르바 황제 즉위 (네르바-안토니누스 왕조, 96~193)	96년			
트라야누스 황제 즉위	98년			
	100년경	요한이 세상을 떠남		
비티니아 총독 소 플리니우스 그리스도교인에 대한 보고서 작성	111년		이그나티우스의 편지	
트라야누스의 동방 원정	116년			헤르마스의 『목자』
안토니누스 황제 즉위	138년		『디다케』	
유대인 반란	155년	스미르나의 폴리카르푸스 순교	알렉산드리아의 클레멘스 출생(150)	폴리카르푸스의 편지 (156)
마르쿠스 아우렐리우스 황제 즉위, 파르티아의 로마 침략	161년		『디오그네투스에게』	
	165년			유스티누스 로마에서 순교
	170년경	수도원 운동 시작	파피아스, 히에라폴리스 주교로 승좌	
콤모두스 공동황제 즉위	177년	이레네우스, 리옹 주교로 승좌	멜리토, 사르디스 주교로 승좌	
	179년	에데사 왕국의 아브가르 4세(최초의 그리스도인 통치자)	테오필루스 안티오키아 주교로 승좌	
마르쿠스 아우렐리우스 사망, 콤모두스 단독황제 즉위	180년		오리게네스 출생 (185)	이레네우스의 『이단 반박』
	189/190년	부활시기에 대한 논쟁(교황 빅토르 시기)		
콤모두스 암살, 셉티무스 세베루스 단독황제 즉위(세베루스 왕조, 193~235)	193년			테르툴리아누스의 『호교론』(197)
	197년	세베루스 황제, 유대교와 그리스도교 개종 금지		히폴리투스가 로마에서 사제가 됨

정치적 사건	연도	교회 역사	동방 교부	서방 교부
	207/208년			테르툴리아누스가 몬타누스주의자가 됨
카라칼라 황제 즉위	211년			
	217/222년	교황 칼리스투스, 참회 예식 완화	클레멘스 사망(215)	
		엄격한 참회 조건을 주장하던 히폴리투스가 대립 교황이 됨		
막시미누스 황제 즉위	235년	히폴리투스와 폰티아누스가 사르데냐로 추방됨		
	249/250년	데키우스 황제, 교황 파비아누스 처형 명령		
발레리아누스 황제 즉위	253년		오리게네스 순교	
페르시아가 안티오키아를 함락	256년	카르타고 공의회		
	257/258년	교황 식스투스 2세와 로렌스 부제 순교		키프리아누스 순교

제3장

황금기

✳ 황금기(4~5세기)

4세기는 그리스도교 역사에서 가장 파란만장하고도 극적인 대조를 이루던 시기였다. 커다란 박해로 시작된 이 세기는 교회와 국가의 화해로 그 막을 내렸다. 굵직한 신학 논쟁들이 벌어졌으며 동시에 정통 교의의 빼어난 수호자들이 등장했다. 조직화되어 가던 교회는 외적으로는 확장되어 가면서도 내적으로는 분열의 아픔도 겪었다.

I. 디오클레티아누스에서 콘스탄티누스 황제로

디오클레티아누스 황제(284~305년)는 재임 초기에 외적들의 위협을 막아 내기 위해 황제권을 새롭게 튼튼히 세우고 행정과 군대를 개혁하고자 고심했다. 그러나 302년 소피아의 모험가 갈레리우스 부황제의 영향으로 정치판에 커다란 변화가 일어난다. 로마제국은 그리스 도교를 극단적인 방법으로 박해했는데, 교회를 파괴하고 성서를 몰수했으며 종교집회를 금지했다.

이 박해는 로마 역사상 가장 오래 10년 동안이나 지속되었다. 서방보다는 동방에서 극심했으나 가장 심했던 곳은 팔레스티나와 이집트였다. 수많은 순교자가 생겼는데, 다른 어떤 박해도 이처럼 많은 순교자를 낸 적은 없었다.

치유되기 어려운 상처를 입힌 다음에야 갈레리우스는 그리스도인들의 하느님과 화해하고 박해의 종말을 알리는 칙령을 선포했다. 락탄티우스는 니코메디아 시의 벽에 붙은 이 칙령을 311년 4월 10일에 읽었다. 십자가의 승리이며 순교자들의 영웅적 쾌거였다.

한편 밀비오 다리에서 막센티우스Maxentius에게 승리를 거둠으로써 서방의 주인이 된 콘스탄티누스Constantinus는 그리스도인들에게 호의적인 정치를 펴기로 결심한다. 324년 리키니우스Licinius에게 승리하여 동·서방의 유일한 황제가 된 콘스탄티누스는 일치를 튼튼히 다지기 위해 콘스탄티노플이라는 새 도시를 세운다. 그리고 "그리스도교 신앙을 만방에 전하기 위해서" 힘쓴다(『콘스탄티누스의 생애』, 2,56).

디오클레티아누스 황제가 물러난 후(305년) 테오도시우스Theodosius 황제가 죽기까지(395년), 로마제국은 90년 가운데 22년 동안만 동·서방의 통합 황제가 다스렸다. 제국의 운명은 하루살이 목숨처럼 연약하기 그지없었다. 4세기, 특히 5세기에 두 쪽으로 분열된 제국은 "하나이며 거룩한 교회"unam sanctam ecclesiam를 송두리째 흔들어 놓았다. 그리스 저술가들과 라틴 저술가들은 서로 다른 두 문화 환경에서 살았고, 동·서방의 고유한 기질에 따라 서로 다른 신학 작업을 펼쳤다. 그리스어는 더는 결속력을 발휘하지 못했다. 서방은 이미 라틴화되어 있었다.

4세기 교부들은 5세기 초까지, 완전히 몸에 배어있던 고대 유산과 이미 무르익은 그리스도교 사상 사이에서 균형을 이루었다. 동방교회는 카파도키아 교부들의 신학적 공헌으로 풍요로워졌다. 한편 서방 라틴 교회는 지중해 너머 로마, 밀라노, 갈리아, 히스파니아와 다뉴브 유역까지 퍼져 나갔다.

그리스도인이었다가 다시 이교인이 된 율리아누스Iulianus 황제는 니케아 신앙에 충실했다는 이유로 귀양살이에 처해진 주교들이 유배지에서 돌아오는 것을 허락했다. 율리아누스 황제의 칙령은 그리스도인들이 "더 이상 믿지 않는 바를 가르치는 것"을 금지했는데, 이는 교회로 하여금 그리스도교 작품이 윤리적 차원에서 이교 작품들과는 달라야 한다는 자의식을 갖게 해주었으며 교육과 문화도 그리스도교 정신으로 충만해야 한다는 생각을 심어주었다. 이를 대표하는 저작으로는 나지안주스의 그레고리우스, 아우구스티누스, 파울리누스Paulinus, 유벤쿠스Juvencus의 작품들이 있다.

티비우카의 주교 펠릭스 순교(~303년)

3. ...

마닐리아누스Manilianus: 그대가 펠릭스 주교인가?

펠릭스: 그렇소.

마닐리아누스: 가지고 있는 책과 양피지를 모두 내놓아라.

펠릭스: 가지고 있기는 하지만 결코 내놓지 못하겠소.

마닐리아누스: 불태워 버리게 책을 가져오라.

펠릭스: 성서가 불에 타느니 차라리 내가 불에 타는 것이 더 낫겠소.
하느님께 복종하는 것이 사람에게 복종하는 것보다 낫기 때문이오.

마닐리아누스: 황제들의 칙령은 그대가 말하는 그 하느님보다 앞선다.

펠릭스: 하느님의 계명이 인간의 계명보다 앞서오.

아달베르 함만 엮음, 『대박해의 순교자들』Les Martyrs de la Grande Persecution, 43.

살로니카에서 순교한 아가페와 키오니아(~304년)

4. ...

둘키티우스Dulcitius 총독: 너희는 양피지든지 책이든지 그리스도교 불온
서적을 가지고 있는가?

키오니아: 전혀 없습니다. 황제들이 모두 몰수해 갔습니다.

총독: 누가 너희들에게 이따위로 반항하라고 부추기더냐?

키오니아: 전능하신 하느님이오.

총독 : 누가 이 미친 짓에 너희들을 끌어들였느냐?

키오니아: 전능하신 하느님과 그분의 외아들 예수 그리스도요.

그러자 둘키티우스 총독은 판결문을 읽어 내려갔다. "아가페와 키오니아는 불경과 반역의 정신으로 우리 황제 전하들의 거룩한 칙령을 거슬렸으며, 오늘날까지 경망스럽고 헛된 그리스도교를 계속 신봉해 왔으므로, 이 자들을 산 채로 불태울 것을 명하노라." 그리고 그는 덧붙여 말했다. "아가톤Agathon, 이레네Irene, 카시아Cassia, 필리파Philippa, 에우티키아Eutychia는 아직 나이가 어리므로 새로운 명령이 있을 때까지 감옥에 가두어 두겠다."

5. 그리하여 거룩한 여인 아가페와 키오니아는 불태워졌다. …

아달베르 함만 엮음, 『대박해의 순교자들』Les Martyrs de la Grande Persecution, 67.

1. 국교가 된 그리스도교

황제가 베풀어 준 보호와 특권, 혜택은 교회를 로마 권력과 묶어 줌으로써 제국과 한통속이 되게 하였고, 세금으로 허덕이던 민중으로부터 교회를 멀어지게 만들었다. 그러나 제국의 비호와 특혜가 달콤한 것만은 아니었다. 황제가 교회 내부 일에 개입했기 때문이다. 니케아의 황궁에서 첫 번째 보편 공의회를 소집했을 때 교회가 치른 대가는 무거운 것이었다.

전통적으로 '밀라노 칙령'이라 일컬어진, 종교 자유에 관해 리키니우스 황제가 비티니아의 총독에게 보낸 친서

나 콘스탄티누스 황제와 나 리키니우스 황제는 제국의 부귀와 안녕을 논의하기 위하여 밀라노에서 기쁘게 만났습니다. 우리는 종교와 하느님 숭배 의식에 관하여 먼저 논의하기로 결정했는데, 이 결정은 많은 이에게 유익할 것입니다. 우리는 그리스도인들과 다른 모든 이에게 자신들이 종교를 선택하는 자유를 주기로 결정합니다. 이는 하늘에 계시는 신적 존재가 우리 자신뿐 아니라, 우리 권위에 복종하는 모든 사람에게 복과 은혜를 내리시게 하려는 것입니다. 우리는 그들에게 가장 좋고 어울린다고 여기는 종교를 믿고 따르는 그리스도인들에게 자유를 빼앗지 않는 것이 올바르고 이성적인 일이라고 판단했습니다. 우리가 깊은 경의를 표하는 그리스도교의 하느님께서 당신의 변함없는 호의와 은혜를 우리에게 내려 주실 것입니다. 그러므로 우리는 그리스도인들의 이름을 거슬러 지방 통치자들에게 내려진 모든 옛 규정들을 철폐합니다. 옛 규정들은 우리의 너그러움에 반하므로, 그것을 폐지하는 것이 우리의 뜻이며 의지라는 것을 알아주기 바랍니다. 이제부터 그리스도교를 따르고자 하는 모든 사람은 완전히 자유롭게 믿을 수 있으며, 이 때문에 걱정하거나 괴로움을 겪는 일은 없을 것입니다. …

락탄티우스, 『박해자들의 죽음』De mortibus persecutorum, 48.

2. 신학의 위기: 아리우스주의

영지주의 이단에도 불구하고, 혹은 영지주의 이단 때문에 3세기 알렉산드리아에서는 신앙과 철학이 아주 밀접한 관계에 있었다. 사제 아리우스Arius가 새로운 논쟁을 일으킨 곳도 바로 이곳 알렉산드리아였다. 아리우스의 이름에서 따온 아리우스 논쟁은 그리스도교 신앙의 본질 자체, 곧 하느님의 아들인 그리스도의 신성을 위기에 몰아넣었다.

황제의 소집으로 니케아에 모인 주교 300여 명은 대부분 동방에서 활동했는데, 그들 가운데 두 명만 빼고는 모두 니케아 신경에 서명했다. 이 신경은 다시 콘스탄티노플 공의회(381년)에서 보강되어 오늘날 전례에서도 고백한다.

성자는 성부와 '본질이 같으신 분'이시며 참 하느님에게서 나신 참 하느님이시다.

아리우스주의는 황제들의 묵인과 개입으로 인해 서방에까지 퍼졌다. 콘스탄티우스Constantius 황제는 니케아 공의회에서 단죄된 이단자들의 수호자로 자처함으로써 분열을 조장했다. 다른 황제들보다 이 문제를 더 잘 이해하고 있던 테오도시우스 황제는 381년 콘스탄티노플 공의회를 소집하여 아리우스주의를 종식시키고 니케아 신앙을 회복한다. 그러나 4세기를 통틀어 정치 권력은 교회 문제에 끊임없이 개입하여 교회를 괴롭혔다.

고대 보편 공의회

1. 니케아 공의회(325년)

그리스도는 '창조되었다'는 아리우스의 주장으로 인해 소집되었는데, 성육신하신 말씀은 성부와 '본질이 같으신 분'homoousios, consubstantialis으로 서 하느님에게 나신 하느님이라고 선언했다.

2. 콘스탄티노플 공의회(381년)

아리우스주의를 종식하기 위해 열린 공의회. 에우노미우스Eunomius가 반대한 그리스도와 성령의 신성을 다시 확인했다. 이 공의회 문헌은 소실되었다.

3. 에페소 공의회(431년)

이 공의회에서는 어떤 결정도 내려진 것 같지 않다. 433년의 '일치 정 식定式'Formula unionis은 다음과 같이 고백한다.

> 우리는 우리 주 예수 그리스도께서 하느님의 외아들이시며 완전 한 하느님이시고 이성적 영혼과 육체를 지닌 완전한 인간이시며, 모든 시대 이전에 신성에 따라 아버지에게서 나셨으며, 마지막 날 에 우리 때문에, 우리 구원을 위해 인성에 따라 동정 마리아에게 서 태어나셨고, 바로 이분이 신성에 따라서는 성부와 본질이 같으 시며, 인성에 따라서는 우리와 본질이 같으심을 고백한다.

4. 칼케돈 공의회(451년)

그리스도 단성설單性說,monophysismus(그리스도에게는 본성이 하나뿐이라는 주장)을 거슬러 소집된 이 공의회는 다음과 같이 선언했다. "유일하고 동일한 성자 우리 주 예수 그리스도께서는 신성에서나 인성에서나 완전하시고, 참 하느님이시며 참 인간이시다."

5. 콘스탄티노플 공의회(553년)

오리게네스와 세 명의 신학자(몹수에스티아의 테오도루스Theodorus, 키루스의 테오도레투스Theodoretus, 에데사의 이바스Ibas)에게 덧씌워진 오류를 단죄한 공의회다. 대 레오 1세Leo Magnus I 교황은 그들의 오류를 단죄하는 것은 승인했지만, 사람들을 단죄하지는 않았다. 이 공의회는 본질적으로 네스토리우스주의를 겨냥한 것이었다.

니케아 신경

니케아 신경을 팔레스티나 카이사레아 신경과 대조해 두었는데, 니
케아 신경은 카이사레아 신경을 바탕으로 만들어졌다. 굵은 글씨체
로 표시한 부분은 아리우스주의에 맞서 추가된 것이다.

카이사레아 신경	니케아 신경
한 분이신 하느님, 전능하신 아버지,	한 분이신 하느님, 전능하신 아버지,
유형무형한 만물의 창조주를	유형 무형한 만물의 창조주를
저희는 믿나이다.	저희는 믿나이다.
한 분이신 주 예수 그리스도,	또한 하느님의 아들,
하느님의 말씀을 믿나이다.	한 분이신 주 예수 그리스도,
	외아들로 성부에게서,
	곧 성부의 본질에서 나셨으며,
하느님에게서 나신 하느님,	하느님에게서 나신 하느님,
빛에서 나신 빛,	빛에서 나신 빛,
생명에게서 나신	참 하느님에게서 나신 참 하느님,
생명이신 외아들이시며	
모든 피조물보다 먼저 나신 분으로서	**창조되지 않고** 나시고
영원으로부터 성부에게서 나셨으며	**성부와 본질이 같으시며,**
그분으로 말미암아	그분을 통해 하늘과 땅에 있는
만물이 창조되었음을 믿나이다.	만물이 생겨났으며,

저희 인간 때문에,

저희 구원을 위하여 육이 되시어
저희 구원을 위하여 내려오시어
저희 가운데 사셨고
육이 되시고 인간이 되셨으며,
고난을 겪으시고
고난을 겪으시고
사흘날에 부활하셨으며
사흘날에 부활하셨으며,
성부께 오르시어
하늘에 올라가시어
산 이와 죽은 이를 심판하러
산 이와 죽은 이를 심판하러
영광 속에 다시 오시리라 믿나이다.
오시리라 믿나이다.
또한 저희는 한 분이신
성령을 믿나이다.

또한 성령을 믿나이다.

"성자께서 존재하지 않은 때가 있었다", "그분은 태어나기 전에 존재하지 않았다", "그분은 존재하지 않았던 것에서 생겨났다"고 말하는 이들을, 또는 하느님의 아드님께서 다른 실체hypostasis나 본질ousia에서 생겨났다거나, 하느님의 아드님께서 창조되었거나 변할 수 있거나 달라질 수 있다고 말하는 이들을 보편교회는 파문한다.

하인리히 덴칭거Heinrich Denzinger, 『신앙과 도덕에 관한 선언, 규정, 신경 편람』
Enchiridion Symbolorum et Definitionum de rebus fidei et morum. (한국천주교중앙협의회)

니케아 공의회(325년): 최초의 보편 공의회

7. 1. 전 유럽과 리비아와 아시아에 주교좌를 가지고 있는 모든 교회 지도자들이 한자리에 모였다. 하느님의 권능으로 드넓어진 거룩한 하나의 집에 시리아인, 킬리키아인, 페니키아인, 아랍인, 팔레스티나인들이 모였고, 이집트, 테베, 리비아, 메소포타미아에서 온 사람들도 모여들었다. 공의회에는 페르시아 주교도 참석했고, 스키티아의 주교도 있었다. 게다가 폰투스, 갈라디아, 팜필리아, 카파도키아, 아시아, 프리기아에서는 그 지방의 유명 인사들을 보냈다. 트라케아, 마케도니아, 아카이아, 에피이로스처럼 먼 곳에서도 참석했다. 히스파니아 사람들 가운데는 오시우스Ossius라는 유명한 인물이 공의회에 참석했는데, 그는 모든 사람 사이에서 큰 존경과 인정을 받았다. 2. 여왕 도시(로마)의 주교는 너무 연로해서 참석하지 못했는데, 로마 교회의 사제들이 참석하여 그 역할을 대신했다. …

10. 1. 공의회 개막 날에 … 소집된 교부들은 황궁의 중앙 현관에 들어갔다. … 그리고 모두는 자기에게 지정된 자리에 가 앉았다. … 2. 황제의 입장을 알리는 팡파르가 울려 퍼지자 모든 사람은 일어섰고, 마침내 콘스탄티누스는 몸소 중앙 복도를 지나갔는데, 그 모습은 마치 주님의 하늘 천사와 닮아 있었다. 그의 찬란한 옷은 빛과 같이 번쩍였고 불타는 자줏빛으로 빛났으며, 반짝이는 금과 값진 보석으로 장식되어 있었다. …

15. 1. 마침 그 기간에 황제 즉위 20주년 기념일이 있었다. 이 때문에 다른 모든 나라에서는 공식 축제가 벌어지고 있었고, 황제는 개인적으로 하느님의 봉사자들에게 잔치를 베풀고자 했다. 황제의 잔치에는 모든 주교가 참석했다. 2. 그 어떤 말로도 분위기를 적절하게 묘사하기란 불가능하다. 황궁의 입구에는 군인들이 칼을 뽑아 들고 도열해 있었고, 그들 사이를 하느님의 사람들이 아무런 두려움도 없이 지나서 황궁의 가장 안쪽까지 들어갔다. 몇몇은 황제의 식탁에 앉았고 다른 사람들은 연회실 양쪽에 준비된 식탁에 앉았다. 마치 그리스도 왕국을 직접 보는 듯했고, 그 일은 현실이 아니라 꿈만 같았다.

16. 잔치가 성대하게 끝나자 황제는 참석한 모든 이에게 인사했다. 그리고 참석자의 지위와 특권에 따라 준비된 개인 선물을 나누어 주면서 초대한 사람들에게 성대하게 답례했다.

카이사레아의 에우세비우스, 『콘스탄티누스의 생애』Vita Constantini, 3,15,16.

3. 교회 공동체 내부의 삶

다른 한편, 그리스도교가 승인됨으로써 맞게 된 평화는 교회가 조직을 정비하고 교구와 본당의 수를 늘리게 해주었으며, 날로 성장하면서 기틀을 잡아 나갈 수 있게 해주었다. 대부분의 교부가 교리 교육, 전례, 설교를 책임지고 있던 주교들이었다는 것은 잘 알려진 사실이다.

세례 지원자들이 몰려들자, 주교들은 잘 준비된 예비 신자 교육을 통해 성서 교육, 세례 교육, 신비 교육 등을 받게 했다. 당시 교부들은 그리스도교 입문에 관한 문헌들을 많이 펴냈다.

동방교회뿐 아니라 서방교회에서도 위대한 전례의 시대가 갑작스레 펼쳐졌다. 바실리우스Basilius와 암브로시우스는 전례에서 창의적 성과를 남겼다. 그리스도교 시문학詩文學도 이때 태어났다. 세례, 참회자들과 화해를 준비하기 위해 사순절四旬節, Quadragesima이 전례력에 도입되었다. 부활절을 준비하는 성삼일聖三日, Triduum도 성대해졌다. 특히 부활 성야는 새로운 영세자들과 함께 모인 공동체에게 "모든 밤 가운데 가장 아름다운 밤"이 되었다.

4세기에는 순교자 신심이 발전하였다. 동방의 모든 지역에서는 순교자들의 유해 위에 '순교자 기념 성당'martyria을 세웠는데, 그곳은 많은 사람의 순례성지가 되었다. 로마에서 사람들은 베드로와 바울의 무덤을 방문했고, 카르타고에서는 키프리아누스의 무덤, 놀라에서는 펠릭스의 무덤을 찾았다. 순교자들의 유해 이장移葬은 성대한 축제가 되었다.

4세기는 수도승 생활 또한 꽃핀 시기다. 처음에는 동방에서 시작되는데 안토니우스Antonius가 이집트에서 '독거수도승 생활'vita anachoretica 형태로 시작했고, 그 후에 파코미우스Pachomius가 '공주수도승 생활'vita cœnobitica을 시작했다. 대 바실리우스 덕분에 카파도키아에서는 더욱 발전된 형태의 수도승 생활이 나타났다.

서방에서는 로마, 밀라노, 트리어, 하드루메툼, 투르, 루앙 등지에서 동방의 영감을 받은 수도승 생활이 급속한 발전을 이루게 된다. 투르의 마르티누스Martinus는 서방에서 수도승 생활을 시작한 최초의 인물이며 아우구스티누스는 서방에서 처음으로 수도 규칙서를 썼다. 5세기에 이르러 마르세유와 레렝스 지방은 수도승 생활에 대한 뜨거운 열의에 힘입어 신학과 선교의 중심지가 되었다.

II. 교회사가 에우세비우스(263~339년)

에우세비우스는 3세기와 4세기를 잇는 인물이다. 그는 교회의 평화도 경험했고 디오클레티아누스 황제의 박해도 겪었다. 그리고 팔레스티나 카이사레아의 주교가 되던 시기에는 제국 권력이 전복되는 것을 목격했으며 콘스탄티누스 황제의 통치와 니케아 공의회도 보았고, 아리우스 위기가 불거지는 것도 지켜보았다.

1. 오리게네스의 제자

에우세비우스는 카이사레아에서 교육받았다. 카이사레아에서는 팜필루스Pamphilus가 오리게네스의 가르침과 방법론을 계승하여 필사본들을 보존했고 여기저기 흩어져 있던 작품들을 한데 모았다. 그리하여 그는 오리게네스의 지적 자산들을 중심으로 고대 그리스도교 저술들을 갖춘 가장 방대한 도서관을 세웠다. 그 안에는 연구와 수행에 전념하는 공동체도 있었다.

이 공동체는 서적 필사에 정통했는데 훗날 콘스탄티누스는 콘스탄티노플의 교회들을 위해서 양피지 성서 50권을 필사하라고 이 공동체에 명하기도 했다.

카이사레아에서는 스승 팜필루스가 제자 에우세비우스와 함께 『오리게네스를 위한 변론』Apologia pro Origene을 썼는데, 이 저작은 팔레스티나인들의 반발을 샀다. 책은 모두 여섯 권으로 되어 있는데 제1

권만 오늘날까지 전해진다. 팜필루스가 죽은 후 에우세비우스는 그의 생애에 관한 글을 썼고 그 뒤 이집트로 피신했다. 카이사레아에 돌아온 뒤에는 그곳의 주교로 선출되었다.

2. 콘스탄티누스의 신임을 받은 사람

에우세비우스는 아리우스를 반대하는 사람들 노선에 합류하지 않았다. 타협을 좋아하는 인물로서 신학자라기보다는 정치가에 가까웠던 에우세비우스는, 니케아 공의회에서 모호한 신앙 정식을 제안했으나, 결국에는 공의회의 최종 결정에 마지못해 서명했다. 그는 니케아파를 반대하는 음모에도 가담했으며 아타나시우스를 귀양 보내기로 결정한 교회회의에도 참석했다. 콘스탄티누스가 유일한 황제 자리에 앉음으로써 에우세비우스의 영향력은 더욱 커지게 되었는데, 그는 입이 닳도록 콘스탄티누스를 칭송했다. 이러한 타협들 때문에 에우세비우스에 대한 기억은 유쾌하지 않다.

에우세비우스는 신학자라기보다는 호교론자에 가깝다. 그러나 역사가로서 그는 교회에 이루 말할 수 없는 공헌을 했다. 『교회사』Historia ecclesiastica는 열 권으로 되어 있는데, 325년 이전에 출판되었으며 교회의 창립부터 리키니우스에게 거둔 콘스탄티누스의 승리(324년)까지를 다룬다. 에우세비우스는 때때로 상당한 분량의 문헌 원전을 있는 그대로 옮겨 놓았는데, 이는 그리스도교 고대사에서 마르지 않는 광맥과도 같다. 에우세비우스의 『교회사』는 소크라테스Socrates가 이어서

써 내려갔고, 그 뒤에는 소조메누스Sozomenus가 작업했다. 에우세비우스는 자신의『교회사』에『팔레스티나의 순교자들』De martyribus Palaestinae 이라는 작품을 부록으로 덧붙였는데, 이 작품은 카이사레아에서 벌어진 8년간의 박해와 수많은 그리스도인의 순교를 전한다.

에우세비우스의 『교회사』, 머리말

3. 나는 내가 약속한 작업을 완전하고 완벽하게 해내기에는 역부족임을 고백하면서, 내가 다루는 주제를 독자들이 너그러운 마음으로 읽어 주기를 청한다. 나는 이 작품을 통해서 아직 사람의 발길이 닿은 적이 없는 사막에 걸음을 내딛는 첫 사람이다. 하느님께서 나를 이끌어 주시고, 주님의 힘이 나를 도와주시기를 기도한다. 나는 나보다 앞서 이러한 작업을 한 사람들의 어떠한 흔적도 찾지 못했다. 다만 저술가 한 사람 한 사람이 자기가 살아온 시대에 관해서 나름대로 늘어놓은 단편적인 이야기들의 빈약한 증언들만을 발견했을 따름이다. 그들의 말은 마치 저 앞에서 치켜들고 있는 횃불과 같고, 멀찌감치 망루 위에서 소리치는 파수꾼의 외침과도 같다. 그들은 우리가 오류나 위험에 빠지지 않고 어디를 향하여 걸어가야 하는지 가리켜 준다.

4. 나는 내가 제시한 작업에 도움이 된다고 여겨지는 모든 자료를 여기저기서 모아두었다. 마치 영적 정원에서 꽃을 따 모으듯이 고대 저술가들의 쓸 만한 문장들을 한데 모아 역사 이야기에 몸통을 만들고자 했다. 비록 우리 구세주의 모든 사도는 아니라 할지라도, 적어도 교회 안에서 너무도 유명해서 오늘날까지도 기억 속에 살아 있는 분들을 후대에 전할 수 있게 되어 행복하다.

카이사레아의 에우세비우스, 『교회사』Historia ecclesiastica, 1,1,3~4.

III. 동방으로 퍼져 나간 그리스도교

복음이 서방으로 퍼져 나가기는 했지만 3세기부터는 복음이 안티
오키아에서 시리아 동방으로도 퍼져 나갔다는 사실을 잊어서는 안
된다. 세례대까지 갖춘 첫 교회들 가운데 하나는 유프라테스의 두라
에우로포스Dura Europos 교회다.

4세기 초 교회는 사산조 메소포타미아에 튼튼하게 자리 잡고 있
었다. 잔인하게 학살당하고 셀레우키아 크테시폰으로 끌려가기도 했
지만 페르시아 교회는 남북 두 방향으로 계속 발전해 나갔다. 남쪽
교회는 샤푸르 2세Shapur II(309~379년) 임금의 박해를 받았는데, 샤푸
르 왕은 교회 구조를 해체하고자 했고, 동정녀들과 성직자들을 사형
에 처했다. 셀레우키아 크테시폰의 주교좌는 40년 가까이 공석이었
다(348~388년). 페르시아 순교록은 고대 교회 문헌의 소중한 보배이며
그 일부가 오늘날까지도 전해진다.

페르시아가 363년 니시비스를 점령한 후 많은 그리스도인이 로마
가 점령한 서쪽 에데사로 이주했다. 셈족 문화권인 메소포타미아 지
역의 공식 언어는 동방 아람어에서 갈라져 나온 시리아어였다. 그들
은 '페쉬타 역본'이라고 불리는 성서 번역 작업을 시작했다. 그리하여
그들의 문화는 그리스식 사고를 피하여 유대계 그리스도교 토양에서
싹트게 된다.

시리아 전례는 오늘날까지 이 교회의 유산을 보존하고 있다. 시리
아 전례에 사용되는 시와 음악은 유대교에서 큰 영향을 받았다. 많

은 그리스어 작품들은 소실되어 오늘날에는 시리아 번역본으로만 존재하는데 몹수에스티아의 테오도루스의 『교리 교육 설교』Homiliae catecheticae가 그 대표적인 예다. 시리아 문헌은 그리스 유산을 더욱 풍요롭게 했다.

시리아에서는 두 인물이 두드러지는데, 페르시아 제국 최초의 그리스도교 저술가인 아프라하트Aphrahat와 에프렘Ephrem 부제다. 아프라하트는 '계약의 아들들'이라고 불린 한 수도 공동체의 지도자였다. 우리에게 전해진 그의 작품들은 철학에서 전혀 영향을 받지 않았고 성서에서만 영감을 받은 작품들이다. 그는 합창으로 부를 수 있는 찬미가들도 지었는데 이 작품들은 그리스어로 번역되어 안티오키아 교회까지 건너갔다. 그곳에서 찬미가들은 화답송으로 쓰였다.

1. 성령의 악기, 에프렘(306~373년)

에프렘은 메소포타미아 니시비스에서 그리스도를 믿는 집안에서 태어났다. 그는 야코부스Iacobus 주교에게 부제품을 받았다. 363년 그 도시가 페르시아인들의 손에 넘어가자 로마 영토였던 에데사로 이주하여 그곳에서 생애 마지막 10년을 보냈다. 에프렘은 그곳에 일종의 교회 신학교라고도 할 수 있는 학교를 세워 성서를 읽고 쓰고 노래하고 주해하는 방법을 가르쳤다.

2. 시리아 신학의 증인, 에프렘

에프렘은 다른 교부들과는 다른 문화적 배경을 지니고서 유대교 사상과 유대계 그리스도교 사상의 전통 위에 자리 잡고 있는 **빼어난** 증인이다. 그는 그리스식 성서 주석이 아니라 구약성서의 뿌리에 가까운 성서 주석 작업을 했는데, 어떤 부분에서는 안티오키아 학파와도 닮아 있다. 그는 타르굼과 미드라시 방법론을 사용한다. 여기서 모세는 그리스도를 예고한다. 이는 세 단계의 예형론typologia으로서 예형은 그리스도와 교회를 통해 실현되는데, 그리스도와 교회는 미래에 이루어질 약속의 실현이다.

에프렘은 추상적 철학 개념보다는 성서와 창조세계의 상징들이 지닌 다양한 의미를 선호한다. 그는 성서의 상징을 우주에서 발견되는 상징과 분리하지 않는다. 성서에 등장하는 나무들이 십자가를 미리 표상하듯 봄에 되살아나는 모든 나무는 십자가의 신비와 부활에 대한 약속을 가리킨다. 그리스도의 성육신은 "우주가 외아드님의 형상대로 창조되었다"는 해석을 정당화한다.

3. 에프렘의 작품들

에프렘의 작품들은 논쟁과 교육 두 방향으로 펼쳐진다. 그는 마니교와 마르키온의 오류 특히 아리우스주의를 반박한다. 그의 끊임없는 관심사는 정통 가르침orthodoxia이었다. 에프렘의 작품 가운데 진수는 두말할 나위 없이 구약성서 주석이지만 그 가운데 창세기와 출애굽기만 오늘날까지 전해지고 있다. 그의 주석은 기본적으로 한 구절 한 구절의 문자적 의미를 따져 나가는 문자적 방법을 택하지만, 때로는 예형론적 방법을 사용하기도 한다. 에프렘은 '심오한 의미'sensus profondus라고 일컫는 영을 받아들이기 위해 문자를 뛰어넘고자 했다.

에프렘의 시 작품들도 제법 남아 있다. 신앙의 신비를 다루며 운율을 붙인 설교 작품이 있고, 2부 합창으로 각 절과 후렴을 부르도록 만들어진 찬미가 『니시비스 시가詩歌』Carmina Nisibena 등이 있다.

에프렘의 성서적 시詩들은 성서에서 영감을 받았을 뿐 아니라 성서의 구조와 전개를 따른다. 대구법對句法을 사용하며, 시편과 『솔로몬의 송가』Odae Salomonis에서처럼 '부조화의 조화'를 추구한다.

에프렘에게 그리스도는 당신의 신성과 인성의 부조화 안에서도 살아 있는 조화를 보여 주시는 분, 성서와 창조와 역사를 읽어 내는 일에서 심장과도 같은 분이다.

주님의 승천 찬미가

오늘 새롭고 영적인 빵이 하늘에서 내려왔나이다.

봉헌물로 내려오신 당신 몸 안에 이 신비가 드러났나이다.

주님, 당신의 빵은 찬미 받으소서.

어린 양이 아브라함 지파의 사제 다윗의 집안에서 오셨나이다.

당신께서는 저희를 위하여 어린 양이 되셨나이다.

당신께서는 저희를 위하여 새로운 사제가 되셨나이다.

당신 몸은 밀떡이며 당신 피는 음료이옵니다.

새로운 희생 제사는 찬미 받으소서.

하늘에서 빛처럼 내려오시어

마리아에게서 하느님의 새순처럼 태어나셨나이다.

십자가에서 열매처럼 떨어지셨고

하늘로 만물처럼 오르셨나이다.

당신의 뜻은 찬미 받으소서.

당신께서는 죽임을 당하시고 찬미 받으실

하늘과 땅의 봉헌물이십니다.

당신께서는 밀떡이 되기 위해 오셨고

하늘에 오르시어 유일한 봉헌물이 되셨나이다.

주님, 당신께서는 하늘에 오르시어 당신을 봉헌하셨나이다.

에프렘, 『찬미가』Hymnus, 18.

IV. 그리스도교의 땅 이집트

이미 오래전부터 그리스도교의 땅이 된 이집트는 막시미누스 황제의 잔인한 박해로 요동쳤다. 이를 두고 에우세비우스는 "수천 명"이 순교했다고 기록한다.

1. 이집트 수도승 생활의 탄생

순교자들의 영웅적 증언은 수도승 수행을 탄생시킨다. 수도승들은 삶으로 순교자들의 열정적인 복음 증언을 계승했다. 박해 때 일부 그리스도인들은 사막으로 피신하여 불안정한 삶의 형태를 선택했다. 그리하여 이집트와 시리아, 그리고 팔레스티나와 심지어 메소포타미아에 이르기까지 이미 독거수도승 생활이 준비되고 있었던 셈이다. 이미 250년 테베의 파울루스Paulus는 독거수도승으로 살았다.

그러나 이집트 수도승들의 원조는 안토니우스(251~356년)였다. 아타나시우스가 쓴 『안토니우스의 생애』Vita Antonii는 그가 어떤 인물인지를 알려 준다. 이 책은 여러 언어로 번역되어 동·서방 수도승 생활의 기초가 되었다.

유복한 이집트 농민 출신인 안토니우스는 스무 살 되던 해에 복음의 부름을 받았다. 그리고 자기 소유의 땅을 모두 팔아 그 돈을 가난한 사람들에게 나눠 준 뒤 어느 산자락으로 물러나 수행 생활을 시작했다. 독거수도승들이 하나둘 주변에 모여들었고 그의 모범을 따라 살기 시작했다. 그리하여 은수자隱修者(혹은 은세隱世수도승) 안토니우스는 어떤 때는 고독 속으로 피신하기도 하고, 어떤 때는 수도승들을 방문하여 영적 조언을 주기도 하면서 살아갔다.

안토니우스에 따르면 은수자는 복음을 에누리 없이 철저히 살기를 원하는 평신도로서 온 세상 지배자인 악한 영과 싸우는 사람이다. 단식, 밤샘, 성서의 거룩한 독서 그리고 절대적 가난 등은 복음을 완전히 살기 위한 방편이 된다.

그의 영적 가르침은 특히『교부들의 금언집』Apophtegmata Patrum과『라우수스에게 바친 수도승 이야기』Historia Lausiaca를 통해 알 수 있다. 예컨대『교부들의 금언집』에는 다음과 같은 일화가 있다. 시신을 업고 가는 한 은수자에게 또 다른 은수자가 말했다.

형제여, 지금 그대가 하고 있는 일은 좋은 일이오. 그러나 그대가 살아 있는 형제들을 업고가 준다면 그것은 더 나은 선행이 될 것이오.

안토니우스가 대표하는 독거수도승 생활에는 철저한 고독을 고수하는 엄격한 형태가 있는가 하면 온건한 형태도 있었다. 후자를 '라우라'laura라고 부르는데, 이는 은수자들이 한 영적 아버지 주변에 모여 일종의 반은수半隱修 공동체를 형성하며 사는 수도승 생활 형태다.

독거수도승 생활을 '공주共住수도승 생활'vita coenobitica로 발전시킨 사람은 파코미우스다. 파코미우스도 처음에는 독거수도승이었던 스승 팔레몬Palaemon의 지도로 수도승 생활을 시작했다. 그러나 7년을 은수자로 산 끝에 그는 형제들을 섬기라는 부름을 받았다. "제 마음대로 살고 싶어 하는 수도승들"과 함께 시작했던 처음 몇 번의 시도는 실패로 돌아갔지만, 이후 제대로 된 공동체를 형성할 수 있었다. 그때 공동체 생활을 위한 규칙서를 썼는데 본질적으로 순명에 토대를 둔 이 규칙서의 일부가 오늘날까지 남아 전해 온다. 첫 수도원은 테바이스 지역 타벤네시에 창설했는데 여동생 마리아_{Maria}도 그에게 허락을 받아 근처에 수녀원을 창설했다.

파코미우스의 공주수도승 제도는 이집트 남부 지역에 널리 전파되었다. 뒤이어 세누테_{Shenoute}는 테베 근처에 유명한 아트리페 수도원을 창설했다. 테바이스 지역은 수도승들로 유명해지게 되었다. 이후 은수생활과 공동체 생활, 이 두 가지 수도승 생활 형태는 공존하면서 각각 발전해 나갔다. 은세수도승 생활은 이집트 북부, 즉 알렉산드리아에서 그리 멀리 떨어지지 않은 곳에서 나일강을 따라 니트리아 사막에 이르기까지 그 세를 형성했다.

안토니우스의 생애

3. 1. 안토니우스가 한 번 더 주님의 집에 들어가 주님께서 "내일 걱정은 내일에 맡겨라"(마태 6:34)라고 말씀하시는 소리를 들었을 때, 그는 더 이상 머물러 있을 수 없었습니다. 그는 나가서 남겨 둔 약간의 재산 역시 가난한 이들에게 나누어 주었습니다. 그런 다음 현명하고 신

뢰할 만한 동정녀들에게 자기 누이를 맡겨 누이가 동정으로 양육되게 했습니다. 그 자신은 자기 집 앞에서 자기 자신에게 주의하면서 그리고 규율을 엄격히 지키면서 금욕수행에 전념했습니다. 2. 사실 당시 이집트에는 아직 은수처들이 그렇게 많지 않았고, 이 수도승은 아직 거대한 사막을 몰랐습니다. 자기 자신에게 주의하기를 원하는 사람은 자기 마을에서 멀지 않은 곳에서 고독 중에 금욕수행을 했습니다. 3. 당시 이웃 마을에 젊은 시절부터 은수생활을 했던 한 원로가 있었습니다. 안토니우스는 그를 보고 그와 선의의 경쟁을 했습니다(갈라 4:18). 4. 초기에 안토니우스도 자기 마을 근방에 거주하기 시작했습니다. 거기서 열정으로 가득한 어떤 사람에 대해서 듣자마자 그는 지혜로운 꿀벌처럼 그를 찾아갔습니다. 안토니우스는 그를 보고 덕의 길을 가기 위한 일종의 양식을 얻기 전에는 자기 집에 돌아오지 않았습니다. 5. 그는 거기서 초기 시절을 보냈고, 부모의 재산에 대한 생각과 친척들에 대한 기억에 다시 빠지지 않고 자신의 모든 갈망과 열정을 금욕수행에 쏟으려는 마음을 굳혔습니다. 6. 그는 자기 손으로 노동했습니다. 게으른 자는 먹지도 말라(2데살 3:10)는 소리를 들었기 때문입니다. 그는 자기 수입의 일부는 생계를 위해 사용했고, 일부는 필요한 이에게 나누어 주었습니다. 안토니우스는 계속해서 기도했습니다. 부단히 홀로 기도할 필요가 있다고 배웠기 때문입니다. 7. 성서 독서에 그렇듯 주의를 기울였기 때문에 거기에 기록된 것 중 아무것도 땅에 떨어지지 않게 하고 모두 기억했습니다. 그에게는 기억력이 성서를 대신했습니다.

4. 1. 안토니우스는 이렇게 생활했고, 이 때문에 모두에게 사랑받았습니다. 그는 자기가 방문했던 열성이 충만한 그 사람들에게 진심으로 순종했고, 그들 각자에게 탁월한 열정과 금욕수행을 배웠습니다. 그는 어떤 사람에게서는 자비심, 또 다른 사람에게서는 기도에 대한 열정을 보았습니다. 어떤 사람 안에서 온유를, 또 다른 사람 안에서는 이웃에 대한 사랑을 관찰했습니다. 그는 사람들이 어떻게 철야를 혹은 성서 독서를 사랑했는지 보았습니다. 그는 어떤 사람의 변치 않음에 대해, 또 다른 사람의 단식과 땅바닥에서 잠을 자는 습관에 대해 감탄했습니다. 그는 어떤 이의 온유와 또 다른 이의 관대함을 관찰했고, 그들 모두의 그리스도께 대한 신앙과 서로에 대한 사랑에 주목했습니다. 2. 이런 식으로 충만하게 된 안토니우스는 자신이 금욕생활을 하던 곳으로 되돌아갔습니다. 그는 각 사람에게서 배운 모든 바를 실천하려 노력했습니다. 3. 안토니우스는 딱 하나만 빼놓고는 자기 동년배들과 경쟁하기를 좋아하지 않았습니다. 바로 선에 있어 절대 뒤지지 않으려는 것이었습니다. 안토니우스는 이를 두고 경쟁했지만, 누구도 슬퍼하지 않고 오히려 다른 사람들도 그로 인해 기뻐했습니다. 4. 마을의 모든 사람, 선을 사랑하고 그와 교제했던 사람들은 그러한 그를 하느님의 벗이라 불렀고, 어떤 이들은 그를 아들처럼, 어떤 이들은 형제처럼 사랑했습니다.

아타나시우스, 『사막의 안토니우스』Vita Antonii, 3,1~4,4. (분도출판사)

2. 알렉산드리아 교회와 알렉산드리아의 주교들

알렉산드리아 교회는 신자 수가 많았으며 언제나 소란과 동요에 싸여 있었다. 312년 페트루스Peterus 주교가 오랫동안 수행자로 살다가 순교하고 같은 해 알렉산드로스Alexandros가 주교직을 계승했다. 이때 그를 반대하여 등장하는 인물이 바우칼리스의 사제였던 아리우스였다. 알렉산드리아의 한 성당을 맡고 있었던 그는 박식하고 언변이 뛰어났으며, 수행가의 면모를 지니고 있었다. 이리하여 삼위일체 교리와 관련된 논쟁이 시작된다. 아리우스는 이른바 종속설subordinatianismus의 주창자인데 종속설이란 그리스도가 성부 하느님보다 명백히 열등한 위치에 놓여야 한다는 주장이다. 그리스도는 완전한 분, 거룩한 분이기는 해도 결국 피조물일 따름이라는 것이다.

이런 주장으로 인해 이집트 교회의 총책을 맡고 있던 주교 알렉산드로스는 교회회의를 소집했다. 주교들 100여 명이 모인 이 교회회의에서 아리우스의 입장은 단죄되었다. 이에 아리우스는 카이사레아의 에우세비우스와 니코메디아(여기는 황제가 살던 곳이었다)의 에우세비우스에게 가서 도움을 청했다. 특히 니코메디아의 에우세비우스는 당시 누구보다도 막강한 영향력을 행사하던 인물이었다. 이리하여 동방 그리스도교 세계는 점차 두 쪽으로 갈라졌다. 앞에서 말한 바와 같이, 제국의 절대 군주였던 콘스탄티누스는 니케아에서 보편 공의회를 소집했다. 당시 부제였던 아타나시우스는 자기 주교 알렉산드로스를 수행하여 공의회에 참석했고, 328년에는 그의 뒤를 이어 알렉산드리아의 주교가 되었다.

2.1. 정통 교회의 기둥 아타나시우스(295~373년)

아타나시우스는 고대가 낳은 가장 위대한 주교들 가운데 한 사람이다. 마치 화강암 덩어리처럼 타협이라고는 조금도 모르는 원칙의 인물이었던 그는 저항 운동가의 풍모로 우리에게 다가온다. 알렉산드리아 태생인 그는 자기 백성을 잘 알고 있었다. 그는 이 백성들과 신심을 공유했으며 당대 이집트 언어인 콥트어를 배웠다. 또한 그는 필요에 따라 선동가처럼 군중을 끌어들이는 데에도 능숙했다.

젊었을 때 그리스도인이 된 그는 철학 수업과 함께 훌륭한 고전 교육을 받았다. 그의 스승 중 몇몇은 디오클레티아누스 황제의 박해 때 순교했을 정도로 신앙심 깊은 그리스도인이었다. 아타나시우스는 교회를 위한 봉사에 투신하면서, 마치 아들이 어머니를 보호하듯 굽히지 않고 교회를 옹호했다.

니케아 신경의 수호자

328년 아타나시우스가 말도 많고 탈도 많았던 선거 끝에 결국 황제의 결정적 비준으로 명망 높은 알렉산드리아 교회의 수장이 되었을 때 그의 나이는 30세였다. 그는 주교로서 자기 교구에 니케아 신경이 제시하는 정통 신앙을 뿌리내렸다.

330년 아타나시우스는 한편으로는 엄격주의자인 사제 멜레티우스Meletius의 제자들과, 다른 한편으로는 아리우스 일파와 갈등을 겪게 된다. 황제의 명령에도 그는 아리우스를 교구 사제단의 일원으로 다시 받아들이는 것을 철저하게 반대했다. 이에 친親 아리우스 계열에서는

335년 티루스에서 교회회의를 소집, 아타나시우스의 해임을 결의하기에 이른다. 황제는 그를 현재의 트리어에 감금했는데, 이것이 그가 일평생 겪게 될 다섯 차례의 유배 가운데 첫 번째였다.

· 첫 번째 유배: 콘스탄티누스 치하, 335년 7월 11일부터 337년 11월 22일까지, 트리어.
· 두 번째 유배: 콘스탄티우스 치하, 339년 4월 16일부터 346년 10월 21일까지, 로마.
· 세 번째 유배: 콘스탄티우스 치하, 356년 2월 9일부터 362년 2월 21일까지, 이집트 사막.
· 네 번째 유배: 율리아누스 치하, 362년 10월 24일부터 363년 9월 5일, 이집트 사막.
· 다섯 번째 유배: 발렌스Valens 치하, 365년 10월 5일부터 366년 1월 31일, 이집트 사막.

아타나시우스는 주교로 지낸 46년 동안 무려 20년을 유배지에서 보내고 373년 5월 2일 세상을 떠났다. 그가 남긴 저술 중 가장 중요한 부분은 니케아 공의회의 신앙을 옹호하기 위해 쓴 것이다. 니케아 신경의 요지는 성부와 성자께서는 본성과 본질 그리고 품위에서 동일하다는 것이다. 이를 옹호하기 위해 아타나시우스가 최초로 쓴 작품은 세 편의『아리우스파 반박 연설』Orationes contra Arianos이다. 아리우스가 처음에 단죄되었다가 복권되는 과정은『아리우스파 반박 변론』

Apologia contra Arianos과 『아리우스파 이야기』Historia Arianorum에 묘사되어 있다. 여기서 아타나시우스는 아리우스 이단을 반박하면서 니케아 신경을 제시하는데, 동일한 내용이 이집트인 주교 세라피온Serapion에게 보낸 편지에서도 나타난다.

아타나시우스의 신앙

따라서 삼위일체는 거룩하고 완전하며 성부와 성자와 성령 안에서 하느님께서 확인해 주신 것입니다. 삼위일체는 그 어떤 이질적이거나 외부적인 것과 섞이지 않았으니, 다시 말해 피조물이 뒤섞여 있지 않다는 것입니다. 삼위일체는 오히려 모든 것을 창조하시며 만들어 내십니다. 자신 안에서 동일하시며, 본성으로 보자면 갈라놓을 수 없으며, 활동으로 보자면 유일한 분이십니다. 성부께서는 말씀을 통해 성령 안에서 모든 것을 이루십니다. 이리하여 거룩한 삼위일체의 단일성이 보존되는 것입니다. 그래서 교회에서는 "만물 위에 계시고 만물 안에 계시며 만물을 꿰뚫어 계시는 한 분 하느님"을 선포합니다. 그분께서는 말씀을 통하여 모든 것 위에 계시고 성령을 통해 모든 것 안에 계십니다. 이름과 말로만 삼위일체이실 뿐 아니라 참된 실체로서 삼위일체이십니다. 성부께서 '있는 이 바로 그분'이시라면, 그분의 말씀 역시 '있는 이 바로 그분'이시며, '모든 것 위에 계신 분'이십니다. 그리고 성령께서는 실재하지 않는 분이 아니라 참으로 실재하는 분이십니다. 따라서 보편교회의 신학적 사색은 삼위일체 그 이상도 그 이하도 아닙니다. 신학적 사색이 삼위일체 이하가 아니라는 것은 오늘날 가야파를 추종하는 유대인들이나 사벨리우스파의 오류에 빠지지 않기 위함입니다. 한편 신학적 사색이 삼위일체 이상이 아니리는 것은 그리스인들의 다신론에 떨어지지 않게 하기 위함입니다. 바로 이것이 교회의 신앙입니다. 그래서 주님께서 사도들을 파견하실 때 다음과 같이 말씀하시면서 삼위일체를 교회의 머릿돌로 삼으셨습니다. "너희는 가서 모든 민족을 제자로 삼아, 아버지와 아들과 성령의 이름으로 세례를 주어라." 그래서 사도들은 가서 그렇게 가르쳤으며, 바로 이것이 하늘 아래 모든 교회에서 이루어진 복음 선포입니다.

아타나시우스, 『세라피온에게 보낸 편지』Epistula ad Serapionem, 1,28.

호교론자이자 논쟁가

아타나시우스는 한 마디로 투사였다. 부제로 지내던 젊은 시절에 그는 이미 일종의 호교 작품인 『이교인 반박 연설』Oratio contra gentes과 『말씀의 육화에 관한 연설』Oratio de incarnatione Verbi을 쓰면서 우상숭배를 논박한 바 있다. 그는 여기서 이교 신들의 무용성無用性을 드러내 보이면서 참된 하느님께 이르는 길을 제시한다. 그분을 발견하는 유일한 길은 바로 인간이다. 인간이야말로 자기 안에 자기를 창조하신 하느님의 흔적을 새기고 다니는 존재이기 때문이다.

아리우스주의로 말미암아 쓰게 된 논쟁적 저술 『자신의 도피에 대한 변론』Apologia de fuga sua과 『아리우스파 이야기』Historia Arianorum에서 유배 신세의 아타나시우스 주교는 비꼬는 말투로 신랄하기 이를 데 없는 비판을 가한다. 여기서 그의 무시무시한 독설은 누구도 봐주고 넘어가는 법이 없다. 예컨대 황제를 둘러싸고 조언자의 역할을 맡았던 궁정 내시들에 대해 그는 이런 식으로 말한다.

생식 능력도 없는 그런 인종들이 하느님 아드님의 탄생에 관해 조금이라도 알아들을 수 있다는 것을 도대체 어떻게 믿을 수 있단 말인가!

그는 정녕 하늘나라를 차지하려는, 열정에 넘치는 사람이었다.

수도승들의 친구

알렉산드리아에서 테바이스에 이르는 지역에는 곳곳에 은세수도승과 공주수도승의 수도원이 생겨나 수도승 생활이 꽃을 피우고 있었다. 아타나시우스는 이들을 '편애'하여 자주 방문했고, 나중에 쫓길 때는 그들에게로 와서 몸을 숨기기도 했다. 그는 안토니우스를 알고 지내며 방문했고, 이것이 그가 쓴 『안토니우스의 생애』의 토대가 되었다고 이 작품에서 직접 밝히고 있다. 안토니우스는 아타나시우스 주교를 편들어 황제에게 조언하기도 했다. 그리고 이집트 주교들의 요청으로 알렉산드리아에 가서 드러내 놓고 아리우스의 오류를 꾸짖기도 했다.

아타나시우스는 서방으로 유배 길을 떠날 때 몇몇 수도승들을 대동했고, 그들을 통해 서방에 수도승 생활을 알렸다. 알렉산드리아의 모든 주교가 그랬듯이 그 역시 수도승들이 서민들에게 미치는 영향력을 의식했다. 수도승들은 과연 아타나시우스 주교의 권위뿐 아니라 니케아의 정통 신앙을 지지해 주었다. 그리고 아타나시우스는 수도승들의 수행을 증언하고 널리 알리며 증진하는 역할을 맡았다. 그는 『동정론』Tractatus de virginitate이라는 수행과 관련된 저술을 남겼고, 알렉산드리아의 동정녀들과 주고받은 『서간집』Epistulae을 남기기도 했다. 『안토니우스의 생애』는 당시 '베스트셀러'였을 뿐 아니라, 이후 모든 수도승 생활의 지침과도 같은 역할을 하게 되었다.

말씀께서 사람이 되셨습니다

비육체적이고 부패할 수 없으며 비물질적인 하느님의 말씀께서 우리가 사는 이 땅에 오셨습니다. 그렇다고 그 전에 멀리 떨어져 계신 것은 아니었습니다. 우주의 어느 부분에도 그분이 계시지 않은 곳은 없었고, 그분은 성부와 함께 계시면서 만물을 채우고 계셨습니다. 말씀께서는 우리에 대한 사랑 때문에 오셨고 우리에게 환히 나타나셨습니다. 우리 인간의 연약함을 불쌍히 여기시고 또 우리의 부패를 보시고는 마음이 움직이시어 죽음이 우리를 지배하는 것을 그대로 내버려두실 수 없었습니다. 그분은 창조된 것이 멸망하지 않고 성부께서 사람을 지어내실 때 행하신 그 업적이 헛된 것이 되지 않도록 우리의 육신과 조금도 다름이 없는 육신을 친히 취하셨습니다. 말씀께서는 단순히 육체 안에 머무르시거나 육신의 모양으로만 발현하시는 것으로 그치기를 원치 않으셨기 때문입니다. 그분께서 발현만을 원하셨더라면 인간이 지닌 육신보다 더 고귀한 육신을 취하실 수 있었을 것입니다. 그러나 그분은 우리의 실제 육신을 취하셨습니다. 하느님의 말씀께서는 동정녀 몸에서 육신의 성전을 지으시어 그 안에서 사시고 그 육신을 자신을 드러내는 도구로 삼으셨습니다. 이처럼 그분은 우리에게서 우리와 똑같은 육신을 취하셨고, 모든 사람이 죽음의 부패에 얽매여 있기 때문에 그 육신을 모든 이를 위해 죽음에 내맡기시어 지극한 사랑으로 성부께 바치셨습니다. 이렇게 하심으로써 한편으로는 당신 안에서 죽으려 하는 모든 사람의 생활에서, 그들을 거슬러 공포된 죽음의 법을 폐기하셨습니다. 죽음은 주님의 육신을 너무도 강력히 공격했기에 그 힘을 잃어 같은 육신을 지니고 있는 사람들에게 해를 입힐 기력을 상실해 버렸습니다. 또 한편으로는 부패의 법에 빠진 사람들에게 불멸을 되돌려 주시고 그들을 죽음에서 생명으로 돌이키셨습니다. 그분은 당신이 취하신 육신과 부활의 은혜로 말미암아 흡사 밀짚을 불에 태우듯 그들 안에서 죽음을 소멸시켰습니다. 그러므로 그분은 친히 죽을 수 있는 육신을 취하시고, 그 육신은 모든 이들 위에 계시는 하느님의 말씀에 참여함으로써 죽음이 모든 사람에게서 요구하는 것을 충족시킬 수 있었습니다. 그리고 그 육신 안에 사시는 말씀으로 말미암아 부패하지 않으시고 부활의 은총으로 모든 이에게서 부패를 없애 버리셨습니다. 그분은 당신이 취하신 이 육신을 아무 흠도 없는 희생제물로 죽음에 내맡기심으로써 그 봉헌의 힘으로 같은 육신을 가지고 있는 사람들로부터 죽음을 쫓아 버리셨습니다. 이렇게 하여 만물들 위에 계시는 하느님의 말씀께서는 모든 이들을 위해 당신 육신의 성전을 바치심으로써 죽음에게 빚진 것을 갚으셨습니다. 우리 육신과 동일한 육신을 취하심으로써 우리와 일치하신 부패할 수 없는 하느님께서는 부활의 약속으로써 우리 모두에게 불멸을 입을 권리를 주시고 또 실제로 입히셨습니다. 우리와 같은 육신을 가지고 사람들 가운데 거하신 하느님의 말씀으로 말미암아 죽음의 부패마저 이제는 사람들에게 아무 힘도 미치지 못합니다.

아타나시우스, 『성무일도』Oratio de incarnatione Verbi, 8~9. (한국천주교중앙협의회)

2.2. 알렉산드리아의 키릴루스(†444년)

아타나시우스가 4세기 전반을 빛낸 인물이라면, 그 후임자 가운데 한 사람인 테오필루스는 다혈질의 인물로서 그리스도교 전제 군주라 할 만한 사람이다. 테오필루스는 무엇보다도 알렉산드리아와 경쟁 상대이던 콘스탄티노플에 맞서 권력을 확고히 해나가려고 노심초사 했다. 이교 의식들을 없애기 위해 싸웠으며 세라피스 신전을 그 도서관과 함께 파괴해 버렸다. 그뿐 아니라 미트라와 디오니소스 신전도 파괴했다. 처음에는 오리게네스를 지지했지만 나중에 기회주의자로 변신하여 오리게네스를 반대하는 노선의 선봉에 섰다. 오리게네스를 반대하는 수도승들의 비위를 건드리고 싶지 않았기 때문이다.

테오필루스는 요한 크리소스토무스Johannes Chrysostomus의 단죄에서 맡은 고약한 역할 때문에 악명을 떨쳤다. 그리고 이로 말미암아 로마와 관계가 단절되었다. 테오필루스는 죽고 난 뒤에도 이집트에 대한 통치권을 행사하고 싶었던 인물이었기에, 자기 후임으로 조카인 키릴루스Cyrilus를 앉혔다. 키릴루스는 412년 10월 15일 반대 세력의 저항을 무릅쓰고 주교가 되었다.

그러나 키릴루스는 숙부에 비해 큰 장점을 지니고 있었는데 바로 신학을 잘 알고 있었다는 것이다. 그는 임기 전반 아타나시우스의 노선에 서서 아리우스파와 싸웠다. 그의 저서『거룩하고 동일본질인 삼위일체에 관한 보화』Thesaurus de sancta et consubstantiali Trinitate의 3분의 1 이상은 아타나시우스가 같은 주제로 쓴 책에서 발췌한 것이다.

키릴루스는 성서를 잘 알고 있었는데도 복음의 온유함보다는 숙부의 강한 성품을 선호했다. 그는 유대인들에 대한 유혈 폭동을 부추겨 결국에는 알렉산드리아의 거대한 유대인 지역이 사라져 버렸다. 그는 또한 큰 존경을 받던 이교 여성 철학자 히파티아Hypatia의 학살을 눈감아 준 것으로도 유명하다. 428년까지 그의 삶은 사목 활동과 신학 작업으로 양분되어 있었다.

키릴루스와 에페소 공의회(431~433년)

아리우스 이단은 결과적으로 교회로 하여금 그리스도의 신성에 관심을 갖게 했다. 그러나 이로 인해 그리스도의 인성이 최소한으로 축소되는 위험 또한 발생했다. 라오디케아의 주교 아폴리나리스는 여기서 더 나아가 그리스도는 단 하나의 본성, 즉 신성만을 지니셨기에 인간의 영혼은 지니지 않으셨다고 주장하기까지 했다.

당시에는 신학 용어가 충분히 갖추어져 있지 않았다. 그래서 오늘날처럼 그리스도 안에 신성과 인성이라는 두 본성이 유일한 신적 위격 안에 일치되어 있다는 것을 그리스도의 '위격적 일치'unio hypostatica라는 정확한 용어로 설명할 수 없었다는 점을 염두에 둬야 한다. 이때에는 아직 본성physis이라는 개념과 위격hypostasis이라는 개념이 분명하게 정리되어 있지 않았다. 그래서 라틴어권 사람들은 이 둘(본성과 위격)을 '페르소나'persona라는 말로 뭉뚱그려 알아듣고 있었다. 이 모호함에서 오해가 생긴 것이다.

서로 보완했어야 옳았을 두 개의 학파, 두 개의 경향이 서로 맞서게 되었다. 더욱이 이 충돌은 경쟁 관계에 있던 수도 대주교좌들 사이의 알력으로 말미암아 더욱 커지게 되었다.

안티오키아의 수도승으로 콘스탄티노플 주교가 된 네스토리우스는 마리아께 바쳐진 '하느님의 어머니'Theotokos라는 호칭을 비판함으로써 마른 짚단에 불을 붙였다. 이 호칭은 명백히 예수의 본성이 아니라 그분의 위격에 적용할 때만 정통 교리였다. 마리아는 하느님의 아들이신 한 인간의 모친이었던 것이다. 그분이 두 아들의 어머니였다는 것은 당연히 어불성설이다.

키릴루스의 경우에는 '본성적 일치'unio physica 혹은 '로고스의 유일한 본성'unica natura Verbi이라는 적절치 못한 표현을 구사했다. 아타나시우스의 이름으로 널리 전파되었던 이 정식은 원래는 아폴리나리스가 만든 것인데, '본성'natura, physis과 '위격'persona, hypostasis을 혼동하던 키릴루스는 불행히도 이 가짜 정식의 희생자가 되었다.

문제는 명확해지기는커녕 점점 복잡해져 갔다. 한 부활 서간에서 키릴루스는 네스토리우스에게 발언의 철회를 종용하면서 자신의 입장을 분명히 했다. 그리고 인노켄티우스 1세Innocentius I 교황에게 이 문제를 의뢰했다. 로마에서 열린 한 교회회의는 네스토리우스에게 주장을 철회할 것을 요구하며 그렇게 하지 않으면 해임하겠노라 위협했다. 키릴루스는 로마의 이러한 결정을 네스토리우스에게 전하면서 신학적으로 문제 소지가 있는 열두 항목의 파문 선언을 임의로 작성하여 덧붙였다.

키릴루스에게 적대적이던 테오도시우스 황제는 에페소에서 보편 공의회를 소집했다. 시리아 주교들이 아직 도착하기도 전인 제1 회기에서 키릴루스는 서둘러 네스토리우스를 단죄했다. 안티오키아의 요한Iohannes은 뒤늦게 도착한 시리아의 주교들과 함께 키릴루스를 단죄했다. 한편 로마에서 파견된 사절들은 배에서 내리자마자 제1회기의 결정을 비준했다. 이에 황제는 논쟁의 당사자들인 네스토리우스와 키릴루스의 해임을 결정하기에 이르렀다.

키릴루스가 수완을 발휘하여 자유로이 자신의 주교좌로 되돌아간 반면, 네스토리우스는 안티오키아의 한 수도원에 감금되었다. 타협의 때가 되었음을 깨달은 키릴루스는 이전의 파문 선언을 철회했다. 그리하여 433년 식스투스 3세Sixtus III 교황이 인준한 정식定式으로 일치가 선언되었다.

키릴루스의 교리 저작

키릴루스는 전 생애를 통하여 학자로서 성서와 전통의 가르침을 배우려고 애썼다. 작은 흠들이 있기는 하나 그의 신학 저술은 동방 그리스도교 세계에서 가장 방대한 축에 속한다. 키릴루스는 신학에서도 주교직의 행사에서처럼 권위를 출발점으로 논의를 진행했다.

그는 열두 권의 장황한 『요한복음 주해』Commentarii in Ioannem를 남겼는데, 이 작품은 주석이라기보다는 논쟁적이고 교의적이다. 그는 성서를 끊임없이 읽음으로써 무너지지 않는 신앙을 세우려 했다.

특히 『영과 진리 안에서 흠숭과 예배』De adoratione et cultu in spiritu et veritate, 『모세오경 주해』Glaphyra in Pentateuchum라는 두 작품에서 그는 신구약 성서를 탐구한다. 키릴루스는 구약이 신약의 준비이며, 이 준비는 벌써 아담에게서 시작된 것이라고 봄으로써 신구약을 조화시키려 했다. 그는 구약이 메시아의 길을 준비하고, 그 등장인물과 사건은 말씀이 육화하여 오실 것을 예언한다고 보았다.

키릴루스의 신학과 교구 경영의 핵심은 성육신이었다. 그는 그리스도 안의 일치를 보증하기 위해 온 힘을 다해 네스토리우스의 이원론을 배격했다. 그러나 그의 그리스도론은 예수의 인성과 인간으로서 행한 활동의 자율성을 흐린다. 그는 본성과 위격의 개념을 혼동하는 등 신학 용어를 정확하게 사용하지 못했는데 심지어 그리스도의 유일한 본성이라는 표현까지 사용할 정도였다. 그는 오리게네스를 그리스 철학에 물든 사람이라 비난했지만, 그에게 적절하고 확실한 표현형식을 마련해 줄 수 있었던 것은 바로 그 그리스 철학이었다.

알렉산드리아의 키릴루스가
에페소 공의회(431년)에서 한 강론

하느님의 거룩한 어머니이시며 평생 동정이신 마리아의 초대로 여기
열성을 다해 모이신 현명하신 좌중을 이렇게 눈앞에서 뵙게 되니 큰
슬픔에 싸여 있던 저의 마음에도 이곳에 계시는 거룩한 주교님들의
덕분에 기쁨이 솟습니다. "형제들이 함께 모여 사는 것이 얼마나 좋고
도 즐거운 일이냐!"하신 시편 저자의 말씀이 이제 우리 가운데 실현
되었습니다.

우리 모두를 하느님의 어머니이신 마리아의 교회로 불러 모아 주신
신비로운 삼위일체께 경배드립니다. 하느님의 모친 마리아님, 온 우
주의 거룩한 보물이요 꺼지지 않는 등불, 동정의 화관이요 정통 신앙
의 왕홀王笏, 무너지지 않는 성전이요 신비로운 거처, 어머니요 동정이
신 그분, 바로 당신 덕분에 거룩한 복음서가 "주님의 이름으로 오시는
분"을 "복되다" 일컬었으니 당신께 하례하나이다.

당신은 도무지 담아둘 수 없는 분을 거룩하고도 동정인 태중에 담으
셨으니 당신께 하례하나이다. 당신 덕분에 삼위일체께서 거룩하게 현
양되셨고, 당신 덕분에 귀한 십자가가 영광스럽게 현양되어 온 땅에
서 공경받게 되었나이다. 당신 덕분에 하늘이 기뻐 뛰며 천사들과 대
천사들이 즐거워하나이다. 당신 덕분에 악령들이 도망치고, 당신 덕
분에 유혹자 마귀가 하늘에서 떨어졌나이다. 당신 덕분에 타락한 피
조물이 하늘로 올림을 받았고, 당신 덕분에 우상에 사로잡힌 감옥이
었던 창조세계가 진리를 인식하게 되었나이다. 당신 덕분에 믿는 이

에게 거룩한 세례가 허락되고, 당신 덕분에 "즐거움의 기름"이 우리에게 부어지나이다. 당신 덕분에 거룩한 교회들이 온 땅 위에 세워지게 되었고, 당신 덕분에 민족들이 회개하게 되었나이다.

더 이상 무엇을 말하겠습니까? 당신 덕분에 하느님의 외아드님께서 "어둠과 죽음의 그늘에 있던" 사람들을 위해 빛을 비추시나이다. 당신 덕분에 예언자들이 예언하고, 당신 덕분에 사도들이 민족들에게 구원을 선포하나이다. 당신 덕분에 거룩한 삼위일체의 이름으로 죽은 이들은 부활하고 왕들이 다스리나이다.

은총이 가득하신 마리아를 합당하게 경하할 사람이 있겠습니까? 그분은 어머니요 동정이시니, 이 얼마나 큰 기적인지요. 제 마음이 놀라움으로 가득 찹니다. 몸소 성전을 지은 이가 그 성전에 머무는 것을 금하는 법은 없습니다. 어느 누가 자기 여종을 어머니라 불렀다고 해서 꾸중을 듣는단 말입니까? …

보십시오, 온 세상이 기뻐 뜁니다! 우리가 일치를 경배하고 공경할 수 있기를, 우리의 지극히 경건한 황제께 순종할 수 있기를, 왕들과 권위들에 복종할 수 있기를, 분리할 수 없는 삼위일체를 경배하고 두려워할 수 있기를 빕니다. 그리고 평생 동정이신 마리아께, 다시 말해 거룩한 교회에 찬미를 드리며 그분의 아드님이요 흠 없는 신랑께 찬미를 바칠 수 있기를 빕니다.

영광이 세세에 영원히 그분의 것이기 때문입니다. 아멘.

알렉산드리아의 키릴루스, 『여러 설교』Homiliae diversae, 4.

일치 정식(433년): 그리스도의 두 본성

에페소 공의회(431년) 이후에도 이어지던 그리스도론 논쟁은 안티오키아의 총대주교 요한Johannes이 제안한 일치 정식을 알렉산드리아의 총대주교 키릴루스가 받아들이고, 교황 식스투스가 이 일치를 축하함으로써 마무리되었다.

우리가 동정이신 하느님의 어머니와 하느님 아들이 강생하신 방식에 대해 생각하고 말하듯이, 덧붙여 말하는 것이 아니라 완벽하게 설명하는 것이 반드시 필요합니다. 또한 이를 예로부터 성서와 거룩한 교부들의 전승에서 받았듯이 우리는 거룩한 교부들이 니케아에서 명시한 신앙에 아무것도 덧붙이지 않은 채 간략하게 설명하고자 합니다. 우리가 이미 언급한 바와 같이, 그 신앙은 올바른 신앙에 관한 그 어떤 인식을 갖고 그 어떤 이단적 오류를 반박하기에 충분합니다. 우리는 마치 도달할 수 없는 것에 감히 접근하려는 것이 아니라, 자신의 약점을 인정하면서 초인간적인 것들을 논하는 말들에 관해 우리를 논박하려는 이들을 반박하고자 합니다.

그러므로 우리는 우리 주 예수 그리스도께서 하느님의 외아들이시며, 완전한 하느님이시고 이성적 영혼과 육체를 지닌 완전한 인간이시며, 모든 시대 이전에 신성에 따라 아버지에게서 나셨으며, 마지막 날에 우리 때문에, 우리 구원을 위해 인성에 따라 동정 마리아에게서 태어나셨고, 바로 이분이 신성에 따라서는 성부와 본질이 같으시며, 인성에 따라서는 우리와 본질이 같으심을 고백합니다. 두 본성이 일치되었기 때문입니다. 그래서 우리는 한 분의 그리스도, 한 분의 아들, 한 분의 주님을 고백합니다. 이 일치는 혼합된 것이 아니라는 이해를 바탕으로 우리는 거룩한 동정녀를 하느님의 어머니라고 고백합니다. 하느님이신 말씀이 육과 인간이 되셨으며, 잉태된 순간부터 그녀에게서 취한 성전을 자신과 일치시켰기 때문입니다.

주님에 대한 복음서들과 사도들의 진술에 관해 말하자면 우리는 신학자들이 어떤 진술들은 한 위격에 해당하는 것이기 때문에 두 본성에 공통으로 연관시키고, 또 다른 진술들은 두 본성에 해당하는 것이기 때문에 구분하여 하느님께 부합되는 것은 그리스도의 신성의 의미로 전하고, 열등한 것은 그리스도의 인성의 의미로 전하고 있음을 알고 있습니다.

하인리히 덴칭거, 『신앙과 도덕에 관한 선언, 규정, 신경 편람』
Enchiridion Symbolorum et Definitionum de rebus fidei et morum, (한국천주교중앙협의회)

V. 증언의 도시 예루살렘

1세기에 로마제국은 예루살렘을 새로운 도시로 만들었다. 그들은 예루살렘을 아일리아 카피톨리나Aelia Capitolina라고 불렀다(하드리아누스Hadrianus 황제의 가족명인 아일리우스Aelius와 로마의 수호신 카피톨리누스Capitolinus의 이름을 땄다). 예루살렘에는 이미 이방인이 중심이 된 그리스도교 공동체가 있었다. 2세기 말 그곳에 주교도 있었다. 카이사레아의 에우세비우스는 신자들이 두 번에 걸쳐 일어난 디오클레티아누스와 막시미누스의 박해로 혹독한 시련을 겪어야 했다고 기록한다. 니케아 공의회는 예루살렘이 모든 교회의 어머니와 같다고 해서 예루살렘의 주교에게 명예 수위권을 인정했다. 그러나 이로 인해 카이사레아의 대주교와 마찰이 발생했다. 콘스탄티누스는 무덤 성당을 원형 건축인 부활 성당('아나스타시스'anastasis라 부르기도 한다)에 포함하도록 했다. 바로 여기서 키릴루스는 평범한 사제였을 적에 유명한 교리 강좌를 열었다. 헬레나 황후 역시 이곳에 두 개의 성당을 짓게 했는데, 하나는 올리브 동산에 있었고 다른 하나는 베들레헴에 있는 것으로 지금도 남아 있다.

1. 예루살렘의 키릴루스(313~387년)

그가 예루살렘 태생임은 분명한 사실이다. 뛰어난 말솜씨를 고려한다면 훌륭한 교육을 받았을 것이다. 343년경 박해로 광산에서 한

눈을 잃은 채 절름발이로 돌아온 증거자 막시무스 주교에게 사제품을 받았다. 350년 막시무스가 세상을 떠나자 키릴루스는 정상적인 절차를 거쳐 주교로 선출되었고, 카이사레아 대주교의 승인을 받아 예루살렘에서 직무를 시작했다.

주교가 된 그 이듬해부터 식량난을 겪는 시기에 몇몇 성물聖物을 팔았다고 하여 나무란 바 있는 대주교 아카키우스Acacius와 마찰을 일으켰다. 그러나 이는 핑계에 지나지 않았다. 실제 갈등의 근본 원인은 아카키우스가 아리우스파의 편을 들었기 때문이다. 대주교 아카키우스는 교회회의를 소집하여 키릴루스를 해임했으나, 키릴루스는 이에 저항했다. 그러자 아카키우스는 군사를 동원하여 무력으로 그를 추방하고, 예루살렘으로 가서 아리우스파 사제 하나를 주교좌에 앉혔다. 키릴루스는 주교로 지낸 38년 가운데 16년을 예루살렘 바깥에서 귀양살이했다.

· 첫 번째 유배: 콘스탄티우스 치하, 357~359년
· 두 번째 유배: 콘스탄티우스 치하, 359~362년
· 세 번째 유배: 발렌스 치하, 367~378년

키릴루스는 생애 말년에 예루살렘이 겪은 상처를 돌보며 지냈다. 그는 아리우스파와 정통 신앙인들로 갈라진 도시에 일치를 심기 위해, 그리고 수많은 순례자가 몰려오는 이 거룩한 도시에 윤리적 품위를 회복시키기 위해 노력했다. 니사의 그레고리우스는 우리에게 이

도시의 평판이 얼마나 떨어졌는지를 전한 바 있다.

예루살렘의 주교 키릴루스는 알렉산드리아의 주교 아타나시우스나 푸아티에의 주교 힐라리우스Hilarius처럼 정통 교리와 니케아 공의회의 가르침에 따른 신앙 때문에 박해를 겪었다. 그는 전투적이기로 말하자면 아타나시우스보다 덜했고, 신학적 깊이로 보자면 힐라리우스에 미치지 못했다. 그러나 그는 신앙에서 우러나는 평온한 힘의 소유자였으며, 시련 중에도 꿋꿋했고 진리 안에서 사랑과 일치를 모색하던 인물이었다. 그는 종종 "오류는 여러 가지 형태를 지니고 있지만, 진리는 오직 한 모습을 하고 있을 따름이다"라고 말하곤 했다.

교리 교사 키릴루스

4세기는 세례를 위한 교리 교육의 황금기였다. 그리고 이 점에서 키릴루스는 암브로시우스와 아우구스티누스, 요한 크리소스토무스에 견줄 만하다. 운 좋게도 그가 남긴 사도신경 해설은 온전히 우리에게 전해진다. 이 저술은 열아홉 편의 『교리 교육』Catecheses과 『신비 교육』Mystagogiae이라는 별명으로 불리는 다섯 편의 강의로 이루어져 있다. 이 『신비 교육』은 그리스도교 신앙에 입문하는 세 가지 성사, 즉 부활 성야 때 한꺼번에 거행되는 세례성사와 견진성사 그리고 성체성사의 신비에 관해 가르친다.

세례를 위한 교리 교육

사순절 동안 행했던 교리 교육에서 키릴루스는 무엇보다 먼저 그리스도와 교회를 선포하는 성서의 여러 가지 여정들을 설명한다. 구약의 예언들은 신약시대의 성사들에 상응한다. 이어서 그는 세례 때고백하는 신경에 집약된 신앙 진리를 단순하지만 빠짐없이 설명한다. 서론에 해당하는 부분이 끝나면 그는 열 가지 신앙 교리(아버지이신 하느님, 그 외아들 예수 그리스도, 성육신, 십자가, 부활, 승천, 세상의 종말, 성령, 육신의 부활, 교회 그리고 영원한 생명)를 조목조목 해설한다. 키릴루스는 골고타에서 그리 멀지 않은 예수의 무덤 가까운 곳에 세워진 콘스탄티누스 대성당에서 예비 신자들에게 교리 교육을 펼쳤다. 그는 말했다.

> 우리는 바로 골고타에서 그리스도와 골고타에 관해 설명하고 있습니다. … 그리스도의 모든 활동은 보편교회의 영광을 위해서 하신 것이었습니다. 그러나 가장 숭고한 영광은 십자가입니다. (『교리 교육』, 16,4).

신비 교육으로서의 교리 교육

『신비 교육』이 과연 키릴루스의 것인지, 아니면 그의 후임인 요한의 것인지 하는 문제는 이 다섯 강의의 내용과는 전혀 별개의 문제다. 세례 후 부활 주간에 행한 이 강의들은 사순절 동안 행한 강의들에 비해 훨씬 짧다. "이 강의에서는 전례 예식 하나하나에 대해 그것이 왜 생겼고, 또 무슨 뜻이 있는지를 신구약 성서에 기초를 두고 설명할 것입니다"라는 표현에서 보듯, 여기서는 구약성서를 신약 사건의 예형으로 해석한다(성사적 예형론typologia sacramentalis). 예컨대 홍해를 건넌 사건은 세례의 예형이요, '만나'는 성찬의 예형이라는 것이다. 이런 식으로 그는 중요한 전례 예식들을 설명한다.

이 강의는 고대 그리스도교가 우리에게 남겨 준 가장 소중한 문헌들 가운데 하나다. 키릴루스 덕분에 우리는 당대 예루살렘 전례를 한눈에 알 수 있는 자료를 얻게 되었고, 신비 신학뿐 아니라 세례 교리 교육에 관한 증거 자료를 지니게 되었다.

신비 교육

1. 교회의 사랑을 받는 진정한 자녀들이여, 오래전부터 이 하늘의 영적인 신비에 관해 여러분에게 이야기하고 싶었습니다. 그러나 백문百聞이 불여일견不如一見이라고 지금 같은 때가 오기만을 기다렸습니다. 이 저녁에 말할 것들을 여러분이 받아들일 채비가 잘 되어 있다고 느낀 만큼 이제 여러분을 빛나고 향기로운 천국의 초원으로 모시고 가겠습니다. 여러분은 거룩하고 생명을 주는 세례성사로 말미암아 신적 신비들을 더 예민하게 잘 알아들을 수 있게 되었으니 이제는 완덕을 위한 가르침으로 상을 차릴 때입니다. 이 밤에 받은 세례성사로 여러분에게 무슨 일이 생겼는지 알아들을 수 있도록 소상하게 가르쳐 드리겠습니다.

2. 홍해에서 세례로

여러분은 먼저 세례성사가 거행되는 성전 바깥으로 가서 동쪽을 향해 선 채 귀를 기울였고, 마치 사탄이 여기 있기라도 한 듯 그렇게 사탄을 끊어 버리면서 손을 펴라는 명을 받았습니다. 이것은 고대 역사에서 하나의 상징이었음을 깨달아야 합니다. 고약하고 잔인한 파라오가 자유롭고 너그러운 히브리 사람들을 학대할 때 하느님께서 모세를 보내셔서 이들을 종살이에서 풀려나게 하셨습니다. 이때 문에는 어린 양의 피가 발려 있었는데 이는 학살의 천사들이 피의 표식을 지닌 집들을 손대지 않게 하려는 것이었습니다. 이렇게 히브리 백성은 뜻하지도 않게 해방을 맞았습니다. 파라오는 이들이 풀려난 후 뒤쫓아 가다가 그들 앞에서 바다가 기적처럼 열리는 것을 보았습니다. 그럼에도 발자국을 좇아 계속 나아가다가 홍해 바다 한가운데서 갑자기 물결에 파묻혀 삼켜지고 말았습니다.

3. 모세와 그리스도

이제 옛날 사건에서 새로운 사건으로, 다시 말해 상징에서 실재로 넘어갑시다. 거기 모세가 있었으니, 그는 하느님께서 이집트로 보내신 인물이었습니다. 그러나 여기 그리스도께서 계시니, 이분은 성부께서 세상에 보내신 분이십니다. 거기 모세는 억압받는 백성을 이집트에서 탈출시키는 인물이었지만, 여기 그리스도께서는 세상에서 죄에 억압받는 이들을 해방시키는 분이십니다. 거기서는 어린 양의 피가 학살자를 피하게 해주었지만, 여기서는 흠 없는 어린 양이신 예수 그리스도의 피가 마귀들을 거슬러 피난처를 마련해 줍니다. 파라오는 옛 이스라엘 백성을 바다까지 쫓아갔지만, 더럽고 겁 없는 마귀는 구원의 샘까지 그대를 쫓아옵니다. 폭군은 바다에 잠겼지만, 마귀는 구원의 물속에서 사라져 버립니다.

예루살렘의 키릴루스, 『신비 교육』Mystagogiae, 1~3.

2. 순례의 중심지 예루살렘

콘스탄티누스 시대에 화려한 건축물로 꾸며진 예루살렘과 팔레스티나의 성지들은 인기 있는 장소가 되었다. 수도승들도 그곳에 정착하기 시작했는데 처음에는 각자 자기 거처에서 지냈으나 나중에는 본격적으로 수도원에서 함께 공동생활을 했다. 예루살렘의 교회는 전례 거행을 보장해 주던 수도승들이 주축을 이루었고, 그들 주위에 수녀들과 성직자 및 평신도들이 모여 있었다.

수도원들은 동방에 뿌리를 둔 것도 있었고, 서방에 기원을 둔 것도 있었다. 377년경 콘코르디아의 루피누스는 노老 멜라니아Melania senior(동명이인인 손녀와 구분하기 위해 멜라니아 세니오르라고 부른다)와 함께 예루살렘에 수도원을 세워 "주교들과 수도승들 그리고 동정녀들"을 맞아들였다. 베들레헴에도 이와 비슷한 일이 벌어졌으니 히에로니무스가 파울라Paula와 그 딸 에우스토키움Eustochium과 함께 남녀 수도원을 창설한 것이다.

에우세비우스나 히에로니무스 같은 당대 사가들은 성지와 성지순례 운동에 관해 우리에게 상세히 전해 준다. 당시에 쓰인 여러 순례기는 다양한 갈래의 순례 경로가 있었다는 사실과 함께(예컨대 보르도에서 예루살렘까지의 경로), 특히 예루살렘 시에 관한 소상한 묘사를 남겨 주었다. 익명으로 전해지기도 하는 순례기들 가운데 에게리아Egeria가 쓴 『에게리아의 순례기』Itinerarium Egeriae는 특기할 만하다.

전역에서 순례자들이 성지로 모여들었다. 처음에는 축일 때 인근에서 신자들이 예루살렘으로 몰려들었지만, 4세기부터는 세상 각처에서 성지를 순례하러 모여들기 시작했다. 아프리카, 히스파니아, 갈리아, 이탈리아, 판노니아 등 서방에서 몰려든 순례객 수는 놀랄 만큼 많았다. 이들 가운데 많은 이들이 히에로니무스의 압력으로 순례를 떠났는데, 그는 순례자들의 수가 적다고 상심하곤 했다. 가장 많은 순례자는 수도승들이었다. 히에로니무스는 "우리는 세상 각지에서 몰려온 수도승들 속에 파묻혀 지냅니다"라고 썼다. 다음으로는 주교들과 높은 신분의 평신도들이 많았다. 물론 니사의 그레고리우스가 말했듯이 부작용도 있었지만, 대다수 신자는 신앙 때문에 순례에 나섰다. 기도하고 깨우침을 얻기 위해, 참회하고 개인적인 배움을 얻기 위해 순례를 떠났던 것이다. 몇몇은 성지에 남기도 했고, 몇몇은 아예 성지 가까이에 자신의 뼈를 묻기를 원했다. 이런 순례자들은 예루살렘에서 요사팟 계곡 근처에 안장되었다.

『에게리아의 순례기』

예루살렘과 동방의 성지에 관해 증언하는 매우 소중한 문헌이 바로『에게리아의 순례기』다. 저자 에게리아가 누구인지 정확히 밝히기란 쉽지 않다. 학식을 갖춘 이 여인은 아마 동정녀 수도 공동체에 연결되어 있었을 것이다. 이 책의 최초 편집자는 에게리아를 갈리아 출신으로 추정하는 반면, 최종 편집자는 갈리치아 출신으로 추측한다.

순례기는 381~384년 사이에 쓰였다. 이 순례기는 매우 중요한 가치를 지니고 있는데 당시 유명한 성지들(예수의 무덤, 시온, 올리브 동산, 베들레헴, 베타니아 등)에 관한 소상한 지리 정보를 전해 주기 때문이다. 또한 전례력, 특히 부활 대축일 전례에 관한 상세한 정보를 전해 주며, 그 밖에 평일 전례와 단식 그리고 교리 교육에 관해서도 묘사한다. 그뿐만 아니라 이 책은 교회 조직(주교, 사제, 부제, 여부제)이라든지 팔레스티나 바깥의 여러 남녀 수도원들(시나이, 이집트, 시리아 그리고 메소포타미아 등)에 관해서도 귀중한 자료를 제공한다. 한마디 덧붙이면 저자가 사용한 라틴어는 대중적이고 서민적인 문체로, 성서의 첫 번째 라틴어 번역본인 불가타의 라틴어와 유사하다.

VI. 카파도키아의 광채

카파도키아는 오늘날 터키의 심장부에 자리 잡은 곳이다. 지금도 그곳에 남아 있는 옛 암벽 교회들은 고대 그리스도교의 활력을 웅변적으로 증언한다. 이 고장은 티베리우스Tiberius 황제 때 로마제국에 병합되었고, 로마는 여기에다 당시 큰 도시들의 본을 떠서 수도首都를 건설하고, '카이사르'의 이름을 따라 카이사레아Caesarea라 이름 붙였다. 현재의 카이세리 근처에 자리 잡았던 카이사레아에서, 로마인들은 극장과 목욕탕을 짓고 축제를 벌였다.

이 지역은 매우 일찍감치 복음화되었다. 베드로의 첫째 편지는 이 지역 그리스도인들에게 보낸 것이다. 테르툴리아누스는 자기 시대에 있었던 박해에 관해 언급했고 키프리아누스는 카이사레아의 주교 피르밀리아누스Firmilianus와 편지를 주고받았다. 같은 시대의 카파도키아인 가운데 한 사람은 예루살렘의 주교가 되기도 했다. 오리게네스의 제자인 기적가 그레고리우스Gregorius Thaumaturgus는 흑해 주변 네오카이사레아 출신으로 복음화에 헌신하여 그 도시의 주교가 되었다. 325년 니케아 공의회에는 일곱 명의 카파도키아 주교들이 참석했다.

303년부터 313년까지 지속된 갈레리우스와 막시미누스 다이아Maximinus Daia의 대박해 때, 폰투스 지역은 심각한 타격을 입었다. 바실리우스와 그의 동생 니사의 그레고리우스 집안이 겪은 박해는 이 지역의 영향력 있고 부유한 그리스도인들이 경험했던 박해의 전형적인 예다. 부유했으며 존경받는 인물들이었던 그들의 친할머니는 폰투스의 숲으로 피신해야 했다.

그들의 친할머니 가계에는 정계와 군인 사회에 몸담은 사람들이 많았으며 황궁의 고위 관직도 차지하고 있었다. 그리고 그들의 외할아버지는 순교자였다. 외할아버지의 모든 재산은 박해의 돌풍이 끝날 때까지 압류된 상태였다. 바실리우스와 니사의 그레고리우스는 나지안주스의 그레고리우스와 함께 교회에 더할 수 없는 광채를 준 인물들이다. 역사는 이 세 사람을 카파도키아 삼총사라고 부르며 함께 기억한다.

1. 카이사레아의 바실리우스(329~379년)

바실리우스와 엠멜리아Emmelia는 열 명의 자녀를 두었다. 첫째가 마크리나Macrina였고, 막내가 페트루스Petrus로 훗날 세바스테의 주교가 된 인물이다. 카이사레아의 바실리우스는 329년경 아버지 바실리우스(이름이 같다)의 둘째로 태어났는데, 아들 가운데서는 맏이였다. 부유했던 아버지는 네오카이사레아의 뛰어난 수사학 교사로, 자녀들의 지적 교육, 신앙 교육에 세심한 정성을 기울이다가 341년 요절했다.

건강하지 못했던 장남 바실리우스는 많은 관심을 받으며 자랐다. 놀라운 재능을 타고났던 그는 처음에는 아버지에게서 배우다가 나중에 카이사레아로 가서 공부를 마쳤다. 그리고 거기서 나지안주스의 그레고리우스와 만나 우정을 맺게 된다. 뒤이어 그는 콘스탄티노플과 아테네를 여행하며 여러 스승에게서 배웠다.

여행에서 돌아온 바실리우스는 카이사레아에 정착하여 수사학 교사가 되었고 교육자로서 큰 성공을 거두었다. 명성에 취해 있던 그가 참으로 중요한 것이 무엇인지를 생각하도록 일깨운 사람은 누나 마크리나였다. 그리하여 "깊은 잠에서 깨어난" 바실리우스는 수사학 교사 경력을 포기하고 주교에게 세례를 받는다. 그 뒤 그는 고독한 수도승들에게서 가르침을 받았는데 이러한 수행은 그의 건강을 해치는 결정적인 원인이 된다. 결국 고향으로 되돌아온 그는 재산을 가난한 사람들에게 나누어 주고, 이리스 강변의 외딴곳 안네시에 정착한다. 훗날 그의 벗 나지안주스의 그레고리우스가 그를 만나러 이곳으로 찾아 왔고 둘은 오리게네스의 작품들에서 여러 구절을 뽑아 모은 사화집詞華集『필로칼리아』Philokalia(말 그대로 풀면 아름다움에 대한 사랑)를 공동으로 편찬한다. 바실리우스는 따로 이른바 『수덕집』Ascetikon을 쓰기도 했다.

카이사레아에서 사제로 서품된 바실리우스는 에우세비우스 주교가 죽을 때까지(370년) 그곳에 정착해서 일하다가 그의 자리를 물려받았다. 사십 대에 주교가 된 바실리우스가 대大(혹은 위대한) 바실리우스라고 불리기까지는 9년밖에 걸리지 않았다. 그는 379년에 세상을 떠났다.

니케아 공의회 신앙의 수호자

바실리우스는 처음부터 격조 높은 신학자가 될 비범한 자질을 타고난 사람이었다. 그러나 그는 무엇보다도 사목자였다. 짧은 생애 동안 그가 신학 작업에 전념한 시간은 얼마 되지 않았다. 그가 조카들에게 남긴 긴 편지 하나가 전해지는데 이 편지는 그리스 문학 유산에 대한 균형 잡히고 열린 태도로 유명하며 고전문학의 기본적 역할이 얼마나 중요한지를 잘 보여 준다.

꿀벌을 본받아야 한다. 꿀은 빨고 독은 뱉어야 하는 법이다.

발렌스 황제의 개입으로 온 교회를 위기로 몰고 갔던 아리우스주의 논쟁은 처음에는 바실리우스로 하여금 황제의 압력에 굳세게 저항하도록 했다. 그리고 이 때문에 그는 두 편의 교의신학 작품을 저술했다. 그중 하나인 『에우노미우스 반박』Adversus Eunomium은 흑해 주변 키지쿠스의 주교 에우노미우스의 강경한 아리우스주의에 대한 반박이다. 같은 카파도키아 사람인 에우노미우스의 주장에 따르면 성부만이 하느님이시고 성자는 피조물에 지나지 않는다. 바실리우스는 이 저술에서 성자와 성령께서 성부와 완전한 동등성을 지니신다고 천명한다. 걸작이라 할 『성령론』De spiritu sancto은 성령의 신성을 확언하는 데 그치지 않고 성령이 신앙과 전례, 그리고 교회의 일상생활을 통해 어떻게 활동하는지를 놀라운 방식으로 묘사한다.

성령의 본성

누가 성령의 부르심을 들은 후에 마음을 드높여 지극히 높으신 하느님께로 자기 생각을 들어 높이지 않겠습니까? 성령은 성부로부터 나온 하느님의 영, 진리의 영이라고 불립니다. 그분의 합당하고 특유한 이름은 위로의 영, 근원이 되시는 영, 곧 성령이십니다.

성화를 추구하는 이들은 그분께로 향합니다. 거룩하게 사는 이들은 그분을 추구합니다. 그분은 당신 입김으로 그들에게 생기를 주시고 그들이 삶의 목표를 이루는 데 도움을 주십니다. 그분은 거룩함의 근원이시고 우리 이해의 빛이십니다. 그분은 모든 사람이 진리를 발견하도록 빛을 비추어 주십니다.

그분은 본성상 우리가 가까이 다가갈 수 없는 분이지만 그 인자하심으로 인간은 그분을 자신 안에 모셔 들일 수 있습니다. 그분은 모든 것을 당신의 힘으로 채우실 수 있으나 마음이 준비된 이들에게만 당신을 나누어 주십니다. 그러나 모든 사람이 똑같은 정도로 나누어 갖지 못하고 그분은 그의 신앙에 비례하여 당신의 힘을 분배하십니다.

성령은 본질상 단순하지만 베푸시는 은총의 선물은 다양합니다. 그분은 각자 안에 완전히 현존하시며 또 모든 것 안에 완전히 현존하십니다. 모든 이에게 자신을 나누어 주시지만 나누어지지 않으십니다. 이는 햇빛이 온 땅과 바다를 두루 비추면서 대기와 섞여 퍼지지만, 그 빛을 받는 피조물 편에서 볼 때는 마치 자기만 그 즐거움을 온통 누리는 양 느껴지는 것과 같습니다.

이와 같이 성령께서도 당신을 받아들일 수 있는 각 개인에게 마치 그

개인에게만 있는 것처럼 현존하시지만 모든 이에게 충분하고 완전한 은총을 나누어 주십니다. 그러나 사람들은 그분이 줄 수 있는 것을 다 받는 것이 아니고 받을 수 있는 한도 내에서 은혜를 받아 누립니다. 성령으로 말미암아 마음은 드높여지고 약한 자는 그분을 통하여 인도되며, 거룩하게 사는 사람은 그분을 통하여 완덕에 이릅니다. 그분은 죄에서 벗어난 이들은 비추어 주시고 당신과의 일치를 통해 그들을 영적인 사람들로 만들어 주십니다. 투명체가 태양의 빛을 받아 빛나 새로운 빛을 다른 것에게 전해 주는 것처럼 성령을 받은 사람은 성령의 조명을 받아 영적으로 되어 다른 사람에게 은총을 발산합니다.

우리는 성령을 받아서 미래를 예견할 수 있게 되고 신비를 파악하게 되어 감추어진 것들을 이해하게 됩니다. 또한 영적 축복을 받아 천상의 것에 우리 생각을 고정할 수 있게 되며 천사와 더불어 기쁨을 누릴 수 있게 됩니다. 그래서 우리의 기쁨은 끝이 없고 신적 생명을 계속 누려 또한 하느님을 닮게 됩니다. 무엇보다 가장 고귀한 것은 성령으로 말미암아 우리 자신이 하느님처럼 되는 것입니다.

카이사레아의 대 바실리우스, 『성무일도』De spiritu sancto, 9,22~23.
(한국천주교중앙협의회)

사회 활동에 뛰어든 주교

바실리우스는 저술과 활동으로 교회의 사회 활동을 선구적으로 개척한 인물이다. 가난이 극심해지던 제국은 세금으로 식민지와 가난한 민중을 짓눌렀으며 고리대금업이라는 암으로 황폐해 갔다. 바실리우스는 이 모든 것의 증인으로서 다음과 같은 사회 활동의 큰 주제들을 발전시켰다. 곧 모든 사람은 하느님 앞에 본질적으로 평등하다는 것, 모든 인격은 더할 나위 없이 고귀하다는 것, 소수의 탐욕과 부의 축적을 제한하기 위해 부를 재분배해야 한다는 것, 사회의 부정부패와 이웃의 비참한 현실에 마침표를 찍어야 한다는 것 등이다.

바실리우스는 사치와 탐욕, 그리고 고리대금업을 끊임없이 비판하는 설교를 했을 뿐 아니라 사회복지 실현에 몸소 뛰어들었다. 그리하여 그는 '바실리아드'라고 불리는 구빈기관을 만들어 노인을 위한 숙소와 전염병 환자를 격리 수용할 수 있는 병원, 그리고 직원과 일꾼들의 숙소 등을 갖추었다. 이곳은 노동자의 도시인 동시에 경제적으로 자립한 도시로, '복음적 해방구'라 할 수 있다. 나지안주스의 그레고리우스의 표현을 빌린다면 이것은 '새로운 도시'였다. 바실리우스는 복음의 내적 충동에 이끌린 사회활동가 가운데 하나였다.

수도승 생활의 아버지

위대한 회심자들이 대개 그러했듯이, 바실리우스 역시 회심하자마자 수도승이 되었다. 그는 수도승들 가운데 살았기에 수도승 생활의 위대함뿐 아니라 약점까지도 속속들이 이해했다. 그는 공동체 생활을 칭송했다. 이는 몇몇 독거수도승들의 극단적 행태를 피하고 동시에 신학적이며 주석적인 노력을 증진하기 위함이었다.

흔히 아무 근거도 없이 '바실리우스 규칙서'라 불리는 저술은 사실 두 편의 수행 저술이다. 그 가운데 하나는 더 짧기 때문에『소 수

덕집』Asceticon parvum으로 불리는데 라틴어 번역본만이 오늘날까지 전해진다. 다른 하나는 더 길기 때문에 『대 수덕집』Asceticon magnum이라 불린다. 이 둘 모두 질문과 대답이라는 구조로 구성되어 있다. 이는 바실리우스가 자기 수도원들을 방문했을 때 수도승들이 던진 물음에 대답한 것을 기록해 두었다가, 훗날 이를 토대로 저술한 작품이다. 이 문답집은 수도 공동체의 일상생활과 조직을 상세히 규정하는 지침과도 같은 구실을 했다.

전례학자 바실리우스

바실리우스의 전례 활동은 이미 카이사레아의 사제 시절부터 시작되었다. 그는 카이사레아에 새로운 형태의 노래를 도입했고 수도원들의 전례 기도를 개혁했다. 동방교회 전통은 바실리우스 전례를 따로 지니고 있는데 비잔티움 예식을 지키는 교회들에서는 아직도 이 전례가 사순절과 연중 대축일 전례에 사용된다. 바실리우스는 자신이 겪었던 사건들과 주교직이라는 무거운 책임 때문에 신학적 재능을 미처 다 발휘하지는 못했다. 그러나 그의 『서간집』Epistulae은 당시 교회의 일상생활, 사회적 논제를 잘 보여 줄 뿐 아니라 그가 지닌 열정과 균형 감각, 올곧은 품성과 섬세한 감수성을 잘 드러낸다.

2. 나지안주스의 그레고리우스(329~390년)

바실리우스와 나지안주스의 그레고리우스는 물과 불처럼 달랐지만, 서로 보완하며 풍요롭게 하는 우정을 가꾸어 나갔다. 그들은 둘 다 유복한 관료 계급 가정 출신이었다. 그레고리우스의 아버지는(그의 이름 역시 그레고리우스였다) 유대교와 이교적 성격이 혼합된 종교 조직의 일원이었다. 그러다가 그리스도교 가정 출신의 부인에게 결정적 영향을 받아 그리스도교에 귀의한 후, 카이사레아 동남부에 있던 나지안주스의 주교가 된다. 그레고리우스의 부모는 외아들 그레고리우스가 당대의 고전 교육 과정을 밟게 한다. 그레고리우스는 콘스탄티노플과 알렉산드리아, 그리고 아테네라는 쟁쟁한 대학 도시들에서 공부했다. 이곳에서 그레고리우스는 바실리우스와 깊은 우정을 맺었다. 세례를 받은 뒤 그는 고향에 돌아온 것으로 보인다(357년경). 이때 바실리우스는 한적한 곳으로 물러나 고독한 생활을 하고 있었다.

이미 연로한 그레고리우스의 부친은 아들이 자기를 도와 일하기를 원했다. 그리하여 내키지 않아 하는 그레고리우스를 사제로 서품했다(361년 성탄). 그러나 그레고리우스는 이를 견디지 못하고 집을 뛰쳐나갔다가, 다음 부활절이 되어서야 돌아와서 비로소 첫 강론을 했다. 이 첫 강론은 널리 알려져 있으며 오늘날까지 전해진다.

황제의 영향력을 견제하기 위해 투표권자의 수를 늘리려는 의도로 바실리우스는 그레고리우스를 사시마의 주교로 임명한다. 그러나 그레고리우스는 이 '천박한 도시'에 단 한 번도 가지 않았다. 계속해서 아버지를 도와 일하던 그레고리우스는 아버지가 세상을 떠난 374년 나지안주스 교구를 맡아 일하게 된다. 뒤이어 그는 키프로스 맞은편에 있던 셀레우키아로 물러나 고독한 생활을 이어갔다.

379년 콘스탄티노플의 그리스도인들이 이곳에까지 그레고리우스를 찾아와 자기들 교구의 총대주교가 되어 달라고 청했다. 당시 콘스탄티노플은 아리우스주의로 인해 엄청난 피해를 입고 있었지만, 발렌스 황제의 죽음으로 마침내 자유로워진 터였다. 콘스탄티노플에서 그레고리우스는 다섯 편의 『신학적 연설』Orationes theologicae을 썼는데 이는 진정한 고전의 품격을 지닌 것으로 정통 신앙에 입각하여 그리스도와 삼위일체에 관한 정의를 내린다.

381년 공의회 때 새 황제 테오도시우스로부터 콘스탄티노플의 주교로 공식 인정을 받았지만 이를 반대하는 사람들도 있었다. 이를 견디지 못했던 그는 공의회 도중에 훗날 유명해진 고별 연설을 하고는 아리안주스에 있는 가족 소유지로 물러나 버렸다. 그리고 거기서 390년에 죽을 때까지 온전히 저술 작업에만 헌신했다.

신학자 그레고리우스

그레고리우스는 고대 저술가 가운데 유일하게 '신학자'theologus라는 호칭을 얻은 사람이다. 이것은 주로 다섯 편의 『신학적 연설』에 힘입은 것이다. '신학적' 연설이라는 말이 여기서는 제격이니 하느님을 소재로 한 담화들이기 때문이다. 여기서 그레고리우스는 특유의 심오하고도 엄밀한 표현양식으로 삼위일체 신앙을 설명한다.

시작이 없으신 분의 고유한 이름은 성부이시다. 시작 없이 나신 분의 고유한 이름은 성자이시다. 나지 않고 발출하시는 분, 혹은 오시

는 분의 고유한 이름은 성령이시다. (『신학적 연설』 30,19)

그레고리우스는 그리스도의 신비도 똑같은 명료함으로 표현한다. 그분은 둘로 형성되셨으나 기꺼이 하나가 되어 주셨다. 두 본성은 두 분의 아드님 안에서가 아니라 한 분 아드님 안에서 서로 만난다. 두 본성은 그 어느 한 편도 조금도 손상되지 않고 하나로 결합된다. 이런 식의 명쾌한 정의는 에페소 공의회(431년)와 칼케돈 공의회(451년)에서 승인을 받았다.

인문주의자이자 시인인 그레고리우스

다양한 면모를 지닌 인물이었던 그레고리우스는 신학자였을 뿐아니라 인문주의자, 시인이기도 했다. 그가 지녔던 교양의 수준이 어떠했는지는 마흔다섯 개의 『연설』(Orationes)에서 잘 드러나는데, 이 작품은 수사학 학교들에서 사용되었을 정도로 당대에 널리 읽혔다. 작품 전개상의 풍요로움, 운율을 다루는 능숙함 등이 굽이굽이 담겨 있는 이 저술은 세기를 넘어 사람들의 마음을 빼앗았다. 이 작품은 수없이 필사되고 여러 언어로 번역되었으며 인용되었다.

산문 작품에 드러나는 시적 리듬은 만년의 시 문학을 예고한다. 그레고리우스의 꿈은 세속 시와 견줄 만한 그리스도교 서정시를 창조하는 것이었다. 주교로서 그는 교의적 성격을 지닌 시도 몇 편 지었다. 그러나 창의적인 영감을 가장 잘 드러내는 것은 노년기에 지은 윤리적 시편들이다. 여기서 그는 섬세한 감수성으로 삶의 몸부림과 고통을 노래하고, 노년기의 우수를 희망의 빛으로 노래한다.

가장 중요한 시는 『자기 자신에 관한 시가』Carmina de se ipso(1949행)다. 이 작품은 자서전적인 시로 서정성의 내밀한 떨림에 젖어 들게 해주는 동시에 맑은 신앙에 유순하게 열려 있다. 그레고리우스에게서는 언제나 그리스 정신이 묻어난다. 그는 그리스 정신을 감탄하며 음미했고 그것을 자기가 만든 전례 찬미가에 모방했다. 시인 그레고리우스는 신앙의 원천으로 돌아가면서 예술과 신앙, 그리고 헬레니즘과 계시를 조화시키는 솜씨를 지니고 있었다.

'하느님 찬가'Hymnus ad Deum

아, 모든 것의 피안에 계신 임,
이런 말 외에 달리 어찌 임을 불러 볼 수 있으리,
어떤 찬가가 임을 노래할 수 있으리,
어떤 말마디로도 표현되지 않는 임을.
어떤 방식으로 정신이 임을 알아들을 수 있으리,
어떤 정신도 알아들을 수 없는 임을.
오직 임만이 말을 넘어서 계심은
말씀하신 모든 것을 임께서 창조하셨기 때문.
오직 임만이 알 수 없는 분이심은
생각하신 모든 것을 임께서 창조하셨기 때문.
소리 내는 것이나 소리 없는 것이나

모든 것이 임에 관해 이야기하네.

지성을 갖춘 것이나 아무 생각도 없는 것이나

모든 것이 임께 존경을 드리네.

우주의 갈망, 우주의 고통,

그것은 바로

임을 향한 그리움.

모든 것이 임에게 기도하고

임의 작품, 하느님이요 사람이신 그리스도를 향해

마음의 눈을 향하는 모든 존재가

침묵의 찬가를 임에게 바치네.

만물이 지속하는 것은 오직 임 때문.

만물이 서둘러 달려가는 곳은 오직 임.

임은, 모든 것의 종착역.

하나요,

모두요,

아무도 아닌 분.

하나도 아니요 모두도 아닌 분.

모든 이름을 지닌 임을

내 무슨 이름으로 부르리?

오직 홀로 이름 붙일 수 없는 임을

내 무슨 이름으로 부르리?

구름보다 높은 천계天界

어떤 영이 있어 꿰뚫어 도달하리?

자비를 베풀어 주시기를,

아, 임, 모든 것의 피안에 계신 임.

이런 말 외에 달리 어찌 임을 불러 볼 수 있으리.

나지안주스의 그레고리우스, 『교의 시가』Carmina dogmatica, 29.

3. 니사의 그레고리우스(†394년)

바실리우스 집안의 셋째 아들 그레고리우스는 카파도키아의 학교에서 수사학과 철학을 배웠다(처음에는 네오카이사레아, 나중에는 카이사레아). 그런 다음 그는 귀향한 맏형 바실리우스에게 매혹당한 나머지 형에게 직접 가르침을 받았다. 그가 언제 세례를 받았는지는 모르지만, 유년기가 아닌 것만은 확실하다. 당시의 그리스도교 가정에서는 유소년기를 지낸 뒤 자녀들이 세례를 받게 했기 때문이다.

바실리우스의 회심이 아마도 그로 하여금 교회의 사람이 되게 했을 것이다. 그는 독서직을 받았지만 즉시 그만두고 수사학을 가르쳤다. 이는 분명히 그리스도인들이 학교에서 가르치는 것을 금했던 율리아누스 법령이 폐지된 이후에 생긴 일이다. 그때 그는 어떤 위기를 겪고 있었을까? 그레고리우스는 이 점에 대해 굳게 입을 다물고 있다. 이즈음 그는 훌륭한 품성의 여인 테오도시아Theodosia와 혼인했다.

371년 카이사레아의 주교 바실리우스는 동생에게 『동정론童貞論』De virginiate을 한 편 써 달라고 부탁했다. 그레고리우스는 이 글을 쓰면서 수사학자요 논객論客으로서의 자질을 유감없이 발휘했다. 이듬해 바실리우스는 동생을, 거의 억지로 카이사레아 서부의 니사라는 이름 없는 동네의 주교로 앉혔다. 이유는 자신의 친구 나지안주스의 그레고리우스를 사시마의 주교로 임명할 때와 같았다. 즉 황제의 영향력을 견제하기 위해 투표권자의 수를 늘리려는 의도였다.

주교로서 통치력이 부족했던 그레고리우스는 곧 아리우스파의 거센 반발에 부딪혔고, 376년 주교들의 한 교회회의는 그의 해임을 결의했다. 그러나 발렌스 황제의 죽음(378년)과 함께 그는 당당하게 자기 주교좌로 다시 돌아갈 수 있었다. 이듬해에는 누나 마크리나와 맏형 바실리우스를 한꺼번에 여의었다.

이후 그의 인생에서 새로운 시기가 시작된다. 한동안 세바스테에서 주교직을 수행하던 그는 콘스탄티노플 공의회(381년)에서 대단히 중요한 역할을 맡았다. 그리고 궁정에서 신임받는 인물이 되어 아라비아와 예루살렘에서 여러 임무를 수행했으며, 플라킬라Flacilla 황후와 풀케리아Pulcheria 황녀의 장례에서 고별사를 읊었다. 그는 죽을 때까지(394년) 문학과 신학 저술 작업에 몰두했다. 어떤 저술가가 당대에는 알려지지 못하다가 후대에 들어 갑자기 유명해지는 경우가 있다. 바로 그런 드문 경우가 그레고리우스에게 생긴 것이다. 이 점에서 그레고리우스는 가히 타의 추종을 불허한다. 그는 이른바 오리게네스주의 논쟁에 거리를 두고 있었음이 분명하다. 바실리우스와 나지안주스의 그레고리우스와 함께 그 또한 오리게네스 예찬자였지만, 오리게네스와 그 후예들이 겪은 박해로 말미암아 얻은 마음고생은 그들보다 더 컸던 것 같다. 이제부터 그의 작품들이 지닌 다양한 면모를 부각시켜 설명해 보겠다.

신앙의 교육자

그레고리우스의 작업은 신앙을 오류로부터 보호하는 것에서 출발한다. 한편으로는 에우노미우스류流의 과격한 아리우스주의로부터 (이미 바실리우스가 논박한 바 있지만), 그리고 다른 한편으로는 그리스도의 인성을 없애 버리려던 아폴리나리스의 오류로부터 신앙을 보호할 필요가 있었기 때문이다.

『대 교리 교육』Oratio catechetica magna(『신앙 교리서』로 불리기도 한다)은 그리스 철학교육을 받은 지성인들에게 어울리는 수준으로 교리 교육을 행한 모범이다. 사람들의 심리를 섬세하게 꿰뚫어 보는 능력을 지니고 있었던 그레고리우스는, 교리 교사들은 단순히 신앙 조목만 가르칠 것이 아니라 그것을 풀이해 주어야 한다고 주문했다. 그래야만 그리스 철학교육을 받은 사람들이 신앙의 어려운 주제들을 비로소 받아들이고 이해할 수 있기 때문이다. 주제들은 다음과 같다. 인간, 부활의 빛으로 비로소 풀리는 인간 실존의 드라마, 은총으로 다시 난 인간의 점진적 변모transfiguratio, 이 변모가 바로 우리가 하느님을 닮게 만드는 원동력이라는 사실, 마지막으로 세상의 종말이 오면 모든 창조세계가 그 원래의 모습으로 회복되리라는 것 등이다. 그레고리우스는 이 종말론적 전망으로 자주 돌아갔는데 특히 『영혼과 부활에 관한 대화』Dialogus de anima et resurrectione에서 이 주제를 심화시키고 있다.

성서 독서의 중요성

니사의 그레고리우스에게 성서는 근본 잣대였다. 아우구스티누스처럼 성서를 자주 인용하지는 않지만 성서 구절들은 그의 몸에 배어 있고 정신에 스며있었다. 그래서 신자들에게 그리스도인의 삶에 관해 이야기하고자 할 때면 곧바로 집회서나 진복팔단, 그리고 주의 기도를 풀이해 주었다.

또한 인간의 수수께끼를 파고들 때도 철학자에게 기대기보다는 창세기를 펼쳤다. 신비 생활의 여정을 묘사할 때면 출애굽기(탈출기)를 이용하거나(『모세의 생애』De vita Moysis), 아가를 주해했다. 그는 출애굽기, 시편, 집회서, 아가 등 성서의 여러 주제가 영적 여정의 투쟁을 다룬다고 보았다.

수도승 생활의 신학자이며 신비 생활의 신학자

이미 보았듯이 바실리우스는 생전에 그레고리우스에게 수도승 생활을 후원하는 의미에서 『동정론』을 쓰도록 부탁한 바 있었다. 당시 평신도였으며 유부남이었던 그레고리우스에게 『동정론』을 쓰도록 부탁했다는 사실은 흥미롭다. 비록 수사학의 일반 논거들을 끌어 쓰고 있지만, 여기서 그는 벌써 신학 대가의 자질을 보여 주고 있다. 사람이 하느님의 형상으로 창조되었다는 창조신학의 빛으로 동정이라는 주제를 조명한다.

하느님은 정욕 없이 낳으신다는 점에서 동정의 원형이시다. 따라서 삼위일체의 신비야말로 동정성에 기초와 의미를 부여한다.

동정이란 하느님과 맺는 내적이고도 영적인 혼인이다. (『동정론』, 20,1)

바실리우스가 죽자 그레고리우스는 형의 영적 대리자 자격으로 수도승 생활을 돌본다. 『마크리나의 생애』Vita sanctae Macrinae는 '인간 덕성의 가장 높은 곳'에 도달한 완전한 수녀의 모델을 제시하려고 쓴 작품이다. 큰 누이 마크리나의 전기인 이 저술의 목표는 완덕에 이르는 여정을 보여 주면서, 지성과 거룩함, 중용의 감각과 영웅적 실천을 통합하는 전망을 제시하는 데 있다.

다른 세 작품에 대해서도 위와 같은 말을 할 수 있다. 수도승 카이사리우스Caesarius의 부탁으로 쓴 『모세의 생애』는 '완덕에 대한 논고'라 할 수 있는 작품이다. 요한 크리소스토무스와 편지를 주고받던 올림피아드의 수도 공동체를 위해 쓴 『아가 강해』In Canticum canticorum homiliae는 신적 사랑에 취하여 매번 새로이 시작하며, 영원히 끝나지 않는 이 시작詩作들을 통해 앞으로 나아가는 영혼의 영적 상승을 묘사하고 있다. 마지막 작품 『히포티포시스』Hypotyposis(본보기, 모범이라는 뜻으로 『그리스도인 생활 양식』De instituto christiano이라는 제목으로 더 잘 알려져 있다)는 수도승 생활에 대한 저술로 수도승의 영적 여정과 공동체 생활의 올바른 실천을 제시하고 있다. 여기서 그레고리우스가 겨냥하는 바는 바실리우스의 수도승 공동체 전통에 신비 생활을 북돋아 주는 것이다. 그레고리우스 또한 다른 카파도키아 교부들처럼 오리게네스의 제자였지만, 그는 비판적 감각과 독립적 자세를 견지했다. 서정성에서는 나지안주스의 그레고리우스보다 한 수 아래였고, 관리 능력으로는 맏형 바실리우스보다 못했지만(한동안 그레고리우스는 형의 막강한 그늘에 거의 완전히 가려 버린 듯 보인다) 니사의 그레고리우스는 그 사색의 엄밀함과 섬세하고도 심오한 정신의 생기로 매력을 발산한다. 그의 신학적 사색은 언제나 신비주의로 기운다. 이른바 모순어법oxymoron('맑은 취기', '깨어 있는 잠', '빛나는 어둠', '완덕이 지닌 한계가 있다면 그것은 어떤 한계도 지니지 않는다는 한계뿐' 등의 표현)은 그레고리우스의 정신적 체질forma mentis에 꼭 어울리는 것이다. 그의 주된 장점은 신학적 모색을 교회적이고도 영적인 체험의 동력으로 삼았다는 것이다. 신비신학에서 누구도 넘볼 수 없는 대가였던 그레고리우스는, 직접 혹은 중개자들을 통해 동·서방을 막론하고 널리 영향력을 행사했다. 의심할 나위 없이 니사의 그레고리우스는 4세기 가장 매력적인 저술가 가운데 한 사람이다.

보이지 않는 분을 뵙다

육신의 건강은 인간 생활에서 가장 바람직한 것 가운데 하나입니다. 그러나 참으로 행복한 사람은 어떻게 건강을 얻을 수 있는지 아는 사람이 아니라 실제로 건강하게 사는 사람입니다. 누가 건강의 가치에 대해 훌륭히 말하면서 병을 유발하는 해로운 음식을 먹는다면 병으로 고통받는 그에게 건강에 관한 훌륭한 말이 무슨 소용이 있겠습니까?

지금 설명하고 있는 것도 이런 식으로 생각해 보아야 합니다. 행복한 사람이란 하느님에 대해 무언가 아는 사람이 아니고 하느님을 자신 안에 모시는 사람이라고 주님께서는 말씀하십니다. "마음이 깨끗한 사람은 행복하다. 그들은 하느님을 뵙게 될 것이다." 내 생각에 이 성서 말씀은 영혼의 눈이 깨끗해진 사람에게 하느님께서 당신을 직접 보여 주신다는 뜻이 아니라고 봅니다. 놀라운 이 말씀은 주님께서 성서 다른 곳에서 "하느님의 나라는 바로 너희 안에 있다"고 말씀하실 때 좀 더 명백히 표현하시는 바를 뜻한다고 봅니다. 즉, 모든 피조물에 대한 불의한 애착심에서 벗어난 사람은 이렇게 된 자신의 마음의 아름다움에서 하느님 본성의 형상을 보게 된다는 뜻입니다.

앞의 짧은 말씀에서 주님께서는 다음과 같은 충고의 말씀을 하고 계십니다. "너희 인간 존재 안에는 참으로 선한 것을 보고 싶어 하는 갈망이 있다. 그런데 하느님의 위엄은 하늘 위에 드높이 있어 그 영광은 표현할 수 없으며 그 아름다움은 말로 다 할 수 없고 그 본성은 파악할 수도 볼 수도 없다는 말을 들을 때, 너희가 갈망하는 것을 직관하지 못한다고 해서 실망하지 마라. 신실하고 올바른 생활을 하며 마음에 붙어 있는 더러움을 씻어 버린다면 너희 안에 하느님의 아름다움이 빛날 것이다." 쇠붙이도 마찬가지입니다. 숫돌로 녹을 다 벗겨내면 조금 전까지 시커멓던 숫돌은 빛나고 태양 빛을 받아 반짝일 것입니다. 이처럼 내적 인간의 마음 안에서 일어나는 부패의 원인인 녹 같은 때를 닦아 없애 버린다면 그 내적 인간은 다시 원형原形과 비슷한 모습을 되찾고 선하게 될 것입니다. 선善 자체와 같이 되는 것은 틀림없이 선한 것입니다. 마음이 깨끗한 사람이 자신을 볼 때 그는 자신이 갈망하는 것을 보게 됩니다. 따라서 그는 자신의 순수성을 볼 때 자신 안의 그 형상을 통하여 원형元型을 볼 수 있게 되기 때문에 행복한 사람입니다. 예를 들면 거울을 통하여 태양을 보는 사람은 하늘 자체를 직접 보지 못하지만 태양을 직접 보는 사람 못지않게 그 태양을 보는 것입니다. 이처럼 여러분도 여러분의 힘만으로는 도달할 수 없는 그 빛을 볼 수 없지만 원래 지니고 있는 그 형상의 아름다움과 은총으로 되돌아간다면 여러분 안에서 찾고 있는 것을 갖게 될 것입니다. 하느님은 완전히 순수하시고 죄악과 욕정이 없으시며 온갖 악에서 멀리 떨어져 계십니다. 이 모든 것이 여러분 안에 있으면 하느님은 틀림없이 여러분 안에 계십니다. 따라서 여러분의 영혼이 온갖 죄악에서 깨끗해지고 온갖 욕정에서 해방되어 모든 악에서 멀리 떨어져 있을 때, 여러분의 시야가 밝아져 정밀한 눈을 갖게 되기 때문에 행복한 사람이 되어, 마음이 깨끗하지 않은 사람이 보지 못하는 것을 여러분은 깨끗해졌기에 보게 됩니다. 물질에 대한 애착심이 불러일으킨 어둠은 여러분 영혼의 눈에서 제거되어 여러분의 마음은 깨끗한 하늘에서 빛나는 영상을 보게 됩니다. 그런데 마음이 보게 되는 그 영상이란 무엇입니까? 그것은 거룩함과 깨끗함과 단순함이고, 하느님을 보여 주는 그분 본성의 찬란한 광채들입니다.

니사의 그레고리우스, 『성무일도』Orationes de Beatitudinibus, 6.
(한국천주교중앙협의회)

VII. 안티오키아 그리스도교인들

안티오키아는 오론테스 강을 끼고 산으로 둘러싸여 있는 시리아의 수도로서 그 문화재들이 유명했다. 로마인들은 제국의 세 번째 도시였던 안티오키아의 도로 주변에 석상들을 세우고, 신전과 극장, 목욕탕과 원형 경기장 등을 만들었다. 그리스도의 제자들이 최초로 '그리스도인'christiani이라고 불린 곳이 안티오키아였다. 안티오키아 공동체는 이그나티우스, 테오필루스, 세라피온과 같이 유명한 주교들을 배출했는데, 그 명단은 역사가 에우세비우스가 전해 준다.

안티오키아 교회에서는 많은 순교자가 나왔으며, 이로 인해 성지 순례지가 늘어나게 되었다. 특히 디오클레티아누스의 박해가 혹독했는데, 이 박해로 인해 많은 사제와 여성, 동정녀가 순교했다. 요한 크리소스토무스는 순교자들의 유해가 마치 성채와도 같이 안티오키아 도심을 둘러싸고 있다고 전한다. 4세기 초 안티오키아의 주교였던 에우스타티우스Eustathius는 니케아 신앙을 열심히 옹호했던 사람 가운데 하나다.

안티오키아 공동체는 그 기원을 유대계 그리스도교에 두고 있는데, 교회의 성서 주석과 신학 교육에서 그 흔적이 엿보인다. 사실 '안티오키아 학파'라기보다는 안티오키아 교회 특유의 신학 방법론이라 일컬음이 옳다. 어쨌든 이 '학파'는 도로테우스Dorotheus와 루키아누스 두 사제가 세운 것으로 보이며, 이들은 모두 순교자다.

안티오키아에서 가르치면서 커다란 명성을 얻은 최초의 인물은 타르수스의 디오도루스Diodorus다. 성서 주석가였던 그는 성서 각 권을 모두 주석했다. 그러나 그의 작품들 가운데 몇몇 단편들만 오늘날까지 남아 있다. 카파도키아 교부들과 동시대인이었던 디오도루스는 자신의 가르침과 삶의 모범으로 존경을 받으면서 안티오키아에서 돋보이는 스승 역할을 하고 있었다. 그의 제자들 가운데는 요한 크리소스토무스와 몹수에스티아의 테오도루스가 있다.

안티오키아 학파는 알렉산드리아 학파와는 달리 성서 본문의 문자적 의미와 역사적 의미를 중요하게 여겼다. 어떤 경우에는 문자적 의미와 더불어 예형적 의미도 받아들이는데, 이것은 신약성서와 구약성서의 관계를 설명하는 데만 이용할 뿐, 알렉산드리아의 우의적 해석 전통에는 늘 거부 반응을 보였다.

안티오키아 학파의 성서 주석 방식과 알렉산드리아 학파의 성서 주석 방식은 서로를 보완함으로써 조화를 이룰 수도 있었다. 그러나 이 두 학파는 서로 싸우고 경쟁하여 대화의 길을 막아 버렸고, 서로 비방하면서 신학 연구에는 어울리지 않는 요소들을 논쟁에 끌어들이게 된다. 이것은 요한 크리소스토무스의 극적인 생애를 통해서 잘 드러난다.

1. 요한 크리소스토무스(†407년)

요한은 아마도 349년경 유복한 가정에서 태어난 것으로 보인다. 그는 일찍이 아버지를 여의었고, 매우 신심 깊은 여인이었던 어머니 안투사Anthousa의 교육을 받았다. 젊은 시절 그가 안티오키아의 유명한 수사학자 리바니우스Libanius의 제자였는지는 정확히 알 수 없다. 368년 요한은 세례를 받고 변호사직을 그만둔 뒤 디오도루스의 학교에 들어가서 성서 주석과 수행에 전념한다. 요한은 여기서 몹수에스티아의 테오도루스와 사귀게 된다. 그 후에 안티오키아의 교회에서 독서직을 받는다.

더욱 완전한 삶을 열망한 요한은 도시를 떠나 한 수행자의 지도를 받으며, 2년 동안 동굴에서 은수생활을 한다. 아마도 이 시기에『수도승 생활 반대자 반박』Adversus oppugnatores vitae monasticae,『동정론』De virginitate,『젊은 과부에게』Ad viduam iuniorem를 쓴 것 같다.

참회 생활로 쇠약해진 요한은 안티오키아에 돌아와서 381년에 부제품을 받고 5년 후 사제가 된다. 그는 자신의 사제직을 준비하기 위해서『사제직』De sacerdotio을 저술하는데, 이 책은 훗날 교회의 고전이 되었다. 말솜씨가 뛰어났던 그는 설교에 전념하여 커다란 명성을 얻었다. 신약성서와 구약성서에 관한 그의 설교 대부분은 이 시절에 작성되었다.

요한은 널리 명성을 떨치게 되고 넥타리우스Nectarius 총대주교의 후임자로 콘스탄티노플에 발령받는다. 새 주교 요한은 자신의 선임자와는 완전히 반대로 처신했다. 화려한 생활 대신 검소한 삶을 선택했고, 성직자들을 개혁하고, 이교적인 냄새가 많이 나던 사회에 그리스도교 관습을 도입했으며, 황실의 허례허식을 나무라고, 가난한 사람들의 비참한 생활을 돌보았다. 이에 화가 난 에우독시아Eudoxia 황후는 요한을 몰아낼 음모를 꾸몄다. 이 계획은 알렉산드리아의 테오필루스와 공모하여 쉽게 이루어지는데, 황후는 칼케돈 근처에서 열린 이른바 참나무 교회회의에서 요한을 거짓 고발하여 총대주교좌에서 물러나게 한다. 이렇게 요한은 첫 유배 생활을 시작했다. 그러나 군중들이 폭동을 일으켰고 비티니아에 가 있던 요한이 돌아온다.

휴전 상태는 그리 오래가지 않았다. 두 달 후에 새로운 사건이 일어났다. 부활 예식(404년)이 한창 진행되는 도중 요한은 군인들에게 끌려 나와, 아르메니아 지방 쿠쿠수스로 귀양살이를 떠났고, 그 후에는 흑해 극동쪽 피티우스를 향해 또다시 유배 길에 오른다. 그러나 그곳에 다다르기 전에 기력이 다하여 407년 9월 14일 세상을 떠났다. 그는 숨을 거두면서 다음과 같은 말을 남겼다.

모든 것을 통하여 하느님께서는 영광 받으소서!

성서의 사람

틈만 나면 성서 독서에 시간을 바치십시오.

요한 크리소스토무스는 줄기차게 성서를 읽고 묵상하고 설교했다. 고대의 어떤 저술가도 요한만큼 신약성서와 구약성서에 관한 방대한 설교를 남기지 못했다(약 700여 편). 요한은 자기가 가장 좋아하던 바울 서신을 쉼 없이 읽었으며 바울 서신을 통째로 주해한 유일한 사람이다.

마태오복음과 요한복음도 주해했지만 언제나 요한이 무엇보다 자주 인용한 성서 저자는 사도 바울이었다. 이를 두고 펠루시움의 이시도루스Isidorus는 말했다.

거룩한 바울이 자기 서신을 세련된 언어로 직접 주해했다 할지라도, 존경스러운 스승 요한 크리소스토무스의 주해와 다르지 않았으리라고 믿는다. 요한은 자신의 로마서 주해에서 생명력과 아름다움, 그리고 완벽한 문체를 보여 주지 않았던가!

성서가 성직자들의 전유물이라고 여기지 않았던 요한은, 그리스도교 백성이야말로 수도자들보다도 더 성서가 필요하다고 말했다.

누구든지 집에 들어가면 성서를 손에 드십시오. 지속적인 도움을 성서에서 얻고자 한다면 들은 것을 되새기십시오.

또한 그는 말했다.

다른 스승을 찾지 마십시오. 여러분은 하느님의 말씀을 모시고 있습니다. 그 누구도 그 말씀처럼 여러분을 교육하지는 못할 것입니다.

안티오키아 주석 학교 디오도루스의 제자인 요한은 지적 노력을 소홀히 하지 않고 연구와 학습도 강조했다. 그는 성서의 문자적, 역사적 의미를 특별히 강조했다. 예를 들어 시편 149편에서 "북"과 "노래"라는 말을 알렉산드리아 학파처럼 '육신의 죽음'과 '천상의 명상'이라고 우의적으로 해석하는 것은 무의미하다고 보았다. 요한에 따르면 이 구절은 우리에게 "단순한 마음으로 주님의 영광을 기쁘게 노래하라"고 초대하는 것이다. 그러나 요한은 성서를 문자적, 역사적 의미로 해석하면서도, 아브라함의 제사는 십자가 희생의 예형이라는 전통적인 해석도 받아들였다.

보잘것없고 가난한 이들의 보호자

바실리우스와 암브로시우스처럼 요한 크리소스토무스도 밀라노, 카르타고, 콘스탄티노플, 카이사레아를 휩쓸고 있던 그 시대의 사회적 재앙과 맞서 싸웠다. 그는 수행修行으로 자족하지 않고 비참한 삶을 살고 있던 소외된 이들과 연대했다. 그는 황실과 기득권층의 고삐 풀린 사치와 부자들의 탐욕을 고발했다.

그리스도께서 그대 문 앞에서 굶주려 죽어가실 때 그대의 당나귀들은 돈 짐을 지고 나들이 가는구나!

요한은 소외된 사람들을 편들어 성찬에서 사회 정의와 사랑의 근본을 읽어 내는 몇 안 되는 교부였다.

그리스도의 몸이 제대에 내려올 때 여러분은 교회의 제대를 찬미합니다. 그러나 그리스도인들의 몸인 가난한 이웃을 멸시하고 그가 죽어가도 여러분은 무관심하기만 합니다.

신앙의 교육자이자 사목자

요한 크리소스토무스는 연설가로서 재능이 빼어났다. 그는 수사학의 노예가 되지 않으면서도 수사학적 재능을 복음과 하느님 백성에 대한 봉사에 활용했다. 그는 한평생 그리스도교 신앙의 교육자요 좋은 의미에서 도덕가였으며, 그리스도교 실천 방식을 가르치는 일에 정성을 다 쏟았다. 그리고 그때까지도 이교적 생활 태도가 남아 있던 사회를 개혁하고자 했다.

인간의 마음을 깊이 이해하던 요한은 복음을 인생의 다양한 상황에 맞추어서 말할 줄 아는 사람이었다. 교육자들과 부모들에게는 그들의 역할이 얼마나 아름다운지를 설명하면서, 교육이란 인간 존재를 다듬어 내는 '기예 중의 기예'ars artium이라고 말했다. 그는 그리스도교 가정은 '작은 교회'라는 말도 남겼다. 남녀 수도승들에게는 정결이란 방심하거나 쉬어서는 안 되는 힘든 투쟁이라고 가르치기도 했다. 이런 면에서 그의 작품들은 '그리스도인 삶의 완벽한 길잡이'다.

요한은 바실리우스와 같은 정치 감각을 지니지 못했고, 니사의 그레고리우스와 같은 사색적 정신을 지니지도 못했다. 그러나 그는 인간의 마음을 깊이 살피는 능력을 지니고 있었다. 요한은 그리스의 위대한 연설가들과 어깨를 나란히 했으며, 사람들의 마음을 사로잡는 예언자적인 힘도 지녔다. 그리하여 그는 '황금의 입'Krisostomus이라는 별명까지 얻게 되었다.

살 제대와 돌 제대

그대, 그리스도의 몸을 공경하고 싶습니까? 그렇다면 헐벗으신 그분을 멸시하지 마십시오. 이곳 성전에서는 그분께 비단옷을 입혀 공경하면서, 저기 바깥에서 추위와 헐벗음에 떨고 계신 그분을 업신여기지 마십시오. 주님께서는 "이는 내 몸이다"라는 말씀으로 이 사실을 확인해 주셨기 때문입니다. 또 그분께서는 "너희는 내가 굶주렸을 때 먹을 것을 주지 않았고", "여기 있는 형제들 중에 가장 보잘것없는 사람 하나에게 해주지 않은 것이 바로 나에게 해주지 않은 것이다"라고 말씀하셨기 때문입니다. 정녕 성전 안에 계신 그리스도의 몸은 제대포가 아니라 깨끗한 마음이 필요합니다. 그러나 성전 바깥에 계신 그리스도의 몸은 많은 보살핌을 필요로 합니다.

그러므로 깊이 생각하고 그리스도를 그분이 원하시는 대로 공경하는 법을 배워야 하겠습니다. 누구를 공경할 때 그의 마음을 가장 기쁘게 하는 공경이란 우리가 생각하는 대로가 아니고 그가 원하는 대로의 공경입니다. 베드로 사도는 그리스도께서 발을 씻겨 주시려는 것을 거절할 때 자기가 그리스도를 공경했다고 생각했습니다. 그러나 사도가 그때 하고 싶어 한 것은 공경이 아니고 오히려 그 반대가 되었습니다. 여러분도 마찬가지로 그분이 바치라고 명하신 그 공경을 바쳐야 합니다. 즉, 가난한 사람들에게 여러분의 재산을 나누어 주어야 합니다. 하느님께서는 금으로 된 잔이 아니라 금으로 된 영혼이 필요하십니다.

내가 이런 말을 하는 것은 여러분이 성전에다 이와 같은 예물을 바치는 것을 금하기 위해서가 아니라, 그 예물을 바치는 동시에 또 바치기 전에 가난한 사람들에게 자선하게끔 하기 위해서입니다. 하느님께서는 당신 집에 바쳐진 예물을 즐겨 받으시지만 가난한 사람들에게 베푸는 자선을 더 즐겨 받으시기 때문입니다. 첫째 경우에는 그것을 드리는 사람에게 유익이 되고, 둘째 경우에는 받는 사람에게도 유익이 됩니다. 첫째 경우에는 그 예물이 허세 부리는 기회가 될 수 있는 반면, 둘째 경우에는 오히려 자선과 자비가 되는 것입니다.

그리스도의 식탁이 금으로 된 잔으로 가득 차 있으나 그리스도께서 굶주림으로 죽으신다면 무슨 유익이 있겠습니까? 여러분은 먼저 배고픈 이들을 넉넉히 채워 주고 난 다음 그 나머지 것으로 제대를 장식하십시오. 금으로 된 잔을 주면서 물 한 대접을 주지 않는다면 어찌 되겠습니까? 여기서 무슨 유익이 나오겠습니까? 이에 대하여 한 번 대답해 보십시오. 먹을 것이 없는 사람을 여러분이 보게 될 때 그를 그대로 놓아두고 거룩한 식탁을 금으로 온통 둘러싼다면 그리스도께서 고마워하시리라 생각합니까? 아니면 분노하시리라 생각합니까? 또한 여러분이 남루한 옷을 입고 추위에 오들오들 떨고 있는 사람을 볼 때 그에게 옷을 입혀 주지 않고 그리스도께 공경을 바치려 한다고 말하면서 금으로 된 기둥을 세운다면 어찌 되겠습니까? 그리스도께서는 당신 자신을 모욕하고 조롱한다고 생각하시지 않겠습니까?

나그네로서 밤의 거처를 찾아 헤매는 사람을 볼 때도 여러분의 생각을 그리스도께 돌리십시오. 그러나 여러분은 그 나그네 안에서 그리스도를 모셔 들이는 것을 거절하고 성전의 바닥과 벽과 기둥의 머리를 장식합니다. 등경에다 은으로 된 사슬을 매달면서 그분이 감옥에서 사슬에 매여 계실 때는 거들떠보지도 않습니다. 내가 이런 말을 하는 이유는 성전에다 이런 장식품을 바치는 것을 금하기 위해서가 아니라, 이 예물과 함께 어려운 이들을 도와주도록 독려하기 위한 것입니다. 그뿐 아니라 여러분이 가난한 사람들을 도와주는 일을 성전을 장식하는 일보다 먼저 하기를 간절히 청하는 바입니다. 성전을 장식하는 데 협조해 주지 않았다고 고소당한 사람은 없었습니다. 그러나 가난한 이들을 소홀히 하는 사람은 지옥의 꺼지지 않는 불 속에 떨어지게 되고 악마들과 함께 고초를 당하게 되어 있습니다. 그러므로 성전을 장식할 때 고통받는 형제를 멸시하지 마십시오. 살로 된 성전이 돌로 된 성전보다 훨씬 가치 있기 때문입니다.

요한 크리소스토무스, 『성무일도』Homilia in Matthaeum, 50,4.
(한국천주교중앙협의회)

교회는 법정이 아니라 병원

죄를 지었습니까? 교회에 가서 그대의 죄를 없애 버리십시오. 그대는 광장에서 넘어질 때마다 다시 일어납니다. 이처럼, 죄를 지을 때마다 죄를 뉘우치십시오. 실망하지 마십시오. 다시 죄를 지으면 다시 참회

하십시오. 마련된 선에 대한 희망을 허둥대다 놓치는 일이 없도록 하십시오. 나이가 지긋하게 들어 죄를 지었더라도 교회에 가서 참회하십시오. 교회는 법정이 아니라 병원이기 때문입니다. 교회는 형벌을 저울질하지 않고 죄의 용서를 베풀 따름입니다. 오직 하느님께만 그대의 죄를 말씀드리십시오. "오로지 당신께 죄를 지었나이다. 당신 앞에서 악을 행하였나이다."(시편 51:6) 그러면 죄를 용서받습니다.

요한 크리소스토무스, 『참회에 관한 설교』De paenitentia homilia, 3,4,11.

2. 몹수에스티아의 테오도루스(†428년)

요한 크리소스토무스의 친구인 몹수에스티아의 주교 테오도루스에게 역사는 잔인했고 의심할 나위 없이 불의했다. 테오도루스도 안티오키아 출신이었고, 철학자 리바니우스의 제자였다. 사제였던 그는 392년에 킬리키아에 있는 몹수에스티아의 주교가 되었다. 그는 정통 신학의 수호자로서 특별히 성서 주석 분야에서 명성을 얻었고, 안티오키아의 가장 위대한 스승으로 존경받았다.

테오도루스가 죽은 뒤 그의 작품들은 그리스도론 논쟁에 휘말리게 된다. 그는 줄곧 '그리스도 단성설자'monophysista들의 집중 공격을 받다가, 그를 악의적으로 몰아붙이기 위해서 여기저기서 거짓스레 모아 놓은 사화집florilegium을 바탕으로 553년 콘스탄티노플 공의회에서 디오도루스와 함께 단죄된다. 그의 작품들은 거의 사라지고, 시리아어로 번역된 『교리 설교』Homiliae catecheticae만이 남아 있다. 성서 주석 작품들 가운데 단편만 남아 있지만, 이 단편들은 테오도루스가 완전히 정통이며, 그 방법론은 엄격하고, 구약성서 해석에서는 균형 잡힌 예형론을 사용하고 있다는 사실을 알게 해준다.

VIII. 서방과 갈리아의 부흥

3세기 서방교회에서는 신학과 문학 작업이 아프리카를 중심으로 이루어졌는데, 히폴리투스 덕분에 로마도 여기에 한몫하게 된다. 4세기에 이르러 서방 그리스도교의 판도는 뒤바뀌었다. 푸와티에의 힐라리우스, 밀라노의 암브로시우스, 스트리돈의 히에로니무스 같은 굵직한 인물들이 서방교회에 등장해 테르툴리아누스와 키프리아누스의 발자취를 따라 그 유명한 아프리카인 아우구스티누스의 길을 준비했다.

동방과 서방 두 권력의 화해와 동맹은 4세기와 5세기 전체를 지배하는 힘이었다. 그러나 콘스탄티누스가 보스포로스에 '새로운 로마' 콘스탄티노플을 세워 이룩해 놓은 일치가 급속하게 깨져 가자, 교회 일치도 덩달아 위협받게 되었다. 동방과 서방의 의사소통이 더욱 힘들어졌으며, 동방과 서방은 저마다 서로 다른 길을 걸어가게 되었고 더는 같은 언어도 사용하지 않게 되었다.

서방교회는 한동안 문화적으로 동방교회의 식민지였다. 암브로시우스와 히에로니무스에게 여전히 오리게네스는 중요한 젖줄이었다. 암브로시우스는 동방에서 따온 찬미가를 밀라노 교회에 도입했다. 힐라리우스는 동방의 신학과 성서 주석을 받아들여 자신의 신학을 풍요롭게 만들어나갔다. 아타나시우스는 자신과 동행한 수도승들의 증언을 통해 이집트와 시리아에서 활발히 펼쳐지던 수도승 생활을 로마에 전했다.

아리우스주의는 전형적인 동방의 산물이다. 니케아 공의회(325년)를 열게 만든 이 논쟁은 서방의 주교들에게는 아무런 문제가 되지 않았다. 힐라리우스는 자기가 유배 가기 전까지는 니케아 신경을 한 번도 들어 본 적이 없다고 솔직히 고백했다. 콘스탄티우스 황제가 부당하게 개입하지 않았다면 아리우스 논쟁은 동방에만 국한되었을 것이다. 아울러 5세기 아프리카에서 펠라기우스 주의와 맞물려 최초의 신학 논쟁이 일어났지만, 동방 교회는 이 논쟁에 무관심했다는 사실을 눈여겨볼 필요가 있다.

4세기 서방 그리스도교는 자신의 고유한 모습을 뚜렷하게 드러냈다. 로마 교회는 라틴화했다. 이는 밀라노의 암브로시우스 덕분에 이탈리아에서 두드러졌고, 베르첼리의 에우세비우스Eusebius, 칼리아리의 루키페르Lucifer, 베로나의 제논Xenon, 콘코르디아의 루피누스Rufinus, 그리고 한 세대 후에 등장하는 토리노의 막시무스Maximus, 라벤나의 크리솔로구스Chrysologus와 같은 덜 유명한 저술가들도 한몫을 했다.

갈리아도 중요한 그리스도교 문헌들을 내놓기 시작했다. 이름 없는 도시 푸아티에가 위대한 신학자 힐라리우스를 배출했고, 보르도는 아우소니우스Ausonius라는 수수께끼 같은 시인과 놀라에 정착한 파울리누스Paulinus 주교를 낳았다. 프로방스, 마르세유, 그리고 레렝스는 로마의 심기를 불편하게 할 만큼 대단히 활기찬 중심지가 되었다.

히에로니무스는 달마티아 사람이고, 니케타스Niketas는 지중해의 다키아 출신이다. 그 반대편 이베리아반도에서도 교회가 조직화되었다. 주교들의 수는 늘어났고 크고 작은 교회회의들이 소집되었다. 이

시기 그 유명한 엘비라의 그레고리우스Gregorius, 바르셀로나의 파키아누스Pacianus, 브라가의 오로시우스Orosius와 같은 많은 저술가가 활동했다. 유벤쿠스와 프루덴티우스Prudentius와 같은 천재적인 두 시인도 덧붙일 수 있다.

동·서방의 통합은 처음에는 콘스탄티누스 황제 덕분에 이루어졌다. 콘스탄스Constans가 잔인한 죽임을 당하고 콘스탄티우스 황제가 제국의 유일한 황제로 남게 되었다. 그는 주교들에게 끊임없이 압력을 넣어 아를 교회회의(355년)를 통해 아타나시우스를 단죄했다. 황제에게 반기를 드는 사람들은 유배형에 처해졌다. 테오도시우스 황제에 이르러서야 비로소 평화와 정통 교의가 회복된다.

1. 푸아티에의 힐라리우스(†367년)와 갈리아

갈리아 그리스도인들 가운데 힐라리우스 이전에는 두드러진 저술가가 없었다. 힐라리우스는 356년 베치에 교회회의에 처음으로 등장했는데, 아타나시우스를 단죄하는 일에 서명하기를 거부했다는 이유로 프리기아로 귀양을 간다. 이 유배 시기에 힐라리우스의 신학은 결정적으로 무르익었다.

『삼위일체론』De Trinitate 첫머리에서 힐라리우스는 자신의 내적 여정을 그리며 자신이 그리스도교에 귀의한 과정을 기억한다. 그는 유스티누스처럼 철학적이면서 종교적인 방식으로 하느님을 찾아 나서지만, 그 해답은 성서에서, 특히 요한복음에서 찾는다. 그는 결국 푸아티에 공동체의 주교가 되었다.

힐라리우스의 맑고 성숙한 신앙은 황제의 요구가 신학적으로 함축하고 있는 바를 재빨리 식별했다. 그는 니케아 공의회를 몰랐음에도 정통 신앙을 수호하는 투쟁의 선봉에 섰다.

> 나는 이미 오래전에 세례를 받았고 오래전부터 주교직을 수행해 왔지만, 내가 귀양살이를 떠나기 전까지는 니케아 신경에 관해서 말하는 것을 들어 본 적이 없다. (『교회회의』, 20)

신앙의 수호자

힐라리우스는 공공연하게 서방의 아타나시우스라고 불렸다. 힐라리우스의 가르침과 신학 작품의 정통성을 생각하면 결코 틀린 말이 아니다. 그러나 사려 깊고 현명한 갈리아 사람인 힐라리우스는 알렉산드리아의 주교 아타나시우스처럼 호전적인 성격을 지니지는 않았다. 그는 사상의 독창성과 힘 있는 언변을 지닌 유럽 대륙 최초의 신학자였다.

힐라리우스의 걸작은 열두 권에 이르는 상당한 분량의 『삼위일체론』De Trinitate이다. 이것은 아마도 본디 두 작품이었던 것을 하나로 묶은 것 같다. 첫 작품은 신앙에 관한 연구이고, 둘째 작품은 아리우스의 이론과 주장, 그리고 아리우스가 사용한 성서 구절에 대한 체계적 논박이다. 힐라리우스는 다음과 같이 강조한다.

아드님은 영원하시며, 언제나 아드님이시다. 왜냐하면 우리의 상상을 뛰어넘어 시간이 있기도 전에 나셨기 때문이다.

아리우스의 주장을 반대하는 모든 신학이 그렇듯 힐라리우스도 그리스도의 인성을 충분하게 강조하지는 못했다. 그러나 『삼위일체론』이라는 작품은 아리우스 논쟁 시기뿐 아니라 후대에 이르기까지 엄청난 영향을 미쳤다는 점에서 라틴 문학에 전기를 마련한 작품이다.

힐라리우스는 리미니 교회회의(359년)를 교의사적인 관점에서 바라보면서, 핵심 문헌들을 『역사 단편』Fragmenta historica에 체계적으로 모아두었다. 오늘날까지 전해지는 이 문헌들은 힐라리우스가 수집한 것일 수도 있고, 힐라리우스가 저술한 방대한 분량의 작품에서 뽑아 놓은 것일 수도 있다. 일반적으로는 두 번째 가정을 받아들이는 편이다. 이 역사신학 문헌들이 대단히 중요한 가치를 지니고 있다는 것만큼은 분명하다.

힐라리우스의 기도

1, 37. 전능하신 하느님 아버지, 당신을 섬기는 것이 제 생활의 가장 중요한 목적이며 저의 모든 말과 생각으로 당신을 나타내야 한다는 것을 저는 잘 알고 있습니다. 당신께서 저에게 베풀어 주신 언변은 당

신의 이름을 전하고 당신을 알지 못하는 이들에게나 당신을 부인하는 이단자들에게 당신이 참으로 아버지 곧 하느님 외아들의 아버지이심을 증명하는 데 사용해야 하며, 이러한 방식으로 당신을 섬기는 일보다 더 큰 보상은 얻을 수 없습니다. 여기에서 제가 할 수 있는 것이란 희망하는 것뿐입니다. 그 나머지는 당신의 도움과 자비의 은총에 달려 있으므로 저는 성령께서 당신의 숨결로 저희 신앙과 찬미의 돛을 가득 부풀게 하시어 저희가 시작한 복음 전파의 길로 저희를 밀어주십사고 청해야 합니다. "청하여라, 주실 것이다. 찾아라, 얻을 것이다. 문을 두드려라, 열릴 것이다"라고 말씀하신 분은 충실하시므로 그 약속을 지키실 것입니다. 나약한 인간인 저희는 부족한 것을 당신께 청할 것이고 당신의 예언자들과 사도들의 말씀을 확고한 열성으로 깊이 탐구할 것이며, 또 진리를 원치 않아 닫아 버린 문마다 두드릴 것이지만, 그러나 저희가 구하는 바를 허락해 주시고, 저희가 찾는 바를 발견하게 해주시며, 또 저희가 두드리는 문을 열어 주시는 분은 바로 당신이십니다. 저희의 본성은 게으름에 사로잡혀 있고, 무지와 우둔함 때문에 억압되어 있어 당신의 신비를 깨달을 수 없습니다. 그러나 당신의 가르침에 대한 탐구는 당신의 신비를 파악할 수 있게 해주고 신앙에 대한 복종은 자연적 사고능력을 넘어서까지 이끌어 줍니다.

38. 저희가 떨면서 발걸음을 내딛는 이 탐구에서 당신이 저희를 분발시켜 주시고 진보하는 동안 저희를 견고케 하시며, 저희가 예언자들과 사도들의 말씀을 그들이 전한 본래 뜻으로 이해하여 그 말씀들의 참된 의미를 파악할 수 있도록 그들의 정신을 함께 나누게 해주시기

를 소망합니다. 당신의 영감을 받아 그들이 전한 것을 저희도 전할 것입니다. 즉 당신께서 영원하신 하느님이시고 영원하신 외아들의 아버지이시며 당신 홀로 태어남이 없으신 분이심을 전하고, 또한 한 주님이신 예수 그리스도께서는 영원한 탄생으로써 당신에게서 나오시고 본성의 차이로 말미암아 모든 신의 무리에 속하는 분으로 생각되어서는 안 되며, 또 당신에게서 태어나신 분으로서 유일한 하느님이신 당신과 똑같은 본성을 지니고 계시고 그분의 참 아버지이고 하느님이신 당신에게서 태어나신 참 하느님이심을 전할 것입니다. 하느님, 저희에게 이 말씀의 참된 의미를 열어 보여 주시고 이해의 빛을 주시며 언변과 힘과 참된 신앙을 주소서. 저희가 믿고 있는 것을 제대로 표현할 수 있고 예언자들과 사도들이 저희에게 전해 준 대로 당신께서 저희의 유일한 하느님이시고 예수 그리스도께서 유일한 주님이심을 전하게 하소서. 하느님, 진리를 부인하는 이단자를 거슬러 당신은 하느님이시지만 홀로 계신 하느님이 아니시며 예수 그리스도께서 당신과 함께 참 하느님이심을 믿고 전하게 하소서.

힐라리우스, 『성무일도』De Trinitate, 1,37~38. (한국천주교중앙협의회)

사목자이자 영적 스승

힐라리우스의 또 다른 면모를 보여 주는 작품이 두 개 있다. 첫 번째는 『신비론』De mysteriis(1887년에 발견되어 출판되었다)으로 사제와 교리교사를 위해 저술된 것으로 보인다. 이 작품은 구약성서를 그리스도론적 관점에서 다시 읽어 내는데, 아담, 노아, 멜기세덱, 아브라함과 같은 성서 인물들은 그리스도와 교회를 예언적으로 알려 준다. 동ㆍ서방을 막론해 이미 전통이 되고 있던 이 예형론은 구약의 인물과 사건들을 메시아의 빛으로 해석하게 해준다. 하와 또한 우주적 부활을 미리 보여 주는 인물이다.

또 다른 작품은 『시편 주해』Commentarii in Psalmos로 일종의 영성신학 작품이다. 시편의 일부분만 다루고 있는 이 작품은 유배 이후에 쓰인 것으로, 성서의 우의적 해석을 택했다는 점에서 영향이 분명하게 드러난다. 힐라리우스는 시편이란 그리스도의 탄생부터 영광에 이르기까지 그리스도에 관한 예언으로 읽을 때야 비로소 내적이고 영적인 의미를 알아들을 수 있다고 본다.

암브로시우스나 아우구스티누스와 마찬가지로 힐라리우스도 시편 기도가 하느님 나라에 이르는 길을 가리켜 준다고 보았다. 그러한 면에서 힐라리우스의 『시편 주해』는 성서 주석이라기보다는 하느님을 찾아가는 여정을 그린 영성신학 작품이다.

힐라리우스의 신앙고백

12, 52. 거룩하신 아버지 전능하신 하느님, 제게 주신 이 생명이 다하는 날까지 저는 당신께서 영원하신 하느님이시며 영원하신 아버지시라 고백하겠습니다. 저 스스로 당신의 전능하심과 신비를 판단하는 심판관 노릇을 함으로써 무한하신 당신에 대한 참된 인식과 영원하신

당신에 대한 믿음보다 저의 미약한 생각을 앞세우는 어리석음과 죄악에 결코 빠지지 않겠습니다. 저는 당신께서 지혜와 덕이오 말씀이시며 외아들이신 나의 주 예수 그리스도 없이 계신 적이 있다고 주장하지 않겠습니다. …

53. 저는 저 자신조차 알지 못합니다. 그러나 제가 저를 모르기 때문에 당신을 더 잘 찬미할 수 있을 듯합니다. 저는 제 정신이 어떻게 사색 활동을 하고, 어떤 이성 작용을 하며, 어떻게 살아 있는지는 이해하지 못하지만, 느낄 수는 있습니다. 제가 이렇게 느낄 수 있는 것은 당신 덕분입니다. 제가 인간 본성의 원리를 나 자신에게조차 설명하지 못할 때도, 당신께서는 그 본성을 느끼는 기쁨을 달콤하게 맛볼 수 있도록 허락하시기 때문입니다. 저는 비록 무지하지만 제 안에서 발견되는 현상들을 통하여 당신을 알아 뵙니다. 저는 당신과 관련된 것들을 통하여 당신을 알아 뵙기 때문입니다. 저는 무지하지만, 전능하신 당신에 대한 믿음마저 무디게 갖지는 않겠습니다. 저는 외아들이신 당신의 신비를 훤히 꿰뚫어 제 작은 생각 안에 담아내려 하지 않을 것이며, 당신께서 저의 창조주이시고 저의 하느님이시리라는 진리 이상의 것을 열망하지도 않을 것입니다. …

57. 당신께 청하오니 저의 이 거룩한 믿음을 때 묻지 않게 보존하여 주소서. 제 영혼이 제게서 떠나갈 때까지 양심의 소리를 들을 수 있도록 허락하소서. 제가 성부와 성자와 성령의 이름으로 세례받았을 때 세례 신경에서 고백했던 진리에 늘 충실할 수 있게 하소서. 제가 우리

아버지이신 당신을 당신 아드님과 함께 찬미하게 하시고, 당신 외아드님으로 말미암아 당신에게서 발하시는 성령을 모시기에 합당할 수 있게 하소서. 제가 모시고 있는 제 믿음의 유효한 증인께서 이렇게 말씀하십니다. "아버지, 저의 모든 것은 아버지의 것이고, 아버지의 모든 것은 제 것입니다." 이 증인은 나의 주님이신 예수 그리스도로서 그분께서는 제 안에 사시고, 당신에게서 발하시고 당신과 함께 영원히 하느님이십니다. 주님께서는 세세에 영원히 찬미 받으소서.

힐라리우스, 『삼위일체론』De Trinitate, 12,52,53,57.

알려지지 않은 전례가

사제들을 위해서 쓰인 듯한 『마태오복음 주해』Commentarius in Evangelium Matthaei 외에도 힐라리우스는 서방 최초의 전례 작품을 펴냈다. 안타깝게도 그의 찬미가 가운데 일부분만 오늘날까지 전해진다. 교리를 전하기 위해 시를 이용하던 동방의 모범은 힐라리우스로 하여금 찬미가를 선교의 도구로 사용하도록 영감을 주었다. 그러나 그 가사는 너무 어렵고 모호하기까지 해서 암브로시우스의 쉽고 명쾌한 찬미가만큼 서방교회에 영향을 미치지는 못했다.

2. 진정한 사목자 암브로시우스(337/9~397년)

힐라리우스에게서 암브로시우스로 넘어오면서 이제 우리도 갈리아를 떠나 이탈리아로 간다. 두 인물은 서로 다른 상황 속에 살았고 직책도 달랐지만, 둘 다 교회를 뒤흔들던 아리우스 이단의 위기와 맞물려 있었다.

암브로시우스는 337년 혹은 339년에 트리어에서 귀족 가문의 아들로 태어났다. 갈리아 지방 총독이었던 아버지가 세상을 떠나자 그의 가족들은 로마로 돌아왔고, 암브로시우스는 거기서 고등 교육을 받았다. 처음에는 변호사가 되었고 나중에는 밀라노에 행정 소재지를 둔 리구리아 에밀리아 지방 집정관consularis Liguriae et Aemiliae이 된다.

당시 밀라노의 주교 아욱센티우스Auxentius는 완고한 아리우스주의자여서 공동체는 두 조각이 나 있었다. 아욱센티우스 주교가 세상을 떠나자 후임자의 선출은 커다란 소동과 어려움을 예고하고 있었다. 집정관 암브로시우스는 도시의 질서와 공정한 선출을 감독하기 위해 그 자리에 참석했다. 성전에서 암브로시우스를 발견한 군중들은 가톨릭 신자, 아리우스파 할 것 없이 한 마음으로 "암브로시우스 주교!"를 외쳤다. 암브로시우스는 아직 예비 신자였다. 결국 세례를 받고 여드레 후인 374년 12월 7일 주교품을 받았다. 암브로시우스는 자신의 모든 재산을 가난한 사람들과 교회에 나누어 주었다.

밀라노의 새로운 주교가 된 암브로시우스의 가장 시급한 과제는 심플리키아누스Simplicianus 사제의 지도를 받아 성서를 깊이 깨우치는 일이었고, 필론의 성서 주석과 특별히 오리게네스의 성서 주석을 익혀 나가는 일이었다. 그리스어에 능통했던 암브로시우스에게 그리 어려운 여정은 아니었다. 그는 묵상과 기도를 통해 자신이 받은 신학

교육을 심화했으며 앞으로 펼쳐 나갈 사목 활동을 준비했다.

암브로시우스는 지난 경험에서 얻은 통치 감각, 책임감과 함께 아리우스파를 끼고 돌던 유스티나Iustina 황태후를 비롯하여 제국의 권력마저도 굴복시킬 정도로 타고난 권위를 지니고 있었다. 암브로시우스의 목표는 알프스 남부의 아리우스파를 해체하는 것이었다. 암브로시우스는 주교 선출에 관여했는데, 예컨대 정통파라고 믿고 있던 시르미움의 주교 선출에 개입했다. 그런 다음 암브로시우스는 아리우스주의에 마지막 일격을 가하기 위해서 발렌티니아누스 1세Valentinianus I와 그라티아누스Gratianus 황제에게 영향력을 행사했다.

테오도시우스 황제와의 관계는 어려우면서도 평화로웠다. 테오도시우스 황제가 테살로니카에서 저지른 민중 학살은 극심한 긴장을 불러일으켰다. 암브로시우스 주교는 황제에게 공적 참회를 명령했고, 테오도시우스 황제는 390년 성탄절에 참회복을 입고 교회에 나와서 자신의 죄를 공동체 앞에서 인정했다. 그들의 관계는 다시 조화를 이루게 되었고 암브로시우스는 호노리우스Honorius 황제가 지켜보는 가운데 테오도시우스 황제를 위한 조사弔辭를 바쳤다.

시간이 흐르면서 황제들에 대한 밀라노 주교의 영향력은 점점 줄어들었다. 암브로시우스는 교회의 내적 생활에 시간을 쏟아부었고, 순교자 신앙을 북돋아 나자리우스Nazarius, 켈수스의 유해를 발굴했다 (그 이전에는 밀라노 최초의 순교자들인 게르바시우스Gervasius와 프로타시우스Protasius 유해를 발굴했다). 그리고 새로운 주교좌들을 만들어 주교들을 임명했으며, 397년 4월 4일 밀라노에서 세상을 떠났다.

인품

암브로시우스가 세상을 떠난 뒤 100여 년쯤 지난 뒤에 만들어진 밀라노의 한 모자이크는 암브로시우스의 모습을 묘사한다. 작은 키에 여윈 몸매, 길고 갸름한 얼굴에 턱수염, 사색에 잠긴 표정, 어딘지 권위 있는 검고 커다란 눈, 절제된 열정, 사람들과 일정한 거리를 유지하는 어떤 수줍음을 갖고 있는 그의 모습이 인상적이다.

암브로시우스가 제국을 다스렸다면 의심할 나위 없이 교회만큼이나 잘 다스렸을 것이다. 활동적이면서도 지적이고, 명상적이면서도 타고난 연설가였던 완벽에 가까운 인간 암브로시우스는 결국 아우구스티누스를 설득하여 세례받게 하고 자신과 똑같은 직무로 끌어들이기까지 했다. 아무리 힘든 일이 일어나거나 어려운 과제들이 주어져도 힘들이지 않고 대처한 인물, 그가 바로 암브로시우스 주교다.

오늘날까지 전해지는 암브로시우스의 작품들은 그의 신학적, 사회적, 정치적, 사목적, 영적 활동들의 다양한 면모를 잘 보여 준다.

성서의 사람

선배 키프리아누스 그리고 후배 아우구스티누스와 마찬가지로 암브로시우스는 주교 직무를 수행하기에 앞서 성서를 통해 양성된 사람이다. 암브로시우스는 단 한 번도 성서를 떠나지 않았고 언제나 성서를 자신의 영적 묵상서 삼아 하느님의 백성들에게 건넬 설교의 생수를 길어 올렸다. 암브로시우스의 수많은 주석 작품들은 사목적 동기에서 비롯되었고 글로 엮어지기 전에 이미 설교를 통해 나온 것들

이다. 암브로시우스는 악, 영혼, 죽음, 부와 같이 어떤 주제를 다루고
자 할 때 성서 인물들에 그 토대를 두고는 했다. 예컨대 야곱에게서
행복한 삶, 엘리야에게서는 단식이라는 주제를 발전시킨다.

필론의 유대교 성서 주석, 그리고 무엇보다도 오리게네스의 그리
스도교 성서 주석에 맛 들인 암브로시우스는 성서에는 문자적 의미,
윤리적 의미, 우의적 · 영적 의미라는 3중 의미가 있다고 보았다. 그
러나 신약과 구약성서를 조화시키는 예형론에도 주의를 기울였다.

암브로시우스는 성서에 관해 설교할 때 아리우스파의 빗나간 가
르침, 마니교도와 사벨리우스파의 오류, 그 시대의 악습들, 부자들의
탐욕, 폭음과 폭식 등과 같은 뜨거운 현안들을 지적했다. 그는 어떻
게 하면 공동체를 그리스도교화 할 수 있을지 끊임없이 고민했다.

암브로시우스는 루가복음을 주해했는데, 이것이 오리게네스를 흉
내 낸 것인지는 모르지만, 여성과 가난한 사람들에 대한 애정 가득한
영적 감수성은 분명히 암브로시우스 고유의 것이다. 힐라리우스와
마찬가지로 암브로시우스도 시편 기도에서 하느님과 만나는 길을 찾
는다. 그는 시편 43편을 주해하는 도중 세상을 떠났다.

전례에 기여

암브로시우스 주교는 전례 전문가이기도 했다. 그는 세례 교리 교
육과 신비 교육에 관한 두 작품을 남김으로써 오늘날 우리가 밀라노
전례를 이해할 수 있도록 도와준다. 암브로시우스는 시편을 주고받
던 노래를 개혁하는데, 바로 이때부터 찬미가들이 밀라노에서 꽃피

게 된다. 암브로시우스가 몇몇 찬미가를 직접 지었지만, 그의 것이라고 알려진 수많은 작품 모두를 정말 그가 지었는지는 의심스럽다. 그렇다 하더라도 그는 서방 전례 찬미가의 창시자로 평가받는다.

또한 암브로시우스는 그라티아누스 황제를 교육하기 위해서 신앙, 성령, 성육신에 관한 교의 작품들도 지었다. 이 작품들은 황제가 신학 논쟁들을 더욱 분명하게 바라볼 수 있게 해주었다.

가난한 사람들과 사회적 약자들의 변호인

밀라노의 사회와 경제 상황은 카이사레아나 콘스탄티노플 상황과 비슷했다. 가난한 민중들은 세금과 부자들의 권세에 짓눌렸다. 자신의 재산을 이미 가난한 사람들에게 나누어 주었던 암브로시우스는 말씀과 행동으로 가난한 사람들을 섬겼다. 『나봇 이야기』De Nabuthae historia에서 암브로시우스는 목자의 마음과 법관의 엄정함으로 가난한 사람들의 권리를 변호한다. 모든 사람에게 속하는 재화의 공정한 분배와 사유재산의 권리와 한계에 관하여 그토록 강력하게 가르치는 그리스도교 문헌은 드물다.

부자들의 탐욕과 분배 정의

53. 가난한 사람들에게 주는 모든 것은 그대에게 유익합니다. 그대가 무엇을 줄이든 그대에게는 늘어납니다. 그대는 가난한 사람에게 준

음식으로 그대 자신을 자라나게 합니다. 가난한 사람들에게 연민의 정을 느끼는 사람은 자기 자신을 키우며, 그들 안에 이미 열매가 맺히기 때문입니다. 자비의 씨앗은 땅에 뿌려지지만 하늘에서 싹트고, 가난한 사람 안에 심어지지만 하느님 앞에서 열매 맺습니다. 하느님께서는 "'내일 주겠네'라고 하지 마라"고 말씀하십니다(잠언 3:28). 그대가 "내일 주겠네"라고 말하는 것조차 견디지 못하시는 분께서, 어떻게 "주지 않겠네"라고 말하는 것을 참으실 수 있겠습니까? 그대는 그대의 것을 가난한 사람에게 베푸는 것이 아니라, 그 사람의 것을 되돌려 주는 것일 따름입니다. 모든 사람이 더불어 사용하라고 주신 것을 그대 홀로 빼앗아 썼기 때문입니다. 땅은 부유한 사람들의 것이 아니라, 모든 사람의 것입니다. 자기 땅을 사용하는 사람은 사용하지 못하는 사람보다 훨씬 더 적습니다. 그대는 빚을 갚는 것이지, 선물을 베푸는 것이 아닙니다. 성서는 그대에게 이렇게 말합니다. "가난한 이에게 네 마음을 기울이고, 그대의 빚을 갚고, 그에게 평화의 인사를 상냥하게 건네어라."(집회 4:8)

56. 드넓은 저택이 그대를 우쭐하게 만듭니까? 그 저택은 사람들을 맞아들일 때 가난한 이의 말문을 막아 버리니 오히려 양심의 가책을 느껴야 하지 않겠습니까? 그대들에게는 가난한 사람의 목소리를 듣는 일 자체가 전혀 의미 없고, 비록 들었다 할지라도 아무런 도움도 되지 않습니다. 이 부끄러운 저택조차 그대들을 일깨우지 못합니다. 그대들은 집을 지음으로써 그대들의 재산을 더 불리고 싶겠지만 실패하고 맙니다. 그대들은 벽을 덧입히면서 사람들은 발가벗겨 버립니다.

헐벗은 사람이 그대 집 앞에서 부르짖고 있는데도 그대는 모른 체합니다. 헐벗은 사람이 울부짖고 있는데도 그대는 어떤 대리석으로 그대의 집 바닥을 깔까 고민하고 있습니다. 가난한 사람은 돈을 구하지만 가지지 못합니다. 가난한 사람은 빵을 간절히 청하는데, 그대의 말은 이빨 사이의 황금 재갈을 질겅질겅 씹고 있습니다. 다른 사람들은 끼니를 이어갈 양식조차 없는데, 그대는 값비싼 장신구들을 끔찍이도 좋아합니다. 오, 부자여, 그대는 얼마나 큰 심판을 받을 것입니까! 민중은 굶주리는데 그대는 곳간을 닫아겁니다. 민중은 탄식하는데 그대는 옥 반지만 굴려댑니다. 불행한 사람, 그대는 많은 사람의 영혼을 죽음에서 지켜낼 능력을 지니고 있으면서도 의지가 없습니다! 그대의 옥 반지 하나로 모든 민중의 목숨을 구할 수 있었을 것입니다.

58. 그대는 재물의 주인이 아니라 관리자인데도 황금을 땅에 묻어버립니다. 그대는 심판관이 아니라 종에 지나지 않습니다. "너의 보물이 있는 곳에 너의 마음도 있다." 그대는 그 황금 속에 그대 마음을 담아 땅에 파묻었습니다. 차라리 황금을 팔아서 구원을 사고, 보석을 팔아서 하느님 나라를 사며, 밭을 팔아서 영원한 생명을 되사십시오. 나는 지금 참된 것을 말하고 있습니다. 진리의 말씀으로 말하기 때문입니다. "네가 완전한 사람이 되려거든, 네가 가진 모든 것을 팔아 가난한 이들에게 주어라. 그러면 네가 하늘에서 보물을 차지하게 될 것이다."(마태 19:21) 그대, 이 말씀을 듣고서 슬퍼하지 마십시오. 그렇지 않으면 그대도 이런 말씀을 듣게 될 것입니다. "재물을 많이 가진 자들이 하느님 나라에 들어가기는 참으로 어렵다."(마르 10:23) 특히 이 말

씀을 읽을 때면 죽음이 그대에게서 이 재물을 앗아갈 수도 있고, 그대보다 더 높으신 분의 권능이 재물을 없애 버릴 수도 있다는 사실을 생각하십시오. 그대는 큰 것 대신 작은 것을, 영원한 것 대신 사라져버리는 것을, 은총의 보화 대신 돈의 보화를 열망해 왔습니다. 앞엣것은 썩어 없어지지만, 뒤엣것은 영원히 남습니다.

암브로시우스, 『나봇 이야기』De Nabuthae historia, 12,53, 13,56, 14,58. (분도출판사)

영적 인도자

사목자들의 책무를 잘 알고 있던 암브로시우스는 자기 교구 성직자들의 자질 문제에 늘 관심을 기울였다. 아리우스 이단이 종식되자, 암브로시우스는 『성직자의 의무』De officiis ministrorum라는 삶의 길잡이를 저술했다. 이 책은 우선 성직자들을 위한 것이었지만 그리스도교 백성 일반을 위한 것이기도 했다.

그는 동정녀, 과부, 수녀와 같은 여성 그리스도인들에게도 특별한 관심을 기울였고, 그들에 관한 많은 저술을 남겼다. 그 작품들 대부분은 여성들에게 행한 설교다. 편지도 그의 사목 활동의 연장이었다. 암브로시우스는 수녀가 된 누나 마르켈리나를 위해서 『동정녀』De virginibus를 지었다.

사건과 사고, 특히 형 사티루스의 죽음은 시간이 흐름에 따라 암브로시우스로 하여금 죽음에 관하여 묵상할 기회를 주었다. 추도사 외에도 죽음이라는 주제에 두 작품을 바쳤는데, 『죽음의 유익』De bono mortis과 『야곱과 복된 삶』De Iacob et vita beata이라는 걸작을 남겼다. 이 작품에서 우리는 희망에 대한 뜨거운 신뢰와 함께 희망의 힘은 죽음보다 강하다는 것을 보게 된다.

3. 이탈리아의 다른 저술가들

이탈리아 신학은 밀라노의 주교 암브로시우스로 끝나지 않는다. 암브로시우스 외에도 제논, 크로마티우스Chromatius, 루피누스 같은 수많은 저술가가 그들의 작품 덕분에 우리에게 알려져 있는데, 루피누스는 처음에는 히에로니무스의 친구였다가 나중에는 원수가 된 인물로 우리에게 많은 그리스 유산을 전해 준다.

아직도 누구인지 밝히지 못한 한 이름 모를 저자는 4세기 후반에 아마도 로마에서 『바울 서신 주해』를 저술했는데, 중세에는 암브로시우스의 작품으로 여겨지기도 했다. 이 작품은 안티오키아 전통에 따라 성서를 역사적, 문자적 의미로 해석해 놓은 전형적인 작품이다.

한 세기 뒤에는 토리노의 주교 막시무스(†408과 423년 사이)와 라벤나의 주교 페트루스 크리솔로구스Peterus Chrysologus(†450년)가 등장하여 훌륭한 설교를 남겼다.

4. 수도승이자 성서 주석가, 스트리돈의 히에로니무스(347~420년)

히에로니무스를 한마디로 자리매김하기는 어렵다. 그는 달마티아 인으로서 라틴 문화를 사랑했다. 서방 사람이면서도 생애 대부분을 동방에서 보냈는데, 동방 세계에 매력을 느껴서라기보다는 성서 연구를 위해 베들레헴에 정착했기 때문이다.

스트리돈 지방의 유복한 그리스도교 가정에서 태어나서 최고의 학교 교육을 받았다. 모든 공부를 로마에서 마쳤는데, 거기서 쾌락에 젖은 삶을 살면서도 봉헌의 시간을 갖기도 했다. 트리어로 떠나기 전에 로마에서 세례받기로 결심했다.

히에로니무스는 수도승 생활을 향한 열망으로 몇몇 친구들과 함께 아퀼레이아로 갔고, 시리아의 칼키스 사막에서 살 생각으로 그곳을 떠나 처음으로 동방을 향해 떠난다(375~377년). 시리아에서 다른 수도승들과 불화를 일으켜 한동안 안티오키아에 머문다. 그는 안티오키아식 성서 주석 방법을 거부하다가 나중에는 그 방법을 따르게 된다. 안티오키아를 떠나 콘스탄티노플에 가서 나지안주스의 그레고리우스를 만나는데 그레고리우스를 통해 그는 오리게네스에 열광하게 된다.

나지안주스의 그레고리우스가 떠나자 히에로니무스도 콘스탄티노플을 떠나 먼 길을 거쳐 로마에 돌아간다. 거기서 80대 노인 다마수스Damasus 교황의 비서가 되고, 아벤티노의 부유한 여인네들과 어울려 그들과 함께하는 성서 공부 재미에 푹 빠지게 된다. 네 복음서의 라틴어 본문 수정 작업을 시작한 것이 바로 이때다.

자신의 후견인이던 다마수스 교황이 죽자, 다른 성직자들이 자기를 미워한다는 것을 알아차린 히에로니무스는 로마를 떠나 동방으로 가서 베들레헴에 평생 눌러앉는다. 돈 많은 여인들이 그곳까지 동행했는데, 그 여인들의 어마어마한 재산은 히에로니무스의 공부와 작업을 경제적으로 지원했다. 그는 420년에 죽었다.

파란만장한 생애만큼이나 히에로니무스라는 인물도 복잡하기 그지없다. 그는 무례하면서도 예민하다. 그의 편지글은 세련되었지만, 번역은 뒤죽박죽이고 때로 날림투성이다. 그는 자신의 다혈질 성격을 다스릴 줄 몰랐고 그 성질머리 때문에 보복을 당하기도 하고 불의한 대우를 받기도 했다.

역사적 관점에서 보면 히에로니무스는 성서의 사람이었다. 그는 르네상스 인문주의자들의 선구자가 된다.

히에로니무스의 편지들

히에로니무스는 특히 편지를 주고받는 일에 많은 관심을 쏟았다. 다른 어떤 작품들보다 서신 왕래에서 그의 인격은 더 잘 드러난다. 그의 편지에는 갖은 미사여구가 세련되게 사용되며, 무절제와 섬세함이 뒤섞여 있다. 그는 수도승으로서 참된 '편지 사도직'을 수행하는데, 신실한 여인들을 이끌어 주기도 하고, 네포티아누스Nepotianus에게는 성직자의 의무를 알려 주기도 하며, 동정, 과부 생활, 수도승 생활, 자녀 교육, 성서 문제 등을 다루기도 했다. 그는 또한 자신의 여제자들을 칭송하기도 한다.

히에로니무스가 아우구스티누스에게

그대의 작품 『행복한 삶』De beata vita에 담긴 어떤 견해를 내가 손보려 한다고 여기지는 마시게. 나에게는 다른 사람들의 견해를 헐뜯지 않고서도 보여 줄 수 있는 나의 고유한 것이 얼마든지 있으니. 어쨌든 그대는 현명한 사람이니 잘 알겠지만, 누구나 팔아먹을 지혜쯤은 가지고 있는 법일세. 이것은 일종의 유치한 허영심인데 어린 시절에는 유명한 사람들을 비판함으로써 자기 이름을 날리고 싶어 하기 일쑤지. 나는 그대의 설명과 나의 설명이 다르다고 하여 마음 상할 만큼 어리석은 사람도 아니라오. 그대 또한 우리가 서로 반대로 생각한다고 마음 상하지 않을 테니 말이오. 그러나 페르시우스Persius가 말하는 것처럼 자기 전대는 바라보지 않고 남의 돈 보따리에만 눈길을 주는 것은 친구들 사이에는 참으로 비난받을 일일세. 그대는 그대를 사랑해 주는 사람이나 사랑하게나. 그리고 성서 분야에서 그대 같은 애송이는 나 같은 노장老長에게 덤비지 마시게. …

히에로니무스, 『편지』Epistula, 102,2.

수도승 생활의 증인

감출 수 없었던 그의 단점들에도 불구하고 히에로니무스는 마음으로는 수도승이었다. 히에로니무스가 정신적 아버지로 여겼던 안토니우스의 삶이 그에게 수도 성소를 불러일으켰다는 것은 의심할 나위가 없다. 비록 진득하게 머물러 있지 못하고 동방 수도승들과 자주

다투기는 했지만, 그는 엄격한 수행을 저버리지 않고 죽는 날까지 실천했다.

수도승 생활을 칭송하기 위해 히에로니무스는 테베의 파울루스, 가자의 힐라리온Hilarion, 말쿠스Malchus에 관한 소설적 전기를 설화처럼 썼다. 생애 마지막에는 파코미우스와 관련된 책들을 널리 퍼뜨렸다.

싸움꾼

히에로니무스는 평생을 티격태격했는데, 종종 정당한 동기이기는 했지만 복음에 맞갖은 방식은 아니었다. 그의 심기를 건드렸다가 고약한 꼴을 당하지 않은 사람이 드물었다. 히에로니무스는 자신과 맞섰던 로마 성직자들을 고상한 기법으로 꼴사납게 그려 내고 있다.

정당화하기 어려운 그의 변덕스러움은 자기 친구들마저 빈정거림과 비꼼의 대상으로 만들어 버렸다. 그는 오리게네스에게 온전히 빚을 지고 있음에도 오리게네스가 자신보다 더 위대하다는 것을 견디지 못했고, 오리게네스의 작품을 몰수하여 꼼꼼히 연구한 다음 그를 헐뜯었다. 루피누스와는 친구였지만 인간적 경쟁의식 때문에 등을 돌리고 루피누스가 죽은 후에도 그를 괴롭혔다.

테르툴리아누스의 경우와 마찬가지로 논쟁을 좋아하는 그의 취향은 '반'反, Adversus이라는 말로 시작하는 많은 책을 쓰게 만들었다. 그는 펠라기우스 논쟁의 불길에도 부채질을 해댔다.

동방 유산의 번역가

동방에서 그리스어와 친숙해진 히에로니무스가 성서 외에 제일 먼저 번역한 것은 에우세비우스의『연대기』Chronicon와 성서 지명 사전인『지명록』地名錄, Onomasticon 같은 작품들인데, 이것은 자신의 저술 작업에 도구가 되었다. 또 다른 작품『명인록』De viris illustribus도 에우세비우스의『교회사』Historia ecclesiastica의 열매인데, 히에로니무스는 맨 끝에 자신에 관한 정보도 덧붙였다.

젊은 시절 히에로니무스는 암브로시우스의『루가복음 주해』Expositio Evangelii secundum Lucam에 표절 시비를 걸기 위해서 오리게네스의『설교』Homiliae를 번역했고, 그 후에 소경 디디무스Didymus의『성령론』De Spiritu sancto을 번역한 이유도 암브로시우스의『성령론』을 걸어 암브로시우스를 표절자로 몰기 위한 것이었다.

성서 주석가이자 본문 비평가

히에로니무스의 작품 가운데 가장 훌륭한 것은 성서 주석이다. 성서의 사람이라고 할 수 있는 히에로니무스는 처음에는 오리게네스, 힐라리우스, 아우구스티누스처럼 예형적이며 우의적인 전통 속에 있었지만, 서서히 문자적 의미를 강조하는 안티오키아 전통에 다가가게 된다. 그는 그리스어와 히브리어에 능숙해져서 원서를 읽고 번역할 수 있을 정도가 되었다. 그는 카이사레아에서 오리게네스 도서관의 많은 책을 참조할 수 있었기 때문에 매우 수월하게 번역 작업을 해나갈 수 있었다. 특히 오리게네스의 성서『육중역본』Hexapla에 많은 빚을 졌다. 히에로니무스가 암브로시우스를 꼬집어서 한 다음의 말을 히에로니무스 자신에게 적용하는 것이 부당하지는 않을 것이다.

공작 깃털을 한 까마귀.

391년부터 406년까지 긴 세월의 번역 기간, 히에로니무스는 구약성서를 히브리 원전에서 다시 번역하여 불가타Vulgata('널리 퍼진'이라는 뜻)라고 불리는 대중판 라틴어 성서의 토대를 놓았다. 편지글을 쓰던 것과는 달리 그는 너무 급하게 성서를 번역하여 잠언, 집회서, 아가는 사흘 만에 번역하기도 했다!

성서 주석가로서 그는 생애의 마지막 시기를 글자 그대로『주해』Commentarii에 바쳤다. 히에로니무스는 바울 서신(그는 이 서신을 라틴어로 번역하지 않았다)을 한 구절 한 구절 설명하면서 주석하기 시작한다. 그는 베들레헴에 있는 그의 영적 딸들이 이 주석을 통해 성서에 맛들이기를 원했다.

히에로니무스는 바울에서 구약성서로 넘어간다. 집회서에서 시작해 시편을 거쳐 예언서까지 주석했는데, 예언서 주석이야말로 그의 대표작이다. 소예언서부터 대예언서까지 다루는데, 다니엘서(407년), 이사야서(408~410년), 에제키엘서(411~414년)를 주석했으나, 예레미야서는 완성하지 못한 채 삶을 마감했다.

히에로니무스의 방법론은 아주 명쾌하다. 그는 히브리 원전을 놓고서 번역한 다음, 먼저 문자적 주석을 하고 그다음에 영적 주석을 한다. 그의 결점(주제에서 벗어나거나 근시안적으로 바라보는 것)에도 불구하고 히에로니무스는 성서 주석가로서 라틴 교회에서 독보적인 자리를 차지하고 있다.

성서를 모르는 것은 그리스도를 모르는 것이다

유대인들처럼 "너희는 성서를 모르고 하느님의 권능도 모르니까 그런 잘못된 생각을 하는 것이다"는 성서 말씀을 듣지 않기 위해, "성서를 파고들어라" 그리고 "찾으라. 얻을 것이다"라고 말씀하신 그리스도의 명에 순종할 때, 내가 해야 할 바를 다하는 것입니다. 바울 사도의 말처럼 그리스도가 하느님의 권능이시고 하느님의 지혜이시라면 성서를 모르는 이는 하느님의 권능도, 그분의 지혜도 모르는 것입니다. 성서를 모르는 것은 그리스도를 모르는 것입니다.

그래서 나는 자기 창고에서 새것과 옛것을 끄집어내는 집 주인을 본받고 싶으며, 또 아가에게 "아, 임이여, 햇것도 해묵은 것도 임을 기다리며 마련해 두었답니다"라고 말하는 그 신부를 본받고 싶습니다. 나는 이 책에서 예언자 이사야를 예언자로서뿐만 아니라 복음 전파자요 사도로서 제시하고자 합니다. 이사야는 다음 말씀을 자기 자신과 다른 복음 전파자에 대해서 하고 있습니다. "반가워라. 기쁜 소식을 안고 산등성이를 달려오는 저 발길이여, 평화가 왔다고 외치며, 희소식을 전하는구나." 그리고 하느님께서 흡사 사도에게 말씀하시듯 이사야에게 "내가 누구를 보낼 것인가? 누가 우리를 대신하여 갈 것인가?"

하고 물어보시자, 그는 이렇게 대답합니다. "제가 여기 있지 않습니까, 저를 보내십시오."

그러나 내가 몇 마디 말로 주님의 모든 신비를 포함하는 이 성서의 내용을 다 취급하려 한다고 생각해선 안 됩니다. 이사야서에서는 주님이 동정녀에서 탄생하신 임마누엘로, 여러 놀라운 일들과 기적들을 행하시고 죽으시고 묻히셨으며 부활하신 분으로, 그리고 만백성의 구세주로 예언되어 있습니다. 물리, 도덕, 논리에 대하여 내가 무슨 말을 하겠습니까? 성서 전체에 나오는 모든 것과 인간의 혀가 말할 수 있는 모든 것, 그리고 인간의 이해력이 받아들일 수 있는 모든 것이 이 책에 담겨 있습니다. 예언자 이사야는 다음 말씀에서 이 신비들의 깊이를 증언해 주고 있습니다. "이렇듯이 모든 것이 너희에게 계시되었지만, 그것은 밀봉된 책에 쓰인 말씀과 같다. 글 아는 사람에게 이 책을 읽어 달라고 하면 '책이 밀봉되었는데 어떻게 읽겠느냐?'고 할 것이다. 글 모르는 사람에게 이 책을 읽어달라고 하면 '나는 글을 모른다'고 할 것이다."

이 증명이 어떤 이에게 너무 빈약하게 보인다면 사도 바울의 다음 말씀을 들으십시오. "두세 명의 예언자들만 말하도록 하고 다른 이들은 그것을 잘 새겨들어야 합니다. 그러나 곁에 앉은 사람이 하느님의 계시를 받을 경우에는 먼저 말하던 사람은 중단해야 합니다." 그들이 침묵을 지키건 말을 하건 간에 예언자들을 통하여 말씀하시는 영께 의지하고 있는데, 어떻게 그들이 침묵을 지킬 수 있단 말입니까? 예언자들이 스스로 말하는 것의 뜻을 깨닫고 있다면, 만사는 지혜와 지식으로 가득 차게 될 것입니다. 그들의 귀에는 자신들이 하는 말소리의 진동만이 가 닿는 것이 아니라, 바로 예언자들은 다음 말씀으로 이것을 증명해 줍니다. "그 천사가 내 안에서 말했다." "하느님의 영은 우리 마음속에서 '아빠, 아버지'라고 부르고 있습니다." "주 하느님, 당신의 말씀을 내 듣고 싶사옵니다."

히에로니무스, 『이사야 주해』commentarii in Isaiam, 1.

IX. 라틴 시문학의 발전:
다마수스에서 세둘리우스까지

이미 앞서 푸아티에의 힐라리우스와 밀라노의 암브로시우스라는 두 시인을 살핀 바 있다. 물론 이들은 시보다는 산문 작품으로 더 잘 알려진 교부들이다. 4세기와 5세기에 걸쳐 그들의 명맥을 잇는 시인들이 다양한 지역에서 활동했는데, 대표적인 인물로 다마수스, 히스파니아 출신의 프루덴티우스, 아우소니우스, 갈리아 출신의 파울리누스, 세둘리우스Sedulius(로마 출신으로 추정)를 들 수 있다.

시 작품은 산문에 비해 뒤늦게 등장했다. 그런데 이러한 판단은 애초부터 전례가 '시편과 찬미가와 영가'를 사용해 왔으며, 신약성서와 동방교회가 그 흔적을 얼마간 보존해 왔다는 사실을 감안해서 받아들여야 한다. 예컨대 동·서방을 막론하고 이단자들이 자기네 교설을 선전하기 위해 이용했던 『솔로몬의 송가』라는 시 작품을 기억하면 이해에 도움이 될 것이다. 그러나 이런 찬가들은 예술성에 집착하지 않았다.

그리스도교 시는 이교에서 썼던 말마디를 차용하면서도 이교 영향권에서 벗어나 독자적인 모습을 갖추었다. 4세기 그리스도교 시인들은 자신의 기교와 창의성을 결합했다. 그 예로 갈리아 사람 유벤쿠스, 보르도의 아우소니우스가 있다. 아우소니우스의 경우 아직 완전히 그리스도교적인 정신을 지니지는 않았지만, 그의 정신은 출신 지역의 이교 문화와 그리스도교 문화 사이에 자리 잡고 있었다.

1. 다마수스 교황(†384년)

이 인물은 히에로니무스의 생애를 보면서 잠시 다룬 바 있다. 로마 태생이지만 원래 가계는 히스파니아 출신이었을 것으로 추정된다. 아리우스 논쟁 시기에 그리 평판이 좋지 못했던 비운의 리베리우스Liberius 교황은 콘스탄티우스에 의해 유배까지 당했는데, 다마수스는 그의 후임으로 교황이 되었다. 4세기 중반 로마 전례는 그리스어에서 라틴어로 바뀌었다.

바실리우스에 따르면, 다마수스는 신학 논쟁에 관심이 없던 나머지 이를 가볍게 취급했다. 대신 그는 음악에 심취했다. 그가 교황직에 머물던 시기는 종교 건축의 발전기와 맞물려 있었고, 순교자 신심이 꽃피면서 수많은 순례자가 로마로 몰려오던 시기였다. 다마수스는 육각시六脚時로 비문碑文을 즐겨 짓고, 이를 필로칼루스Philocalus에게 우아한 옹시알onciales 서체書體로 새기게 하여 순교자들의 무덤을 장식했다. 그중 하나가 로마의 성 클레멘스 성당에 복원되어 있다. 그러나 그것은 문학적 가치보다는 고고학적 가치로 더 관심을 끈다.

2. 히스파니아 출신의 프루덴티우스(†405년 이후)

히스파니아 사람 아우렐리우스 프루덴티우스는 다마수스와는 사뭇 다른 경력을 지녔다. 히스파니아 북부 칼라호라의 그리스도교 가정에서 태어난 그는 훌륭한 교양을 소유했고, 관직에 입문한 뒤 장관이 되어 중요한 도시들을 통치했다. 그러나 내면의 위기를 겪은 후 세속 생활을 마감하고 고독한 생활을 시작했다. 그리하여 시작詩作 활동으로 하느님을 찬미했으니, 이는 '가정에서 거행되는 전례'라 일 컬을 만한 것이었다. 그가 남긴 여러 작품(『화관』De coronis, 『영혼의 싸움』 De pugna animae 등) 가운데 훗날 로마 전례에 특별한 영향을 끼친 것은 『시간 전례 기도서』Cathemerinon다. 이 책에는 '하루의 시간'에 따른 전 례(시간 전례)와 날에 따른 전례를 위한 기도문이 있고, 성탄과 주님의 공현 같은 중요한 축일 전례도 덧붙여져 있다.

프루덴티우스의 시에는 암브로시우스와 비슷한 작풍作風이 엿보이 지만 공식 전례용이라고 내세울 만한 것은 아니며, 암브로시우스에 비해 전개 과정도 그리 탄탄하지 못하다. 한편 힐라리우스의 시와 비 교한다면, 힐라리우스 쪽이 더 풍부하고 신학적 무게를 지니고 있다. 프루덴티우스는 말년에 이르러 자신의 그리스도인 생활에 대한 감사 와 찬미를 시로 남겨 놓았다.

3. 놀라의 주교 보르도의 파울리누스(353/4~431년)

파울리누스는 보르도의 원로가문 출신으로, 그의 가문은 넓은 토 지를 소유하고 있었다. 아우소니우스의 제자였던 그는 아우소니우스 와 친분을 유지하며 서로 작품을 보여 주기도 했다. 원로원에서 아버 지를 계승하기 위해 로마로 왔고, 이후 캄파니아 지방의 장관이 되었 을 것으로 추측한다.

그 후 갈리아로 돌아가 결혼을 하고, 389년 보르도에서 세례를 받

았다. 그리고 5년 뒤 사제로 서품되었다. 재산을 모두 포기하고 수도
승 생활을 선택한 그는 놀라에 있는 성 펠릭스의 무덤 근처에 정착해
살았다. 그의 부인 역시 수녀원에 들어갔다. 놀라 시의 주민들은 그
를 주교로 선출했다(409년에서 413년 사이).

친구로 지내던 당대의 저명한 저술가나 주교들(예컨대 히에로니무스
와 아우구스티누스)과 나눈 서간집 외에도, 그는 스물아홉 편의 시를 남
겼다. 친구의 결혼을 앞두고라든지, 니케타스Nicetas 주교가 그를 방문
했을 때라든지, 다양한 상황에 따라 영감을 얻어 시를 지었다. 395년
부터 408년 사이에 쓴 열네 편의 노래는 성 펠릭스 축일을 지내며 지
은 것이다. 군중이 몰려드는 장면이나, 대중 신심의 자연스런 발로,
축일에 생긴 기적 등을 묘사하는 이 시들은 사실적史實的 정확성보다
는 시적 상상력이 더 돋보인다. 프루덴티우스와 비교하면 화려함이
나 생기 면에서는 뒤떨어지지만, 참신하고 매력적이며 감수성이 풍
부한 사람됨을 드러낸다. 더욱이 그의 시적 영감은 참으로 그리스도
교적이다.

4. 세둘리우스(†420/30년)

사제 시인 세둘리우스는 전례 거행을 위한 봉사로써 시작詩作 활동
을 한 것 같다. 그의 『부활 노래』Paschale Carmen는 시구로 표현된 교리 교
육으로서, 신구약 성서에 드러난 하느님의 위업을 노래하고자 지었
다. 그가 쓴 많은 찬미가가 성탄이나 공현 대축일의 전례문에 삽입되

었다. 심지어 한 편의 시는 미사의 시작 노래로 사용되기까지 했다. 세둘리우스는 중세에 매우 사랑받던 시인이었다. 그의 작품은 모든 수도원의 도서관에 소장되어 있었다. 문예부흥기에도 같은 별명을 얻었는데, 루터는 그를 일컬어 '가장 그리스도인다운 시인'이라 했다.

X. 서방의 영광, 아프리카인 아우구스티누스(354~430년)

아우구스티누스는 로마화한 아프리카가 낳은 최후의 위대한 라틴어 저술가다. 그를 보노라면 당대의 모든 보화가 한 사람 안에 모조리 다 모여있는 듯한 느낌이 든다. 아우구스티누스의 생애는 로마제국 말기의 역사와 밀접하게 엮여 있는데, 그 역사는 묵시적 색채를 띠고 있다. 아우구스티누스는 로마 몰락을 목격하며 반달족에게 포위된 도시 히포에서 삶을 마감했다.

아우구스티누스는 북아프리카 남부지방 타가스테(지금의 알제리)에서 태어났다. 중산층이었던 아버지는 이교인이었고, 어머니 모니카 Monica는 신실한 그리스도교 신자였다. 어릴 때 타가스테에서 초등 교육을 마치고, 마다우라에서 공부를 계속하다가, 한 독지가의 도움으로 북아프리카의 수도 카르타고에서 유학 생활을 하게 된다. 바로 이곳에서 아우구스티누스는 부끄러운 사랑을 꽃피운다.

아버지가 돌아가시자 그는 고향에 돌아가서 가족들의 생계를 돌보아야 했다. 처음에는 카르타고에서 가르치다가 나중에는 로마에서도 가르쳤고, 마지막으로 암브로시우스가 주교로 있던 밀라노에서 가르쳤다. 밀라노에서 아우구스티누스는 회심하여 세례를 받았다(387년 4월 23일). 이 사연들은 그의 작품 『고백록』Confessiones에 잘 그려져 있다.

세례받은 직후 어머니 모니카가 로마 근교의 오스티아 항구에서 세상을 떠나자 아우구스티누스는 타가스테에서 수행의 삶을 살기 위해 몇몇 친구들과 아들 아데오다투스Adeodatus와 함께 이탈리아를 완전히 떠난다. 그는 타가스테에서 수행과 공부에 전념하면서 하느님의 표징을 기다리고 있었으나 그것은 자신이 기대했던 것과는 정반대의 모습으로 다가왔다.

집어서 읽어라Tolle lege

"주님, 당신께서는 언제까지나? 주님, 언제까지나 마냥 진노하시렵니까? 저희의 옛 죄악을 기억하지 마시옵소서." 저는 그 죄들에 묶여 있는 것만 같아 애처로운 목소리로 부르짖었습니다. "언제까지, 언제까지? 내일 또 내일이옵니까? 왜 지금은 아니옵니까? 어찌하여 저의 더러움이 지금 당장 끝나지 않나이까?"

이런 말을 하며 제 마음은 부서져 슬피 울고 있었습니다. 그때 이웃집에서 들려오는 소리를 들었습니다. 남자아이인지 여자아이인지 알 수는 없으나 반복하여 이렇게 노래하는 것이었습니다. "집어서 읽어라, 집어서 읽어라." 금세 저는 낯빛이 변하여 곰곰이 생각하기 시작했습니다. 어린이들의 무슨 놀이에 저런 노래를 부르는지 생각해 보았지만, 어디에서도 들어본 기억이 전혀 없었습니다. 저는 울음을 뚝 그치고 일어섰습니다. 이는 하늘이 저에게 명하시는 것으로서, 성서를 펼쳐서 눈에 띄는 첫 대목을 읽으라는 것으로 알아들었습니다. 안토니우스가 복음을 읽다가 우연히 "네가 완전한 사람이 되려거든 가서 너의 재산을 다 팔아 가난한 사람들에게 나누어주어라. 그러면 하늘에서 보화를 얻게 될 것이다. 그러니 내가 시키는 대로 하고 나서 나를 따라오너라"(마태 19:21)라는 권고를 읽고서는, 이를 자신에게 하시는 말씀으로 알아듣고는 이 말씀에 따라 곧장 당신께 돌아섰다고 들었습니다. 그래서 저도 부리나케 알리피우스가 앉아있던 곳으로 돌아갔습니다. 아까 제가 일어나 왔을 때 거기에 사도의 책(바울 서신)을 두고 왔기 때문이었습니다. 침묵 중에 집어서 펼쳐 읽으니, 제 눈에 들어온 첫 구절은 이러하였습니다. "진탕 먹고 마시고 취하거나 음행과 방종에 빠지거나 분쟁과 시기를 일삼거나 하지 말고 언제나 대낮으로 생각하고 단정하게 살아갑시다. 주 예수 그리스도로 온몸을 무장하십시오. 그리고 육체의 정욕을 만족시키려는 생각은 아예 하지 마십시오."(로마 13:13~14) 더 읽고 싶지도 않았고 그럴 필요도 없었습니다. 이 말씀을 읽자마자, 제 마음엔 평화의 빛이 퍼지고, 온갖 의심의 어둠이 스러져버렸습니다.

아우구스티누스, 『고백록』Confessiones, 8,12,28~29.

1. 히포의 주교 아우구스티누스

히포를 방문한 아우구스티누스는 갑작스레 사제로 서품된다. 그는 이 직무를 준비하기 위해 일 년 동안 유예 기간을 얻었다. 396년부터 연로한 선임 주교 발레리우스Valerius를 이어 북아프리카의 두 번째 교구인 히포의 주교가 되어 죽을 때까지 거기서 봉사한다.

그의 활동과 저술은 떼려야 뗄 수 없을 만큼 밀접하게 연결되어

있다. 아우구스티누스는 서서히 서방 그리스도교에서 가장 신뢰를
주는 권위자요 교회의 양심으로 인정받게 된다.

2. 신학 논쟁

아우구스티누스는 성전을 짓는 사람처럼 때로는 흙손으로 다독거
리고 때로는 칼로 베어내면서 작업한다. 세 가지 논쟁이 북아프리카
를 뒤흔들고 있었는데, 그것은 마니교 논쟁, 도나투스Donatus 논쟁, 펠
라기우스Pelagius 논쟁이다.

마니교 논쟁

아우구스티누스는 한동안 마니교에 빠져 있었다. 영지주의에서
많은 영향을 받은 마니교는 극단적인 이원론을 주장했다. 이 세상에
는 선의 원리와 악의 원리가 서로 맞서 있으며, 이 세상은 다름 아닌
선과 악의 잔인한 싸움터라는 것이 그들의 교리였다. 이것은 "악이란
과연 어디에서 오는가?"Unde malum?라는 문제에 답하려는 시도였다. 아
우구스티누스는 풀리지 않는 이 수수께끼의 답을 찾을 수 있을까 하
여 9년 동안이나 마니교도로 지냈다. 그러나 암브로시우스 주교와 신
플라톤주의 철학 덕분에 마니교와 결별했다.

도나투스 논쟁

아우구스티누스가 주교직에 있는 동안 도나투스파는 늘 눈엣가시

였다. 키프리아누스 이후로 교회의 분열은 몹쓸 병처럼 악화되어 갔
다. 디오클레티아누스 황제의 박해가 끝나자 카이킬리아누스가 카
르타고의 주교로 서둘러 선출되지만, 이미 또 다른 후보 마요리누스
Maiorinus를 점찍어 두고 있던 누미디아 지방 주교들의 심한 반대에 부
딪힌다. 결국 마요리누스는 카르타고의 대립 주교가 되고 도나투스
가 그 뒤를 이었다. 그리하여 도나투스 열교裂敎, schisma는 카르타고에
서 시작하여 아프리카 전체에 퍼져 나갔다.

도나투스파는 자신들의 교회를 '거룩하고 순결한 교회'이며 '순교
자들의 교회'라고 주장했고, 보편교회는 배교자들의 죄로 말미암아
더럽혀진 '죄인들의 교회'라고 여겼다. 히포도 두 개의 공동체, 두 개
의 교회, 두 주교로 찢어져 있었다. 아우구스티누스가 히포의 주교가
되었을 때 도나투스파는 보편교회보다 신자가 더 많았고, 신자들의
삶을 힘들게 했다. 예를 들면, 도나투스파의 빵 가게에서는 보편교회
의 신자들에게 빵을 팔지 않았다. 이러한 긴장 관계에 폭력도 더해지
는데 아우구스티누스는 함정에 빠져서 죽을 뻔하기도 했다. 두 교회
의 싸움에 정치적이고 사회적인 요소가 끼어들었던 것이다.

20여 년 동안 아우구스티누스는 논쟁과 저술에 온 힘을 다하였고,
설교를 통해 쉴 새 없이 일치를 호소했다. 결국 411년 로마 권력에 의
해서 카르타고에서 교회회의가 소집되는데, 황제의 대리인이 주재한
이 교회회의에서 286명의 보편교회 주교들과 279명의 도나투스파 주
교들이 만났다. 회의에서 보편교회의 승리가 확인되었고 도나투스
열교는 막을 내렸다.

펠라기우스 논쟁

아우구스티누스는 생애의 마지막 20년 동안 펠라기우스 논쟁에 몰두한다. 펠라기우스는 아일랜드에서 로마로 건너온 금욕적인 수도 자였다. 그는 느슨해진 그리스도인들의 생활 방식에 격렬하게 반발하여, 인간의 자유 의지를 강조함으로써 은총의 역할을 최소화하였다. "위대하고도 치밀한 정신을 지닌" 로마의 법률가 켈레스티우스Celetius와 에클라눔의 주교 율리아누스Julian of Eclanum는 펠라기우스 수도 승을 도와 아우구스티누스의 사상에 맞서는 교설을 아프리카와 동방에 퍼뜨린다.

깊은 영적 체험을 통해 자신의 회심이 하느님 은총의 승리라고 느끼고 있던 아우구스티누스에게 펠라기우스의 주장은 큰 충격이었다. 아우구스티누스는 20년 동안 인간의 탐욕concupiscentia과 홀로 내버려진 인간의 비참miseria, 예정praedestinatio과 은총gratia 교리를 설명하기 위하여 수많은 작품을 저술했다.

그렇다고 아우구스티누스가 논쟁에만 매달렸던 것은 아니다. 아우구스티누스 주교로서 자신의 나날을 히포 공동체를 위해서 바쳤으며, 무엇보다도 신앙 교육에 많은 정성을 기울였다. 하느님의 말씀을 가르치는 일은 그에게 가장 중요한 임무였다. 아우구스티누스는 설교가로서 비할 데 없이 타고난 재능을 지니고 있었다. 그의 설교는 열정적이었고 사람들의 마음을 끌어당기는 힘을 지니고 있었으며, 그 표현은 경쾌하기 그지없었다. 그는 수사학적 기교에도 능했지만 무엇보다도 사람들의 마음을 잘 알고 있었다.

아우구스티누스는 성서 가운데 특별히 시편과 요한복음에 관해 즐겨 설교했는데 『시편 상해』Enarrationes in psalmos와 『요한복음 강해』In Ioannis Evangelium tractatus는 오늘날까지 전해진다. 현재 500여 개의 설교가 남아 있는데, 이것은 아우구스티누스가 저술한 설교 가운데 십분의 일에 지나지 않는다고 한다. 전례력과 축일 설교를 통해서도 신앙 진리를 발전시켜 나갔는데, 대중적 사고에 맞추어 설교하면서도 결코 얄팍한 도덕주의로 끝나는 법이 없었다.

타고난 교육자였던 아우구스티누스는 『입문자 교리 교육』De catechizandis rudibus을 통해 교리 교육의 토대를 마련했는데, 이 책은 교리교사들의 양성 지침서가 되었다. 그의 작품 『그리스도교 교양』De doctrina christiana에서는 오늘날 우리가 설교학이라고 부르는 학문의 원리를 세운다.

아우구스티누스의 모든 작품 가운데 설교는 두말할 나위 없이 가장 생동적인 부분이다. 아우구스티누스 설교집에 모아진 그의 설교들은 모든 세기에 걸쳐서 신자들의 신앙생활과 수도승과 사제들의 그리스도교 삶을 키워냈다. "여러분을 위하여 저는 주교이지만, 여러분과 함께 저는 그리스도인입니다"Vobis enim sum episcopus, Vobiscum sum christianus (『설교』, 340,1)라는 말보다 자기 백성들과의 연대를 더 잘 표현하고 있는 말은 없다.

당신을 향하도록 우리를 만드셨으니, 당신 안에서 쉬기까지는 우리 마음이 불안합니다

1,1,1. 주님, 당신께서는 위대하시고, 크게 찬양받으실 분이십니다(시편 144:3). 당신의 권능은 크고 당신의 지혜는 헤아릴 길 없습니다(시편 146:5). 당신 피조물의 한 조각인 인간이 당신을 찬미하려 합니다. 제 죽을 운명을 짊어지고 다니는 인간, 자기 죄의 증거와 교만한 자들을 물리치신다는 증거를 짊어지고 다니는 인간이옵니다. 그럼에도 당신 피조물의 한 조각인 인간이 당신을 찬미하기 원하옵니다. 임께서는 당신 찬미를 즐기라 재촉하시고, 당신을 향하도록 우리를 만드셨으니, 당신 안에서 쉬기까지는 우리 마음이 불안합니다. 주님 제가 당신을 부르는 것이 먼저인지 아니면 찬미하는 것이 먼저인지, 또 당신을 아는 것이 먼저인지 아니면 부르는 것이 먼저인지 알아듣고 이해하게 하여 주십시오. 누가 당신을 모르면서 부르겠습니까? 모르는 자는 이것을 일컬어 저것이라 부를 수도 있기 때문입니다. 그렇다면 저희가 당신을 알아 뵙기 위해서 먼저 불러야 한다는 것입니까? "믿지 않는 분의 이름을 어떻게 부를 수 있겠습니까? … 말씀을 전해 주는 사람이 없으면 어떻게 들을 수 있겠습니까?(로마 10:14)" "그분을 찾는 이들은 주님을 찬양할 것입니다(시편 21:27)." 찾는 자는 그분을 만나고, 만나는 자는 그분을 찬미할 것입니다. 주님, 저는 당신을 부르며 당신을 찾고, 당신을 믿으며 당신을 부르옵니다. 그리하여 당신은 저희에게 선포되시나이다. 주님, 저에게 주신 믿음, 당신 아드님의 인성과 당신 설교자들의 직무를 통하여 제게 불어넣으신 믿음이 당신을 부르옵니

다. …

1,5,5. 누가 저를 당신 안에 쉬게 하겠습니까? 그 누가 당신을 제 마음에 모시어 마음 흠뻑 취하게 하겠습니까? 그때에는 내 모든 죄를 잊고서 나의 유일한 선이신 당신을 얼싸안으렵니다. 당신은 제게 무엇이옵니까? 이렇게 말씀드리는 저에게 자비를 베푸소서. 제가 당신께 무엇이기에 저 같은 것이 당신을 사랑하라 명하시고, 제가 그리 행하지 아니하면 제게 진노하시며 제가 아주 비참해지리라 으르십니까? 제가 당신을 사랑하지 않는 것이 작은 비참이라도 된다는 말씀입니까? 저에게 말씀해 주십시오! 나의 주 하느님, 당신 자비를 베푸시어, 당신께서 제게 무엇인지 말씀해 주십시오. "'나는 너의 구원이다'하고 제 영혼에게 말씀하소서(시편 34:3)." 제가 들을 수 있도록 말씀해 주십시오. 주님, 제 마음의 귀가 당신 앞에 있사오니, 이 귀를 열어주시어 "'나는 너의 구원이다'하고 제 영혼에게 말씀하소서". 이 소리를 좇아 달려가 당신을 얼싸안으렵니다. 당신 얼굴 저에게서 감추지 마십시오. 죽지 않기 위해서, 차라리 그 얼굴을 뵙고 죽겠습니다.

1,5,6. 당신께서 오시기에 제 영혼의 집이 너무 좁습니다. 당신께서 넓혀 주십시오. 무너져 가오니 고쳐주십시오. 당신 눈에 거슬리는 것들이 있습니다. 그러나 누가 이 집을 깨끗이 해 주겠습니까? "주님, 저의 숨겨진 잘못과 남들의 잘못에서 저를 깨끗이 해 주시고 당신 종을 용서하소서"라고 당신 말고 다른 누구에게 부르짖겠습니까?(시편 19:13~14) 믿나이다. 그래서 말씀드립니다. 주님, 당신께서는 아십니

다. "나의 하느님, 저를 거슬러 제 죄악을 당신께 고백하였더니, 당신께서는 제 마음의 불경을 용서해 주지 않으셨습니까?(시편 31:5)" 진리이신 당신과 시비를 가리려 하지 않습니다. 내 죄악이 스스로 거짓말을 하여 나 자신을 속이게 하고 싶지 않기 때문입니다. "주님, 당신께서 죄악을 살피신다면, 주님, 누가 감당하겠습니까?(시편 129:3)" 그러하오니 저는 당신과 시비를 가리려 하지 않습니다.

아우구스티누스, 『고백록』Confessiones, 1,1,1, 1,5,5, 1,5,6.

저는 가난한 아우구스티누스입니다

외투나 털옷을 선물하려거든 공동의 몫으로 주십시오. 받을 때도 공동의 몫으로 받으십시오. 제가 지닌 모든 것을 공동소유로 받기를 원했다는 것을 저는 알고 있습니다. 저를 다른 사람들보다 돋보이게 하는 그런 선물을 여러분에게 받고 싶지 않습니다. 예를 들어서 제가 값비싼 외투를 선물로 받았다고 합시다. 혹시 주교에게는 어울릴지 몰라도 가난한 민중 가운데 태어난 가난한 인간 아우구스티누스에게는 어울리지 않습니다. 내 고향 집에서는 입어 볼 수도 없었고, 제가 세속에서 가지고 있던 직업으로는 얻을 수 없었을 그런 값비싼 옷을 제가 걸치고 있다고 사람들은 당장 수군거릴 것입니다. 저에게는 어울리지 않습니다. 저는 옷 한 벌을 가져야 하는데, 그 옷은 바로 옷이 없는 제 형제에게 줄 옷입니다. 사제들이 가져도 괜찮고, 부제나 차부제들이 분수에 맞게 걸칠 수 있는 그런 옷을 받고 싶습니다. 저는 공동의 몫으로 받기 때문입니다. 저에게 좋은 옷을 주면 저는 그 옷을 팔아 버립니다. 값비싼 옷은 공동소유로 할 수 없지만, 옷을 팔아서 생긴 돈은 공동으로 소유할 수 있으며, 가난한 사람들에게 줄 수 있기 때문입니다. 저는 이런 일에 익숙합니다.

아우구스티누스, 『설교』Sermones, 356,13.

3. 아우구스티누스의 저술

아우구스티누스의 크고 작은 작품들은 100여 개가 넘는데, 그 가운데서도 끊임없이 필사되었고 지금도 편집 출판되는 작품 세 개를 꼽자면 『고백록』Confessiones, 『삼위일체론』De Trinitate, 『신국론』De civitate Dei 이다. 이 세 작품은 겉보기에는 매우 다르나 하나같이 아우구스티누스의 천재성을 보여준다.

『고백록』(397~401년)

고대에서 가장 인간적이고 가장 새롭고 가장 감동적인 자서전이다. 자기 자랑이나 자기 합리화를 늘어놓지 않고, 시편에서 따온 제목이 말해 주는 대로 하느님을 기리고 죄를 고백한다.

고백한다는 것은 바로 하느님을 찬미하고
자신의 죄를 아파하는 것이다.

이 작품은 자신의 지나온 삶에 관한 이야기라기보다는 하나의 기도이며 찬미다. 이 작품에서 아우구스티누스의 파란만장한 청춘의 비밀을 캐내려는 시도는 헛일이다. 『고백록』은 자신의 삶을 감싸 주신 하느님을 향한 불타는 노래여서 이 작품을 읽을 때마다 우리 가슴은 설렌다.

늦게야 임을 사랑했나이다.
이렇듯 오랜, 이렇듯 새로운 아름다움이시여
늦게야 임을 사랑했나이다!
임께서는 제 안에 계셨거늘
저는 밖에 있었고
밖에서 임을 찾으며
임께서 만드신 아름다운 피조물 속에
일그러진 저를 내던졌나이다.
임께서는 저와 함께 계셨지만
저는 임과 함께 있지 아니하였습니다.
당신 안이 아니면 존재할 수조차 없는 것들이
임 멀리서 저를 붙들고 있었나이다.
임께서는 부르시고 외치시어
제 귀먹음을 고치셨고
비추시고 밝히시어
제 눈멂을 쫓으셨나이다.

임께서 향기를 피우시니

숨 쉴 때마다 임 그리워하고

임을 맛보았기에

배고프고 목마르며

임께서 저를 어루만져 주셨기에

임의 평화를 열망하나이다. (『고백록』, 10,27,38)

『삼위일체론』(388~419년)

오랜 묵상으로 무르익은 작품인데, 한때 중단되었다가 다시 작업한 것이다. 이 책은 『고백록』을 반영하고 있으며, 신학과 신비주의의 경계에 자리 잡고 있다. 아우구스티누스 스스로 고백하는 대로 『삼위일체론』은 "원기 왕성한 나이에 시작해서 늙어서야 그 끝을 보았다".

아우구스티누스는 『삼위일체론』에서 힐라리우스만큼 아리우스 논쟁에 마음을 쓰지는 않았다. 아프리카에서는 아리우스 논쟁이 그렇게 문제 되지 않았기 때문이다. 아우구스티누스의 목표는 건설적인 것이었다. 『삼위일체론』의 첫 일곱 권은 삼위일체 교리를 상당히 무미건조하게 소개한다. 그러나 제8권부터 어조가 바뀌어 피조물 안에서, 그리고 인간의 삼위일체적 구조 안에서까지 하느님의 발자취를 찾아 나선다. 인간은 시작이며 끝이신 하느님의 동력을 자신 안에 담고 있다. 천지창조 이래 우리 안에 있는 하느님의 형상이 변형되기는 했으나 상실되지는 않았다. 피조물은 은총으로 인해 새로워져서 "내가 두드리고 있는 아직 잠긴 마지막 문을 하느님께서 여실 때" 행복

속에 완성된다(『삼위일체론』, 15,51).

힘자라는 데까지
임께서 허락하신 힘 자라는 데까지
임이 누구신지 저는 물었습니다.
믿는 바를 이치로 알고 싶어서
따지고 따지느라 애썼습니다

임이시여, 저의 주님이시여
제게는 둘도 없는 희망이시여
제 간청을 들어 주소서
임을 두고 묻는 데 지치지 않게 하소서
임의 모습 찾고자 늘 몸 달게 하소서

임을 두고 물을 힘을 주소서
임을 알아뵙게 하신 임이옵기에
갈수록 더욱 알아뵙게 되리라는
희망을 주신 임이옵기에

임 앞에 제 강함이 있사오니
임 앞에 제 약함이 있사오니
강함은 지켜 주소서

약함은 거들어 주소서.

임 앞에 제 앎이 있사오니
임 앞에 제 모름이 있사오니
임께서 열어주신 곳에
제가 들어가거든 맞아주소서.
임께서 닫아거신 곳에
제가 두드리거든 열어주소서

임을 생각하고 싶습니다.
임을 이해하고 싶습니다.
임을 사랑하고 싶습니다.
이 모든 염원을 제 안에 키워 주소서
임께서 저를 고쳐 놓으실 때까지
고쳐서 완성하실 때까지 (『삼위일체론』, 15,28,51)

『신국론』(413~427년)

필사본은 현재 400여 개 이상을 헤아린다. 이 작품은 모든 역사의
전환점에서 세상 사람들로 하여금 끊임없이 지난 역사를 되돌아보게
했다. 『신국론』은 첫 장부터 로마의 함락이라는 주제로 시작하는데,
이것은 확실히 로마의 멸망을 눈앞에 둔 묵시적 시대에 어울리는 주
제다. 그러나 작품이 전개될수록 조금씩 보편적 역사를 신학으로 읽

는 차원까지 나아간다.

아우구스티누스는 이 작품을 다듬는 데 14년 동안 매달렸다. 그 짜임새가 종종 느슨한 것도 바로 이러한 까닭이다. 본론에서 벗어난 이야기도 수없이 많다. 게다가 제목마저도 시편 86편 3절에서 따온 것이다.

『신국론』의 주제는 다음과 같이 함축적인 형식으로 요약된다.

> 두 사랑이 두 도성을 이루었다.
> 하느님을 멸시하기에 이르는 자기 사랑amor sui이
> 지상 도성을 만들었고,
> 자기를 멸시하기에 이르는 하느님 사랑amor Dei이
> 천상 도성을 만들었다. (『신국론』, 14,28)

서로 뒤엉켜 있는 주제들 속에서 지상 도성과 천상 도성이 명확하게 드러나는데, 두 도성은 교회와 국가, 하느님 백성과 불경한 족속들로 이루어진 구체적인 현실을 일컫는다. 핵심 주제는 더 조화로워지고 풍부해져서 세상과 역사의 차원으로 확장된다.

> 불경한 자들과 거룩한 자들의 두 도성은 인류의 시작부터 세상 끝까
> 지 그 여정을 계속해 나간다.

지상 도성은 천상 도성의 예형이며 지상 순례자들을 위하여 현세

의 지평선에 걸쳐진 천상 도시의 그림자에 지나지 않는다. 아우구스
티누스는 말한다.

> 여러분 고향의 사랑 노래를 부르십시오. 새로운 발걸음, 새로운 나
> 그네, 새로운 노래!

이미 『독백』Soliloquia에서 아우구스티누스는 다음과 같이 적고 있다.

> 나는 하느님과 영혼을 알고 싶다. 더 이상 아무것도 없는가? 전혀,
> 아무것도 없다. (『독백』, 1,2,7)

풀릴 수 없는 매듭으로 엮인 하느님과 영혼이라는 두 가지 문제는 아
우구스티누스에게 언제나 근본적인 문제였다. 그에게 성서는 모든
것을 알아낼 수 있게 하는 열쇠이며, 전혀 예기치 못한 화음을 연주
할 수 있는 악기이기에, 그는 성서의 리듬과 숨결마저도 모방하고자
한다.

　아프리카 신학자 아우구스티누스의 창조력과 정신은 이미 저물어
가는 한 문화를 새롭게 하는 데 그치지 않는다. 그의 투명한 쇄신 작
업은 새로운 문명과 중세 문화를 향한 길을 활짝 열어 놓았다.

사랑하라, 그리고 원하는 대로 하라!

Dilige et quod vis fac!

그대는 단 한 가지 짧막한 계명을 받았습니다.

사랑하십시오. 그리고 원하는 대로 하십시오.

침묵하려거든 사랑으로 침묵하십시오.

외치려거든 사랑으로 외치십시오.

바로잡아 주려거든 사랑으로 바로잡아 주십시오.

용서하려거든 사랑으로 용서하십시오.

마음 깊은 곳에 사랑의 뿌리를 내리십시오.

이 뿌리에서는 선한 것 말고는 그 무엇도 나올 수 없습니다.

아우구스티누스, 『요한 서간 강해』Tractatus in epistulam Ioannis ad Parthos, 7,8.

(분도출판사)

아우구스티누스 규칙서

1, 1. 수도원 안에 살고 있는 너희가 지키도록 우리가 정한 규정들은
이러하다. 2. 너희가 하나로 모여 있는 첫째 목적은 한집안에서 화목
하게 살며, 하느님 안에서 한마음과 한뜻이 되는 것이다.

3. 너희는 아무것도 자기 것이라 말하지 말고 모든 것을 너희의 공유

로 할 것이다. 그리고 너희 원장이 너희 각자에게 음식과 의복을 나누어 주겠지만, 모든 이가 똑같은 건강을 갖고 있지 않으므로 모두에게 똑같이 하지 않고 각자에게 필요한 만큼 나누어 줄 것이다. 사실 너희가 사도행전에서 읽는 바와 같이 " … 모든 것을 공동 소유하였다. … 저마다 필요한 만큼 나누어 받곤 하였다"(사도 4:32.35). 4. 세속에서 재산을 갖고 있던 자는 수도원에 입회할 때 그 재산을 공동소유로 할 것을 기꺼이 원해야 한다. 5. 아무것도 가지고 있지 않던 자는 밖에서 가질 수 없었던 것을 수도원에서 얻으려 하지 말 것이다. 그러나 밖에 있을 때 가난하여 필요한 것을 구할 수 없었던 사람이라 하더라도 병 치료에 요긴한 것은 받을 수 있다. 그러나 밖에서 얻을 수 없었던 음식과 의복을 이제 얻게 되었다는 바로 그 이유만으로 자신이 행복하다고 생각해서는 안 된다. 6. 밖에서 감히 가까이 대할 수 없었던 사람들과 함께 살게 되었다고 해서 머리를 쳐들지 말고 오히려 마음을 드높여 지상의 헛된 것들을 추구하지 말아야 한다. 부자들은 겸손해지는 반면 가난한 자들이 교만해진다면, 수도원이 부자들에게는 유익한 곳이 되고 가난한 이들에게는 그렇지 못한 곳이 될 것이다. 7. 그러나 한편 세속에서 행세하던 자들은 가난한 집안에서 이 거룩한 공동체에 입회한 자기 형제들을 불쾌하게 대하지 말아야 한다. 이들은 부유한 부모의 지위를 자랑하기보다 오히려 가난한 형제들과 함께 사는 것을 자랑스럽게 여기도록 힘쓸 것이다. 자기 재산의 일부를 공동체의 생활을 위해 기증했다고 해서 교만해지면 안 되며, 세속에 남아 재산을 향유하며 살았을 경우보다 그 재산을 수도원에 기부했기 때문에 더 교만해지는 일이 없어야 한다. 다른 모든 악습은 악한 짓들을 행하도록 하지만, 교만은 착한 행위까지도 손상시켜 없애 버린다. 재산을 처분하여 가난한 사람들에게 다 나누어 줌으로써 가난한 자가 되었다 하더라도, 그 영혼이 재산을 소유하고 있었을 때보다 오히려 그 부귀를 경멸하면서 불쌍하게도 더 교만해진다면 그에게 무슨 유익이 있겠는가? 8. 그러므로 너희 모두는 한마음으로 화목하게 살며, 너희는 하느님의 성전이니 너희 안에 계시는 하느님을 서로 공경할 것이다.

아우구스티누스, 『아우구스티누스 규칙서』Regula, 1,1~8. (분도출판사)

아우구스티누스 전기

31. 9. 사실 진리의 빛 안에서 확인되듯이, 아우구스티누스의 저술은 그분이 하느님 마음에 드는 소중한 주교였으며, 보편교회의 믿음과 희망과 사랑 안에서 올바르고 온전하게 사셨다는 것을 드러내 준다. 그분의 거룩한 작품을 읽음으로써 은혜를 받는 사람이라면 누구나 이 사실을 알게 된다. 그러나 그분께서 교회에서 말씀하시는 것을 직접 듣고, 직접 뵐 수 있었던 사람들, 특히 그분께서 민중 속에서 살아가는 방식을 알았던 사람들이야말로 훨씬 더 많은 은혜를 받은 사람이라고 나는 생각한다. 10. 그분은 하늘나라의 보물에서 새것도 꺼내고 옛것도 꺼내는 박학한 율사요(마태 13:52), 값진 진주를 발견한 다음 가진 것을 팔아 그것을 산 상인(마태 13:44~46)이었을 뿐 아니라, "여

러분은 이렇게 말하고 이렇게 행동하십시오."(야고 2:12)라는 말씀도 바로 그분을 위해서 쓰인 것이었다. 구세주께서도 이런 분을 가리켜 "그렇게 행하고 가르치는 이는 하늘나라에서 큰 사람이라고 불릴 것이다"(마태 5:19)라고 말씀하셨다. 11. 여러분의 사랑을 간절히 청하나니, 이 글을 읽는 여러분은 나와 함께 전능하신 하느님께 감사드리고, 주님을 찬미해 주시기를. 하느님께서 나에게 지혜를 주시어, 가까이 사는 사람들이나 멀리 사는 사람들, 지금 살아 있는 사람들이나 장차 태어날 사람들이 알 수 있도록 이러한 정보를 전하려는 열망과 전해 줄 수 있는 능력을 주셨기 때문이다. 하느님의 선물로 말미암아 아우구스티누스와 함께 거의 40년 동안 따스하고 살가운 정으로 어떤 마찰도 없이 살아온 내가, 이승의 삶에서는 그분을 본받고 닮으며, 미래의 삶에서는 그분과 함께 전능하신 하느님께서 약속하신 바를 누릴 수 있도록 나와 함께 그리고 나를 위해 기도해 주시기를 청한다.

포시디우스, 『아우구스티누스의 생애』 Vita Augustini, 31,9~11. (분도출판사)

4~5세기 연대표

정치적 사건	연도	교회 역사	동방 교부	서방 교부
콘스탄티누스 서방 황제 즉위	312년		에우세비우스, 카이사레아 주교로 승좌	
	314년	아를 교회회의		
	325년	니케아 공의회		
콘스탄티노플 세워짐	330	아타나시우스, 알렉산드리아 주교로 승좌(329)		
	335년	아리우스가 세상을 떠남		
콘스탄티누스 단독황제 즉위	339년	페르시아가 그리스도 교인들을 박해	암브로시우스 출생 (340)	
프랑크족의 로마 침공	346년	파코미우스의 공주수도승 규칙 제정	키릴루스, 예루살렘 주교로 승좌	힐라리우스, 푸와티에 주교로 승좌
게르만족과 색슨족의 로마 침공(355)	356년	은수자 안토니우스 세상을 떠남		
	366년	교황 다마수스 승좌		
	368년			힐라리우스 세상을 떠남
	370년		바실리우스, 카이사레아 주교로 승좌	에프렘 세상을 떠남
	374년			암브로시우스 주교로 승좌
그라티아누스 황제(~383), 발렌티니아누스 2세(~392) 서방 공동황제 즉위	375년	프리실리아누스주의 이단 출현	에피파니우스, 살라미스 주교로 승좌	
테오도시우스 동방 황제 즉위	379년			
	381년			히에로니무스, 로마에서 네 복음서의 라틴어 본문 수정 작업
	384년			아우구스티누스 세례 받음(386)
발렌티니아누스 2세가 아르보가스트Arbogast에게 살해당함(392)	390년		나지안주스의 그레고리우스 세상을 떠남	파울리누스, 놀라에 정착
	393년			
테오도시우스 황제 사망	395년		대 그레고리우스 교황 세상을 떠남(394)	아우구스티누스, 히포 주교로 승좌

정치적 사건	연도	교회 역사	동방 교부	서방 교부
	398년		크리소스토무스 콘스탄티노플 주교로 승좌	
	405년			프루덴티우스 세상을 떠남
반달족의 라인강 도강	409년			빈켄티우스, 레렝스에 정착
로마 멸망	410년			
히포가 반달족에게 포위됨	430년			
	431년	에페소 공의회		
반달족 왕 게이세리쿠스가 카르타고를 차지	439년	교황 레오 승좌		
	451년	칼케돈 공의회		프로스페르, 로마에서 활동
서방의 마지막 황제 폐위	476년			
	496년			로마누스 출생

제4장

비잔티움 문화와 중세를 향하여

※ 비잔티움 문화와 중세를 향하여

외적들의 침략과 로마의 함락, 제국의 몰락과 함께 하나의 세계가 저물었다. 이 변화는 둘로 나누어져 있던 동방과 서방의 판도를 바꾸어 놓았다. 격동 가운데 교회는 자신의 복음화 사명과 교회의 주체성을 더욱 뚜렷이 깨닫게 되었다. 그 의식의 변화를 살펴보고자 한다면 마르세유의 살비아누스*Salvianus*를 암브로시우스나 히에로니무스와 비교해 보는 것으로도 넉넉할 것이다.

동방과 서방 사이에 팬 골은 이미 메울 수 없는 듯했다. 서방 제국은 외적들의 압력에 무너져 내렸다. 이와 반대로 동방 그리스도교는 황금기를 누렸다. 동방교회는 아프리카의 점령자로 처신했으며, 라벤나를 거점 삼아 어디에서나 그리스도교 수호자를 자처했다. 동방교회에는 승리의 시대가 열렸으며 이는 1453년 새로운 로마인 콘스탄티노플이 무너질 때까지 지속된다.

두 조각 난 로마제국의 대립은, 이미 문화적으로나 종교적으로 서로 다른 방식으로 살아가던 그리스도인들의 일치에 타격을 입혔다. 이제 신학 논쟁은 그 논쟁이 일어난 지역만의 관심거리일 따름이었다. 아리우스 논쟁과 네스토리우스 논쟁은 서방교회에서 어떠한 반향도 불러일으키지 못했다. 이것은 북아프리카에서 일어난 펠라기우스 논쟁에 동방교회가 무관심했던 것과 마찬가지다. 교부시대는 동방 비잔티움 문화 속에 살아남게 되고, 아우구스티누스는 중세의 선구자가 된다.

동방과 서방 저술가들이 얼마나 서로 다른 문화 환경 속에서 숨 쉬고 있었는지를 살펴보고자 한다면, 당시 마지막 저술가들을 비교해 보는 것으로도 충분하다.

동방교회와 서방교회는 서로 다른 시기에 교부 시대를 마감했다. 라틴 교부들 가운데 마지막 교부를 대 그레고리우스Gregorius Magnus(✝604년)로 보기도 하고, 세비야의 이시도루스(✝636년)로 보기도 한다. 동방에서는 비록 교부들의 영향이 비잔티움 문화가 끝나는 시기까지 계속되기는 하지만, 알렉산드리아의 키릴루스(✝444년)로 교부 시대가 끝났다고 여기며, 더 일반적으로는 다마스쿠스의 요한Iohannes(✝749년경)을 마지막 교부로 보기도 한다.

I. 서방 라틴 교회

외적의 침입은 교회의 정체성과 교회의 단결, 일치를 깨어 버리면서 정치, 문화 분야에서 서방교회를 괴롭혔다. 이러한 혼란 가운데 가장 눈에 띄는 것은 서방 세계가 헬레니즘 뿌리에서 떨어져 나왔다는 것이다. 이것은 이미 아우구스티누스에게서도 드러난다. 그는 그리스어와 그리스 사고에 익숙지 않아 두 그레고리우스(니사의 그레고리우스와 나지안주스의 그레고리우스)를 혼동할 정도였지만, 결과적으로 서방세계가 자기 문화의 독자성을 지니게 해주었다.

서방이 그리스 문화의 뿌리에서 떨어져 나왔을 뿐 아니라, 문학과 신학에서도 지역화 현상은 점점 더 심해졌다. 이는 카롤루스 대제 Carolus Magnus가 새로운 서방 그리스도교 세계를 재건할 때까지 계속되었다. 밀어닥치는 이방인들과 아리우스주의는 교회의 선교 의식을 일깨웠다(마르세유의 살비아누스, 아를의 카이사리우스Caesarius, 대 그레고리우스). 시골에까지 복음이 전해지고, 변두리 본당들이 조직된 것은 눈에 띄는 성과다.

외적들의 침입으로 문화유산이 파괴되었고, 엘리트 지식인 대부분이 뿔뿔이 흩어졌다. 그 결과 공교육 제도가 뒷걸음질 쳤고, 교회와 수도회가 문화 분야에서 그 역할을 대신하게 되었다. 이미 아우구스티누스에게서 엿보이는 '문화의 그리스도교화'christianisatio culturae는 이제 성직자의 특권이자 사명이 되었다.

1. 갈리아 그리스도인들의 활약

서방의 문화 지도를 보면 갈리아는 5세기와 6세기에 대단한 지위를 누리고 있었다. 외적의 침입은 나라를 잿더미로 만들었지만, 그리스도인들은 다시금 자신의 조직을 재정비했다. 그 결과 주교들의 수가 늘어났으며, 특히 르와르 남부 지방에서 크고 작은 교회회의들이 개최되었다. 아를의 주교는 일곱 지방을 다스리는 우두머리 노릇을 했는데, 심지어 로마에까지 영향을 미칠 정도였다.

리귀제, 마르무티에, 루앙, 마르세유, 레렝스의 수도원들은 갈리아 전체에 영향을 미쳤다. 레렝스 섬은 시골과 이교인의 복음화를 위해서 일하게 될 유명한 주교들의 못자리가 되었다. 클로도비스 Clodovis(497/508년)가 랭스에서 세례를 받았을 때, 새로운 콘스탄티누스가 나타나기라도 한 것처럼 떠들썩한 축하를 받았다. 그러나 이것은 동시에 로마 문화romanitas의 종말을 알리는 것이었다.

5세기와 6세기 저술가들의 관심사는 두 가지(수도승 생활과 교회사)였다. 북아프리카는 이미 4세기에 수도승 생활을 알고 있었지만, 투르의 마르티누스(†397년)가 시작한 수도승 생활은 5세기부터 특히 마르세유와 레렝스에서 본격적으로 발전한다. 5세기 갈리아의 유명한 저술가들 가운데 하나인 요한 카시아누스(350~430/435년)는 수도승 생활에서 중요한 역할을 했다.

그는 라틴 문화권인 스키티아 출신이었지만, 그리스어를 완벽하게 구사했다. 요한 카시아누스는 처음에는 팔레스티나에서 오랫동안 살았다. 거기서 공주수도승 생활을 했고, 이집트 수도승 모세Moses

와 파프누티우스Paphnutius를 만났다. 결국 마르세유에 남녀 수도 공동
체 두 개를 세웠다(415~416년). 그의 관심은 동방 수도승 생활을 서방
라틴 토양에 옮겨 심는 일이었다. 즉, 공주수도승 생활에 독수 생활
의 핵심 요소를 통합하는 것이었다. 카시아누스의 저서 두 권은 수도
승 생활의 헌장이 된다. 『제도집』Institutiones은 공주수도승 생활을 위한
일종의 입문서다. 스물네 개의 『담화집』Conlationes은 대화체로 저술되었
는데, 정화의 단계부터 완덕의 단계에 이르기까지 영성생활에 관한
가르침을 모아 둔 것이다. 동방과 서방의 모든 수도 규칙들은 이 두
작품에서 깊은 영감을 받았다. 요한 카시아누스는 특히 베네딕투스
Benedictus와 카시오도루스Cassiodorus에게 결정적인 영향을 주었다.

400년경, 호노라투스Honoratus는 칸느 근처의 레렝스 섬에 수도 공
동체를 세웠다. 레렝스 섬은 론 계곡 전체에서 사목하게 될 주교들의
못자리가 되었으며, 5세기 갈리아 신학 작업의 중심지가 되어 갔다.

특별히 기억해야 할 두 사람은 레렝스의 빈켄티우스와 마르세유
의 살비아누스다. 레렝스의 수도승 빈켄티우스(†450년 이전)를 유명하
게 만든 것은 『회상록』Commonitorium이라는 책이었다. 이 작품은 신학
방법에 관한 논의로서 이단들로부터 참된 신앙을 식별해 내기 위해
쓰인 것이다. 다음과 같은 그의 유명한 명제가 남아 있다.

언제나 어디서나 모든 이가semper, ubique, et ab omnibus 믿어야 할 바를 온
정성을 다해서 보존해야 한다.

귀족 집안 출신인 마르세유의 살비아누스는 트리어에서 태어난 것으로 보인다. 그는 외적의 침략을 겪고 자신의 아내와 함께 갈리아 지중해 지역으로 이주했다. 그러던 어느 날, 그는 가족들을 버리고 레렝스에서 수도승 생활을 시작했고 나중에는 마르세유에 있는 생 빅토르 수도원에서 지냈다. 역사가 겐나디우스Gennadius에 따르면 살비아누스는 대단한 필력을 지닌 저술가였다. 『편지』Epistulae 이외에도 살비아누스의 작품 두 개가 오늘날까지 전해진다. 『교회에게』Ad Ecclesiam는 사제들과 주교들을 포함한 그리스도인들의 탐욕을 문제 삼는 작품이며 『하느님의 다스림』De gubernatione Dei은 유명하지만 논쟁거리가 된 작품이다.

아우구스티누스가 『신국론』에서 그러했듯 살비아누스도 유럽을 휩쓰는 외적들을 지켜보면서 로마제국의 종말을 예감했다. 로마인들과 갈리아인들은 하느님께서 그리스도교 국가인 로마제국을 저버리셨다고 탄식했지만, 살비아누스는 새로운 시대가 온 것이라고 알아들었다.

레렝스는 문화와 복음화의 중심지였다. 에우케리우스Eucherius는 자기 아내와 함께 수도승 생활을 선택하면서 두 아이(살로니우스Salonius, 베라누스Veranus)의 교육을 수도원에 맡긴다. 살로니우스는 나중에 제네바의 주교가 되고, 베라누스는 방스의 주교가 된다. 레렝스 섬에서 양성된 주교들은 훗날 아를(호노라투스, 힐라리우스, 카이사리우스, 베르길리우스Vergilius), 리츠(막시무스, 파우스투스Faustus), 리옹(에우케리우스), 트루아(루푸스Rufus)에서 일하게 된다. 외적들이 침입했을 때 이 주교들은 자신의 도시를 지켰으며 그 대가로 귀양길에 오르기도 했다.

　외적의 침략 시기에 '갈리아의 로마'라고 불리던 아를 시의 주교들 가운데 가장 빼어난 인물은 카이사리우스(470~543년)였다. 그는 교회 규정들을 살피고, 수도승 생활을 정비했으며, 남자 수도회와 여자 수도회를 위해 두 개의 규칙서를 썼다. 카이사리우스는 의심할 나위 없이 갈리아의 유명한 대중 설교가였다. 그가 남긴 238개의 설교들은 종종 발췌되어 아우구스티누스 전집에 끼어들기도 했으며 많은 설교에 활용되었고, 중세 그리스도교를 거쳐 오늘날에 이르기까지 교회에 자양분을 공급하고 있다.

　역사서와 성인 전기는 갈리아에서 꽃핀 또 다른 문학적 관심의 산물이었다. 술피키우스 세베루스Sulpicius Severus(360~420/425년)가 쓴 『투르의 마르티누스의 생애』Vita Martini Turonensis는 『안토니우스의 생애』만큼이나 인기를 끌었고 성인전과 전설의 표본이 되었다. 술피키우스 세베루스는 세상 창조 때부터 400년까지의 『보편 연대기』Chronicorum도 저술했다.

　마르세유의 겐나디우스Gennadius(†495/505년)는 히에로니무스의 『명인록』을 이어서 작업했다. 이 작품은 5세기 문학사에 관한 정보를 담고 있는 광맥이다. 겐나디우스의 작품 가운데 『모든 이단 반박』Adversus omnes haereses은 결론만 남아 『교회 교의』Libri ecclesiasticorum dogmatum라는 이름으로 전해지고 있다.

　프랑스 교부 가운데 투르의 그레고리우스Gregorius(538~594년)는 많은 성인전을 남겼는데, 그의 전기 작품은 역사적 정확성을 추적하기보다는 인물의 생애를 엮어내는 데 관심을 두고 있다. 그레고리우스가 지은 『역사서』Historiarum libri(『프랑크족 교회사』)는 저자의 재담으로 많이 미화되어 있다. 그러나 이 작품은 그가 증언하고 있는 역사적인 사건들을 재구성하는 데 매우 중요하다.

"교의는 발전한다."

23. 누군가 이렇게 말할 수도 있을 것이다. "그리스도의 교회 안에서 그리스도교 교의의 발전은 있을 수 없는 것인가?" 물론 발전해야 한다. 그것도 커다란 발전이. 누가 감히 교의의 발전에 맞설 만큼 인간과 하느님께 적대적일 수 있겠는가! 그러나 발전이란 참으로 믿음을 위한 발전을 일컫는 것이지, 수정을 일컫지는 않는다. 발전이 지닌 특성은 근본에 있어서는 변하지 않으면서도 점점 성장한다는 것이다. 그러나 수정이란 어떤 것이 다른 것으로 바뀌어 버리는 것을 뜻한다. 그러므로 세월의 흐름에 따라 개인으로든 단체로든, 한 인간으로든 교회로든, 지성과 지식과 지혜에서 자라나고 진보해야 한다. 그러나 그 진보는 반드시 다음과 같은 조건 아래 이루어져야 한다. 즉 같은 본성과 같은 가르침, 같은 의미와 같은 사고 속에서 정확하게 이루어져야 한다.

영혼의 종교는 육체가 어떻게 발달하는지 배울 필요가 있다. 육체를 구성하는 요소들은 해가 지날수록 발달하고 자라나지만 그 본질은 언제나 그대로 남아 있다. 꽃 같은 어린 시절과 노년기 사이에는 커다란 차이가 있다. 그럼에도 불구하고 늙은이는 예전에 청년이었던 바로 그 사람이다. 사람의 외모와 걸음걸이는 변할지라도, 언제나 같은 본성과 같은 인격을 지니고 있다. 젖먹이의 지체는 작고, 젊은이의 지체는 더 크지만 꼭 같은 것이다. 어른이 가지고 있는 지체만큼 어린이도 지체를 지니고 있다. 비록 어떤 것들은 나이가 들어서야 새로 나타나기도 하지만, 그것은 이미 태중에서부터 존재하고 있다. 그러므로 젖먹이와 어린이들에게서는 발견되지 않는 무엇이 있다 할지라도, 그 어떤 것도 어른이 되어서야 새롭게 나타나는 것은 아니다.

이것이야말로 성장의 정확하고도 아름답기 그지없는, 정상적이고도 규칙적인 발전이라는 사실은 의심할 나위가 없다. 나이가 들어가며 창조주의 지혜는 어린이 안에 구상하신 똑같은 부분과 몫을 어른 안에서 드러낸다. 인간 형상이 자신의 종(種)과는 다른 모습을 지니거나, 어떤 지체가 덧붙여지거나 떨어져 나간다면, 필연적으로 모든 육체가 망가져 버리거나 흉물스럽게 될 것이고, 적어도 쇠약해질 것이다.

이러한 성장 법칙이 그리스도교 교의에도 적용되어야 할 것인데, 그리스도교 교의는 세월이 지나더라도 굳건히 남고, 시간 속에서 발전하고, 연륜을 더해 갈수록 권위를 더해 간다. 그러나 이렇게 발전한다 할지라도 부패하거나 때 묻지 아니하고, 온 지체가 온전하고 완전하게 보존된다. 다시 말해서 교의의 모든 지체와 감각에 어떠한 수정도 허용하지 아니하고 교의의 고유한 부분을 잃어버리지도 아니하며, 정의된 것을 변경하지도 아니한다.

빈켄티우스, 『회상록』Commonitorium, 23.

거룩한 독서

10. 성서에 대한 참된 지식을 얻으려면 먼저 확고부동한 마음의 겸손을 얻어야 한다. 그런 겸손만이 교만하게 하지 않고 애덕의 완성으로 향하게 하는 지식으로 그대를 인도할 수 있다. 깨끗하지 않은 마음으로는 결코 영적 지식의 은사를 받을 수 없다. 그러니 마음을 비추고 끝없는 영광에 들어가게 하는 참된 지식을 얻는 대신 헛된 자만심으로 치명적인 손해를 보지 않도록 독서에 열중할 때 각별히 조심하라. 그다음 현세의 모든 걱정과 잡념을 쫓아내고 모든 힘을 다하여 언제나 거룩한 독서에 몰두하라. 그렇게 하면 끊임없는 묵상이 그대의 마음을 온통 적시어 그 내용으로 변화시킬 것이니 마음이 계약의 궤를 닮게 될 것이다. 옛 계약의 궤 안에는 돌판과 만나를 담은 금 항아리와 싹이 돋은 아론의 지팡이가 있었다. 이제 두 개의 돌판은 영원하고 견고한 구약과 신약의 판이다. 금 항아리는 자기 안에 담은 만나 즉 영적 감각과 천사들의 빵이 주는 영원하고 천상적인 달콤함을 언제나 굳건히 보존하는 깨끗하고 진실한 기억이다. 아론의 지팡이는 우리의 가장 높고 참된 대사제 예수 그리스도의 구원 깃발, 불사불멸의 기억으로 항상 푸른 싹이 나오는 깃발이다. 사실 그리스도는 이사이의 뿌리에서 잘린 뒤 죽었다가 더욱더 푸르게 다시 살아난 가지다. 이 모든 것을 덮어주는 것은 역사적 이해와 영적 이해의 충만함을 의미하는 두 커룹이다. 커룹이 의미하는 충만한 이해는 하느님의 속죄만이 그대 가슴의 평화를 언제나 보호하며 악령들의 모든 습격으로부터 막아줄 것이다. 이와 같이 그대의 마음은 하느님 계약의 궤로 변할 뿐

아니라 제관의 왕직에 올라가 끊임없이 느끼는 순결한 사랑으로 영적인 훈련 속에 흡수되고 말 것이다. 이때 그대의 마음은 입법자가 대사제에게 내린 계명 즉 "그는 성소를 떠나지 못한다. 자기 하느님의 성소를 더럽혀서는 안 된다"(레위 21:12)는 계명을 채우게 된다. 여기에서 성소는 마음을 말한다. 주님께서는 "내가 그들 가운데서 살며 거닐리라"(2고린 6:16) 하면서 그 마음에 늘 사실 것을 약속했다. 그러니 우리는 성서를 차례대로 열심히 암기하며 끊임없이 복습해야 한다. 이러한 연속적인 묵상은 두 가지 열매를 가져올 것이다. 첫째, 독서와 공부에 사로잡힌 우리 정신은 해로운 생각들의 올무에 걸릴 수 없다. 둘째, 암기하기 위하여 자주 반복하여 읽어도 시간의 여유가 없어 그 내용을 알아듣지 못하는 경우가 있는데, 그 뒤에 해야 할 일들과 눈에 들어오는 영상이 우리 마음을 빼앗지 않는 조용한 때, 특히 밤의 침묵 가운데 되뇔 때, 그 내용을 더 밝게 알아차릴 수 있다. 깨어있을 때 막연하게 이해되던 가장 감추어진 뜻이 고요함 속에서 잠에 가까운 상태에 빠질 때 밝혀지는 경우가 있다.

11. 우리 정신이 이런 공부를 통해 점차 쇄신되면 성서의 모습도 다르게 보이기 시작한다. 우리가 진보함에 따라 더 숭고해진 인식에 의해 성서의 아름다움도 더해 간다. 성서는 인간이 가진 이해력의 정도에 따라 세속적인 사람들에게는 속된 이야기, 영적인 사람들에게는 천상 이야기를 하는 것으로 보인다. 그래서 이전에 짙은 안개에 싸인 것처럼 보였던 것들이 이제 파악할 수 없는 깊이를 지니게 되며 감당할 수 없는 광채를 발하게 된다.

요한 카시아누스, 『교부』Conlationes, 14,10~11. (분도출판사)

2. 이탈리아에서 교황의 활동과 문화의 수호

대부분의 로마 주교들은 편지를 남겼고, 이 글들 가운데 많은 것들이 교황청 서기에 의해서 편집되었다. 대 레오 교황(440~461년 재위)의 편지는 잘 정리된 서간집(123통의 편지)으로 오늘날까지 전해진다. 이 편지들에서 대 레오의 필력과 문화적 식견을 엿볼 수 있다. 레오는 특별히 축일 전례를 위한 설교들(96개가 남아 있다)을 쓴 최초의 교황이다.

레오의 문장은 전례 행렬처럼 장엄하고 위풍당당하다. 그의 설교는 독창적인 사상보다는 우아한 문체와 감미로운 언어, 그리고 전례적인 리듬감이 주는 아름다움으로 심금을 울린다. 그는 신자들에게 신앙의 진리를 가르치기를 원했다.

레오는 로마의 왕처럼 처신했다. 그는 침략자들에 당당히 맞서 452년 아틸라Attila를 물러가게 했고, 반달족 왕인 겐세리쿠스Gensericus도 영원한 도시 로마를 손대지 못하게 했다(455년). 콘스탄티노플의 총대주교『플라비아누스에게 보낸 교의 서간』Tomus ad Flavianum은 칼케돈 공의회(451년)의 기초를 놓았다. 레오는 지나치게 로마적이고 서방적이어서 동방 그리스도교의 복잡성을 이해할 수 없었고, 동방교회가 갈라져 나가는 것을 막지 못했다.

한 세기 후에 동방과 접촉함으로써 그 문화유산을 보존하고자 했던 두 사람이 이탈리아에서 나타났다. 보에티우스Boethius와 카시오도루스였다. 로마인 보에티우스(480~524년)는 알렉산드리아에서 그리스 철학과 문학을 배웠다. 플라톤과 아리스토텔레스를 번역하려던 계획은 테오데리쿠스Theodericus 왕이 내린 사형 선고로 극적으로 좌절되었다. 보에티우스가 감옥에서 쓴 유명한 책 『철학의 위안』De consolatione philosophiae은 오늘날까지 전해진다.

원로원 의원 카시오도루스(490~580년)는 제국의 훌륭한 공직자였다. 그는 『연대기』Chronica와 『고트족 역사』Historia Gothica라는 두 역사서를 썼다. 나중에는 칼라브리아 비바리움에 있는 자기 소유지에 수도원을 세워 수도승 생활을 했다. 이 수도원에서는 수도승들의 필사 작업을 통해 그리스도교 작품뿐 아니라 이방인들의 작품들도 갖춘 유명한 도서관이 탄생했다. 그는 『제도집』製度集, Institutiones이라는 책에서 본문 필사의 원칙을 제시하며, 도서관의 상세한 도서목록을 제공한다.

라틴 교부들 가운데 마지막 인물은 대 그레고리우스(540~604년)다. 그는 원로원 가문 출신으로 처음에는 로마의 집정관이었으나 관상 생활에 전념하기 위하여 세상 명예를 버렸다. 그는 부제로 서품되어 콘스탄티노플에 대사로 파견되었으나 거기서 그리스어를 배우지는 못했다. 590년 그레고리우스는 교황이 되어 나중에 '교황령'États pontificaux이라 불리게 될 로마 교회의 풍부한 유산을 관리하면서 '교회 통치'guovernemen ecclésiastique의 완벽한 본보기를 세상에 보여 주었다. 한편 그레고리우스는 자신의 권위를 모든 그리스도교 세계에 행사하려 했다. 그와 동시에 수도승 아우구스티누스(캔터베리의 아우구스티누스)를 브리타니아에 선교사로 파견하는 등 선교에도 관심을 기울였다. 그의 『서간집』Registrum epistularum(850통의 편지)은 널리 알려져 있다.

그레고리우스는 자신의 『설교』에서 밝히고 있듯이 건강이 좋지 않았는데도 사도적 소임에 열성을 쏟았다. 이 열정은 키프리아누스, 그리고 아우구스티누스에게서 배운 것이었다. 『복음서 강해』Homiliae in Evangelia에서 그는 단순하고 민중적인 언어로 자신의 내적 삶의 보화와 사목적 바람을 표현한다.

　윤리적 지침을 제공하는 『욥기 해설』Expositio in Iob과 『에제키엘 강해』Homiliae in Ezechielem는 수도승들을 위해서 쓴 것이다. 사제들의 필독서인 『사목 규칙』Regula pastoralis은 고전으로 여겨지는데, 중세에 가장 많이 필사된 책 가운데 하나였기에 대부분의 도서관에 소장되어 있다. 그레고리우스는 자신의 성서 주석을 우의적 묵상과 영적 묵상에 제한했다. 그와 함께 중세가 탄생했다.

아를의 카이사리우스, 백성들에게 어떻게 말할 것인가?

4. … 주교들을 일컬어 파수꾼이라고들 하는데, 그것은 주교들이 성당의 주교좌처럼 높은 곳에 올라 제대 앞에 서서 하느님의 도시와 밭, 즉 교회를 돌보아야 하기 때문입니다. 주교들은 대문을 지키는 일, 곧 구원의 설교로써 대죄를 피하게 하는 일을 해야 할 뿐 아니라, 작은 문들과 작은 틈새까지 지켜서 날마다 짓게 되는 소죄도 피하게 해야 합니다. 주교들은 단식과 자선, 기도로써 늘 깨어있으라고 힘껏 권고해야 합니다. …

12. 그러나 어떤 주교들은 이렇게 말할 수도 있겠습니다. "나는 말을

잘하지 못해서 성서를 설명할 만한 능력이 없습니다." 그렇다 할지라도 하느님께서 우리가 그 일을 할 능력이 있는지 없는지를 묻지는 않으실 것입니다. 더욱이 언변이 없다는 것이 사제들에게 해로운 것은 아닙니다. 설령 누가 사람들을 매혹하는 언변을 지니고 있다고 할지라도, 세련된 말솜씨로 몇 사람만 겨우 알아들을 수 있는 내용을 설교한다면 아무 소용이 없기 때문입니다. 오히려 자신이 지닌 언변 그대로 신약과 구약성서의 모호한 구절들을 설명하고 밝혀낼 수 있지 않겠습니까? 그리하여 원한다면 간음하는 사람들을 나무라고 벌주고, 교만한 자들을 꾸짖을 수 있을 것입니다. 자기 본당 신자들에게 다음과 같이 말할 수 없는 사제가 어디 있겠습니까? "거짓 증언을 하지 마십시오. 성서에 거짓 증언을 하는 자는 벌 받을 것이라고 기록되어 있기 때문입니다. 거짓말하지 마십시오. 거짓말하는 입은 영혼을 죽이는 것이라고 성서에 기록되어 있기 때문입니다." 이러한 것들은 도시의 주교들뿐 아니라 본당의 사제들과 부제들도 자주 설교할 수 있고 설교해야 하는 것입니다. 이렇게 말할 수 없는 사람이 어디 있겠습니까? "나무를 섬기지 마십시오. 새점을 치지 마십시오. 점쟁이나 마술사에게 운명을 묻지 마십시오. 이방인들이 집 떠나는 날짜와 돌아오는 날짜를 따지는 악습을 따르지 마십시오." 나는 평신도들뿐 아니라 교회의 사람들이 이러한 악습에 빠져 있는 것은 아닌지 두렵습니다. 또 이렇게 말하지 못할 사람이 어디 있겠습니까? "욕을 먹지 않으려거든 욕하지 마십시오. 자기 형제를 욕하는 자는 멸망할 것이기 때문입니다. 부적이나 악마적 표상들을 옷이나 대들보에 붙이지 마십시오. 이익을 남기기 위해 정의를 짓밟지 마십시오." 이렇게 말하지 못할 정도로 무식한 사람이 어디 있겠습니까? "시간에 맞춰서 교회에 오십시오. 제대 위에서 축성할 봉헌물을 가져오십시오. 병자들을 방문하십시오. 나그네를 맞아들이십시오. 손님의 발을 씻어 주십시오. 갇힌 이들을 찾아가십시오."

13. 이러한 것들이나 이와 비슷한 많은 것들을 교회나 다른 장소에서 설교하고 가르칠 주교, 사제, 부제들이 정말 없을까요? 설교에서 가장 필요한 것은 단순하고 서민적인 말로 이루어진 권고라는 사실을 깨닫기만 한다면, 뛰어난 언변이나 기억력이 필요치 않을 것입니다. …

아를의 카이사리우스, 『설교』Sermones, 1,4,12~13.

예수 그리스도: 두 본성, 한 위격

모든 신자는 "전능하신 아버지 하느님과 성령과 동정 마리아에게서 태어나신 그분의 외아들 우리 주 그리스도 예수"를 믿는다고 고백합니다. 사람들은 성부께서 하느님이시고 전능하시다고 믿으면서, 성자께서는 성부와 어떤 점에서도 구별되지 않기 때문에 성부와 똑같이 영원하신 분으로 표명합니다. 성자께서는 하느님에게서 나신 하느님, 전능하신 분에게서 나신 전능하신 분이기 때문입니다. 그분께서는 영원하신 분에게서 태어나셨기 때문에 똑같이 영원하신 분이며, 시간에서 더 늦지 않으시고, 권능에서 더 낮지 않으시며, 영광에서 다르지 않으시고 본질에서 분리되지 않으시기 때문입니다. 영원토록 낳으신 분의 영원하신 그 외아드님께서는 성령과 동정 마리아에게서 태어나셨습니다. 이러한 시간적 출생은 그분의 신적이고 영원한 출생에서 아무것도 빼거나 덧붙이지도 않았습니다. 오히려 그분께서는 타락한 인간을 회복하기 위하여 전적으로 헌신하셨습니다. 이는 죽음을 이기고 죽음의 권세를 지닌 악마를 그분의 능력으로 파멸시키기 위한 것입니다. 그분께서 우리의 본성을 취하지 않으셨고, 죄에 더럽혀질 수도 죽음에 붙잡힐 수도 없는 것을 당신의 것으로 삼으셨다면, 우리는 죄와 죽음의 원조(元祖)를 극복할 수 없었을 것입니다. 그분은 성령으로 인하여 동정 어머니의 태중에 잉태되었습니다. 동정이신 어머니께서는 동정성을 온전하게 지닌 채 그분을 잉태하셨듯이, 동정성을 온전하게 지닌 채 그분을 낳으셨습니다. …

하느님의 아드님께서는 허약한 이 세상에 들어오셨습니다. 그분은 천상의 옥좌에서 내려오셨지만, 새로운 질서 안에서, 새롭게 태어나신 채 성부의 영광을 잃지 않으셨습니다. 새로운 질서 안에서라는 말은 그분의 것 안에서는 보이지 않으시는 분이 우리의 것 안에서는 보였기 때문이라는 뜻입니다. 이해할 수 없는 그분은 이해되기를 바라셨습니다. 그분은 시대 이전에 머무시면서, 시대 안에 존재하기 시작하셨습니다. 만물의 주님께서 헤아릴 수 없는 자신의 위엄을 감추시고 종의 모습을 취하셨습니다. 고난을 겪으실 수 없는 하느님께서는 고난을 겪는 인간이 되시는 것을 보잘것없다고 여기지 않으셨고, 죽지 않으시는 분께서 죽음의 법에 내맡겨지는 것을 마다하지 않으셨습니다. 그러나 그분께서 새롭게 탄생하셨는데, 육정을 알지 못해 손상을 입지 않은 동정성은 그 육신적인 바탕을 마련하였기 때문입니다.

주님의 어머니에게서 받아들이신 것은 죄가 아니라 본성입니다. 그분의 출생이 경이로울지라도, 그 때문에 동정녀의 모태에서 나신 주 예수 그리스도 안에 있는 본성은 우리의 본성과 다르지 않습니다. 참 하느님이신 그분은 참 인간이십니다. 인간의 비천함과 신성의 고귀함이 서로 상호관계에 있기 때문에, 이러한 일치에는 어떤 속임도 없습니다. 하느님께서 당신의 자비에 있어 변하지 않으시듯이, 인간은 존엄성에 있어 소멸되지 않습니다. 각각 두 형상은 다른 것과 일치하여 자신에게 고유한 것을 행하십니다. 이때 말씀은 말씀에 속하는 것을 행하시고, 육은 육에 속하는 것을 이루십니다. 이 중 하나는 기적으로 찬란히 빛나며, 다른 하나는 모욕을 받습니다. 말씀이 성부와 같은 영광을 포기하지 않듯이, 육(肉)은 우리 인간의 본성을 저버리지 않습니다. … 마찬가지로 "아버지와 나는 하나다"(요한 10:30)라고 말하는 것과 "아버지께서 나보다 더 위대하시다"(요한 14:28)라고 말하는 것은 같은 본성에 속하는 것이 아닙니다. 주 예수 그리스도 안에 하느님과 인간이 결합된 하나의 위격이 있는데도, 하느님과 인간에게 공동으로 오는 모욕의 출처가 다르고, 공동으로 오는 영광의 출처가 다릅니다. 곧, 우리의 것에서 그분은 성부보다 더 못한 인성을 지니시며, 성부에게서 성부와 같은 신성을 지니십니다.

대 레오 교황, 『신앙과 도덕에 관한 선언, 규정, 신경 편람』Tomus ad Flavianum, 28,2.

(한국천주교중앙협의회)

대 그레고리우스 교황이 영국 선교의 주역 수도승 아우구스티누스에게 당부하다(601년)

… 이교 신전을 꼭 허물어야만 한다면 최소한으로 제한되어야 합니다. 건물은 살린 채 우상들만 치우고 나서, 성수를 뿌리고 제대를 세우면 되지 않을까 생각합니다. 그런 다음 건물 안에 성인들의 유해를 모시는 것입니다. 신전 건축 상태가 양호하다면, 우상숭배 예식에 쓰던 부적절한 외형만 제거한 뒤, 건물을 그대로 유지하여 이제부터 여기서 참된 하느님을 섬길 수 있도록 하는 것입니다. 이렇게 되면 자기들의 예배 장소가 파괴되지 않은 것을 본 백성이 그들의 오류를 버리고 참 하느님을 알게 될 것입니다. 그리하여 자기 조상들이 모이던 그 장소에 이제부터는 참 하느님을 경배하러 오게 될 것입니다. 그들에게 우상숭배를 위해 수많은 소를 잡아 바치는 관습이 있었다면, 축제에 관한 이런 관습에 큰 변화를 꾀해서는 안 됩니다. 오히려 성전 봉헌 축일이나 성당에 유해가 모셔져 있는 순교 성인들의 축일이 되면, 그들이 이교 신전 주위에 나뭇가지로 수수한 장막을 쳐서 잔치하던 습관을 살려, 성당 주위에 그런 장막을 짓게 할 일입니다. 거기에 잔칫상을 차려 축제를 거행하게 해 주십시오. … 이렇게 이전과 같은 방식으로 기쁨을 외적으로 표현할 수 있도록 해 준다면, 참된 내적 기쁨이 무엇인지도 더 쉽게 알아듣도록 이끌어 주는 셈이 될 것입니다. 거친 사람들을 단번에 교화하기란 불가능합니다. 무릇 산에 오를 때는 단숨에 뛰어오르는 것이 아니라 한발 한발 천천히 오르는 법입니다.

대 그레고리우스, 『서간집』Registrum epistularum, 11,56.

『철학의 위안』

위에 노래한 바와 같이 근심의 구름은 사라지고 나는 되살아나서 나를 치료하여 주는 여인의 얼굴을 알아내려고 정신을 가다듬었다. 그리고 나는 이제 눈을 들어 그녀를 똑바로 쳐다보았다. 그때 나는 그녀가 바로 내가 어릴 적부터 그 밑에서 자라난 나의 보모保姆인 철학임을 알아보게 되었다. 나는 말문을 열어 "오오, 모든 덕의 스승이신 당신께서 어쩌 이 쓸쓸한 귀양살이 땅 위에 내려오셨습니까? 혹시 당신께서도 나처럼 무고를 당하여 유형을 당하신 것이 아닙니까?"하고 묻자, 그녀는 다음과 같이 대답하였다. "그런 게 아니라 내가 어쩌 내 제자인 너를 버려둘 수 있겠느냐? 내 이름에 대한 질투 때문에 네가 당하고 있는 그 무거운 짐을 어쩌 내가 함께 지지 않을 것이냐? 죄 없는 이가 혼자서 그 고난의 길을 가는 것을 철학이 모른 체할 수는 없다. 내가 지금 당하고 있는 무고가 두려워 마치 생전 처음 당하는 일처럼 내가 무서워 떨 줄 아느냐? 너는 예지가 무례한 무리에게 위해危害를 당한 것이 이번이 처음인 줄 아느냐? 우리 플라톤의 시대 이전 그 옛날에도 나는 경거망동과 노상 큰 싸움을 해오지 않았더냐? 또 플라톤 자신이 증인이듯이 그의 스승 소크라테스는 나의 도움으로 무고한 죽음을 당하여 승리를 획득하지 않았더냐!" 이에 연달아 에피쿠로스파와 스토아파와 또 다른 파의 무리가 소크라테스의 유산을 제 것으로 만들려고 서로 쟁탈전을 벌였을 때 내가 이것을 반대하고 항거했더니, 그들은 이런 나를 마치 자기들의 전리품처럼 취급하여 손수 짠 내 옷을 갈기갈기 찢어, 그 옷 조각을 탈취해 가지고는 나의 전부를 자기 것으로 만들 수 있는 양 굴며 떠나가 버렸던 것이다. 그리고 그들은 그 조각들에서 조금이나마 나의 흔적을 볼 수 있다고 해서 어리석게 도 자기들이 나의 제자인 줄 생각하는 것이었다. 이러한 그들의 무지 와 몽매는 그들 중 어떤 거친 무리의 오류로 마침내는 자멸하였다.

아낙사고라스Anaxagoras가 유배 간 것이나 소크라테스가 독배를 받은 것 이나 제논이 혹형을 당한 것은 네가 잘 모른다 해도, 기억도 생생한 저 카니우스Canius와 세네카Seneca와 소라누스Soranus의 유명한 사정들은 너도 알고 있었으리라. 그들을 그런 파경으로 이끈 것은 다른 것이 아 니라 그들이 나의 철학으로 훈련되어 불순한 무리의 지향과는 너무나 동떨어져 있었기 때문이었다. 그러므로 우리는 인생의 험한 파도와 폭풍우에 시달린다 해서 너무 놀라고 이상하게 생각할 것이 없다. 우 리는 가장 악한 자들의 비위에 거슬리도록 운명지워 있는 것이다. 그 들은 수효가 아무리 많을지라도 어떤 확고한 지도 이념을 좇아 움직 이는 것이 아니고 다만 오류에 이끌리어 이리저리 제멋대로 놀아나는 것이니 경멸하는 게 좋다.

그러나 그들이 세력을 지금보다 더욱 정비하여 우리에게 싸움을 걸어 온다면 우리의 장군도 자기의 군대를 성채에 집결시킬 것이다. 즉, 그 들이 가치 없고 사소한 물건들을 약탈하기에 여념이 없을 때 우리는 견고한 성벽으로 방비하고 있을 것이니 아무리 미친 듯 날뛰는 저들 의 온갖 공격이 있을지라도 안전할 것이며, 허접한 것들을 끌어모으 는 그들을 성 위에서 내려다보며 조소를 퍼부을 것이다. 분수없이 날 뛰는 어리석은 자들이 이 성벽을 차지할 수는 없느니라.

보에티우스, 『철학의 위안』De consolatione philosophiae, 1,1~13. (바오로딸)

3. 이베리아와 서고트

로마제국의 히스파니아는 훌륭한 저술가들을 많이 배출했다. 그
들 가운데는 바르셀로나의 파키아누스 주교(†392년 이전), 그와 동시
대인으로서 유능한 신학자이자 성서 주석가였던 엘비라의 그레고리
우스, 『이교인들을 거슬러 쓴 역사』Historiarum adversum paganos의 저자인 오
로시우스(†414년 이후), 『묵시록 주해』Tractatus in Apocalypsin의 저자 아프링
기우스Apringius(†551년), 수도승 출신 주교로서 그리스어도 알고 있었고
당대의 가장 박학한 사람들 가운데 하나였던 브라가의 마르티누스
Martinus(515~580년)등이 있다.

서고트 시대에 활동한 세비야의 주교 이시도루스(560~636년)는 종
종 최후의 교부로 일컬어진다. 그는 새로운 문화를 만들어 낸 사람들
가운데 하나였다. 백과사전과도 같은 지식으로 『어원』語原, Etymologiarum
을 저술했다. 이 작품은 당대의 모든 세속 지식과 종교 지식을 종합
한 것으로서, 중세에 가장 많이 읽히고 가장 많이 필사된 작품 가운
데 하나다. 이시도루스는 그 나름 중세의 선구자였던 셈이다.

II. 동방의 그리스도교 세계

동방의 그리스도교 세계가 5세기와 6세기 사이, 그리고 그 이전 시기와 연속성을 이룬다는 사실은 놀랍다. 서로 다른 시기들이 조화롭게 이어지고 고대와 중세 사이에 단절이 없다. 서방이 산산이 분열되었을 때 동방에서는 바실레우스Basileus라고 불리던 황제의 단일 권력이 지배했다. 콘스탄티누스와 테오도시우스의 계승자인 유스티니아누스Iustinianus 황제는 분열된 제국을 다시 정복하여 그리스도계로 통합하려 했다.

그는 그리스도교 백성의 물질적 복지뿐 아니라 영적 안녕에 대해서도 하느님 앞에서 꼭 같은 책임감을 느끼고 있었다. 바로 여기서 두 권력의 상호침투가 일어났고, 황제의 뜻에 따라 주교나 총대주교를 임명하거나 해임하는 지경에 이르렀다. 황제의 권위는 제2차 콘스탄티노플 공의회(553년)의 결정에 막대한 영향력을 행사했다. 더욱이 유스티니아누스 황제는 신학에도 일가견을 가지고 있었기에 한마디로 무시무시한 특권을 지닌 셈이었다.

비잔티움 신학자들은 앞선 시대의 신학적, 문화적 전통을 이어가면서, 성서와 교부라는 동일한 원천에서 신학 작업을 펼쳐 나간다는 자의식을 지니고 있었다. 이른바『사슬』Catena(교부들의 성서 주해를 사슬처럼 엮어 놓은 성서 주해 선집)은 동일한 유산에 근거를 둔 작품이다. 한마디로 동방의 신학 작업은 퇴보라기보다는 성숙의 여정을 걷고 있었다고 보는 것이 옳다.

에페소 공의회(431년)와 칼케돈 공의회(451년)는 둘 다 아주 명확한 입장을 표명했다. 에페소 공의회는 그리스도 안에 내재한 두 본성의 일치를 확인함으로써 네스토리우스주의에 대해 뚜렷한 견해를 밝혔다. 그리고 칼케돈 공의회는 그 두 본성이 서로 구분된다는 사실을 확인함으로써 그리스도 단성설에 대해 명확한 반대 입장을 천명했다. 그러나 그리스도 단일의지설(그리스도 안에 단 하나의 의지, 곧 신적 의지만 있다고 주장하는 교설)처럼 새로운 형태로 끊임없이 등장하는 해묵은 논쟁들에 마침표를 찍지는 못했다. 동방교회들은 이미 단성설과 네스토리우스주의로 분열되어 있었다.

이 시기에 동방에서는 열성을 잃어버린 신자들 사이에서 수도승 생활이 복음의 순수함과 철저함을 유지하는 촉매 역할을 했다. 수도승 생활은 동시에 봉사 활동을 통해 사회 복지에도 이바지하면서 농촌 경제를 지원하기도 했다. 수도승 생활은 오리게네스의 깊은 영향 아래 영성 신학을 발전시켜 나갔다. 오리게네스는 첨예한 신학 논쟁을 불러일으켰고, 결국 콘스탄티노플 공의회(553년)에서 공식적으로 단죄되었지만, 그의 영향력은 결코 사라지지 않았다.

아래 네 사람이 이 시기에 특별히 중요한 인물로 거명될 수 있다.

1. 위僞-디오니시우스(디오니시우스 아레오파기타)

5세기 말과 6세기 초에 걸쳐 활동한 이 익명의 저술가는 사도행전 17장에 나오는 '아레오파고 사람'Areopagita이라는 가명 아래 자신을 기가 막히게 숨겨 놓았기 때문에, 오늘날의 연구도 그가 누구였는지 밝히지 못하고 있다. 시리아 출신으로 신플라톤주의와 프로클루스Proclus의 영향 아래 있었으며, 니사의 그레고리우스에게도 영향을 받은 위-디오니시우스Pseudo-Dionysius의 대표적인 작품은 다음 네 편이다. 『신명론神名論』De divinis nominibus, 『신비신학』De mystica theologia, 『천상 위계』De coelesti hierarchia, 『교회 위계』De ecclesiastica hierarchia가 그것이다.

『신명론』은 만물의 근원이며 목적이신 하느님의 호칭들을 다룬다. 하느님은 위계질서를 이룬 하늘의 영들에 둘러싸여 계시는데, 이 영들은 세 모둠으로 나누어져 있다. 교회 안에서 이들은 세례성사, 견진성사 그리고 성체성사라는 세 입문 성사들로 재현되고, 주교, 사제 그리고 부제라는 세 품계 직무로 재현되며, 나아가 세 가지 신분(수도승, 평신도, 불완전한 이들)으로 재현되고 있다. 『신비신학』은 황홀경에 이르기까지 하느님께 상승하는 여정을 묘사한다.

위-디오니시우스의 작품들은 서방에서 힐두이누스Hilduinus(†833년)와 특히 스코투스 에리게나Scotus Erigena(†858년) 이후 무려 열네 번이나 라틴어로 번역되면서 중세신학 전반을 풍요롭게 했다. 생 빅토르Saint-Victor 학파와 성 토마스 아퀴나스Thomas Aquinas, 성 보나벤투라Bonaventura 그리고 라인 강변의 신비가들에 이르기까지, 중세 서방의 수많은 이가 그의 작품을 통해 동방의 신학 유산에 다가갈 수 있었다.

하느님의 이름: 이름 없는 이름

그분은 아무런 이름도 지니지 않으셨으니,
그것은 그분의 모든 이름을 다 지니셨기 때문

…

하느님 자체도 넘어서 있는 신비
형언할 수 없는 것
모든 것으로부터 이름을 받으시는 이
전적인 긍정
전적인 부정
모든 긍정과 부정을 넘어서 계시는 이

디오니시우스 아레오파기타, 『신명론』De divinis nominibus, 2,4.

2. 가객歌客 로마누스(†555년 이후)

에메사(시리아)에서 태어나 콘스탄티노플에서 죽은 로마누스 Romanus는 시와 전례 분야에 큰 공헌을 남겼다. 그는 무려 천여 편의 『찬미가』Cantica를 만들었는데, 그 일부분이 비잔티움 전례에 사용되고 있다. 가장 유명한 것은 의심할 나위 없이 마리아께 바친 『서서 바치는 노래』Acathistos로서, 이는 그리스도교 서정시의 고전에 해당한다.

수난의 노래

원수의 횡포는 끝이 났느니,
하와의 눈물 닦이어 다 말랐느니,
모두가 당신의 수난 덕이옵니다.
아, 사람의 벗, 하느님이신 그리스도님,
당신 수난을 통하여 죽어가는 이는 되살아나고
당신 수난을 통하여 도적은 집으로 돌아가나이다.
아담 홀로 기뻐 뛰나이다.

1.

그대 하늘이여, 오늘 놀라워하라. 그대 땅이여, 오늘 혼돈으로 되돌아
가라. 그대 태양이여, 짐짓 나무에 매단 그대의 스승을 향해 감히 눈
을 들지 마라. 뭇 돌들이여, 부수어져라. 생명의 돌이신 분께서 못으
로 뚫리셨나니. 성전의 너울이여, 찢어져라. 죄인의 창이 주님의 몸을
찔러 구멍을 냈나니. 온 창조세계여, 창조주의 수난으로 인해 두려워
떨라. 신음하여라. 오직 아담 홀로 기뻐 뛰어라!

2.

주님, 주님께서는 제 인간 조건을 취하셨으니, 이는 제가 주님 지니신
하느님 조건을 얻게 하시기 위함입니다. 주님께서 수난passio을 받아들
이셨으니, 이는 제가 이제 육정passiones을 하찮게 여기게 하시기 위함입

니다. 주님의 죽음으로 제가 생명을 되찾았나이다. 스스로는 무덤에
몸 누이시면서 저는 낙원에 머물게 하셨나이다. 스스로는 심연으로
내려가시면서 저는 들어 높이셨나이다. 저승의 문을 부수시면서 저에
게 하늘 문을 열어주셨나이다. 타락한 사람을 위하여 지혜로이 모든
고통을 겪으셨으며 모든 것을 참아 받으셨으니, 이로써 아담이 기뻐
뛰게 하셨나이다.

로마누스, 『찬미가』Cantica, 36,1~2.

3. 고백자 막시무스(580~662년)

그는 7세기의 가장 뛰어난 그리스 신학자로서 비잔티움 교회 최후
의 독창적인 사상가였다.

세속 경력을 뒤로하고 수도승 생활을 택한 그는 그리스도 단일의
지설에 맞서 훌륭하게 싸운 뒤 귀양살이하다 세상을 떠났다.

다작多作의 저술가였던 막시무스는 그리스 철학자들을 인용할 때
는 절충하는 입장을 보였으며(아리스토텔레스와 신플라톤주의), 열한 편
의 교의적 편지와 논문에서 그리스도 단일의지설과 맞붙어 싸웠다.
수행 저술로는 『수행집』修行集,Liber asceticus, 『사랑에 관한 단상』Capita de
caritate, 그리고 완덕에 이르는 여정을 묘사한 『신비 교육』Mystagogia을 들
수 있다.

피조물의 즐거움은 하느님의 즐거움

절대적 충만 그 자체이신 하느님께서 피조물을 존재하게 하셨다면, 그것은 전혀 우연이 아니었습니다. 이 피조물이 당신과의 '유사함'에 참여하는 행복을 누리게 하시기 위함이었습니다. 그리고 당신 피조물이 무한하신 당신에게서 무한하게 길어 마실 때, 당신 자신도 피조물의 즐거움으로 기뻐하기 위함이었습니다.

고백자 막시무스, 『교부들에게 배우는 삶의 지혜』Capita de caritate, 3,46. (분도출판사)

순수한 기도, 순수한 사랑

순수한 기도에는 가장 심오한 두 가지 상태가 있다. 하나는 수행가의 상태요, 다른 하나는 관상가의 상태다. 전자가 하느님에 대한 두려움과 좋은 희망으로부터 영혼 안에 생기는 것이라면, 후자는 불타는 신적 사랑과 온전한 정화로부터 오는 것이다. 전자의 표지는 정신이 세상의 모든 생각으로부터 온전히 벗어나 고요해져서 마치 하느님께서 몸소 현존하시듯, 분심도 동요도 없이 기도하는 것이다. 후자의 표지는 기도의 내적 도약 안에서 신령스럽고도 무한한 빛에 의해 황홀경에 빠지는 것이며, 자기 자신이든 다른 어떤 것이든 전혀 의식하지 못하고 오직 한 분이신 하느님만 의식하게 되는 것이니, 바로 이분께서 사랑으로써 정신 안에 그 빛나는 광휘를 풀어 놓으시는 것이다. 그리하여 정신은 하느님에 관한 생각에 사로잡혀 그분으로부터 반사되는 순수하고도 투명한 형상을 받아 입게 되는 것이다. 사람은 자기가 사랑하는 대상에 온전히 집착하고, 그 대상을 잃어버리는 일이 없도록 그것에 방해가 되는 모든 것을 멸시하는 법이다. 하느님을 사랑하는 사람도 이와 같아서 기도에 온전히 몰두하며, 방해가 되는 모든 정념으로부터 스스로를 멀리 떼어 놓는다.

정념의 어미인 자기애自己愛, philautia를 쫓아 버린 사람은 하느님의 도우심으로 분노, 슬픔, 회한 따위의 다른 정념들도 쉽게 쫓아 버린다. 그러나 그중 으뜸인 자기애에 함락당한 사람은 원하지 않는다 하더라도 다른 정념들에 어쩔 수 없이 지배당하게 된다. 자기애는 육신을 향한 욕망이다.

아래의 다섯 가지 이유로, 사람들은 좋게든 나쁘게든 서로 사랑하게 된다. 첫째, 하느님 때문에 사랑하는 경우다. 덕이 있는 사람이 모든 이를 사랑하는 것이나 혹 아직 덕을 갖추지 못했기에 덕이 있는 사람을 사랑하는 것이 이 경우에 해당한다. 둘째, 본성적으로 사랑하는 경우다. 부모가 자식을 사랑하고 자식이 부모를 사랑하는 것이 이 경우다. 셋째, 허영 때문에 사랑하는 경우다. 존경받는 사람이 자기를 존중해 주는 사람을 사랑하는 것이 이에 해당한다. 넷째, 소유욕 때문에 사랑하는 경우다. 이익을 노리고 부자를 사랑하는 것이 이에 해당한다. 다섯째, 쾌락 때문에 사랑하는 경우다. 식욕을 채우고 성적 쾌락을 추구하는 것이 이 경우다. 이 가운데 첫 번째 경우는 칭송할 만한 것이고, 두 번째 경우는 가치중립적인 것이며, 나머지 세 경우는 모두 욕정에 따르는 것이다.

> 그대는 어떤 이들은 미워하고, 어떤 이들은 사랑하지도 미워하지도
> 않는다. 어떤 이들은 아주 조금만 사랑하고, 어떤 이들은 엄청나게 사
> 랑한다. 이렇게 그대 사랑이 한결같지 않음으로 미루어 보아, 그대가
> 완전한 사랑에서 매우 멀리 떨어져 있음을 알아야 한다. 완전한 사랑
> 은 모든 이를 동등하게 사랑하라고 명하기 때문이다.
>
> 고백자 막시무스, 『교부들에게 배우는 삶의 지혜』Capita de caritate, 2,6~9.
>
> (분도출판사)

4. 다마스쿠스의 요한(650~750년경)

일반적으로 다마스쿠스 출신 요한과 함께 교부 시대가 끝난다고
본다. 제국의 고위 관리였던 그는 예루살렘 근처 성 사바스 수도원(오
늘날까지 있음)에 들어가 수도승이 되었다. 『지식의 원천』Fons scientiae은
그의 작품 중 가장 널리 알려진 것으로, 여러 차례 라틴어로 번역된
바 있다. 이 저술은 세 부분으로 나누어지는데, 그리스 교부들을 종
횡무진 인용해 가며 철학 입문, 이단들의 역사, 마지막으로 그리스도
교 신앙에 대한 종합적 설명을 전개한다.

『성화상聖畵像에 관한 연설』Orationes de imaginibus 세 편은 성화 공경의
올바른 근거를 밝히는 작품이다. 한편 『거룩한 병행 구절』Sacra parallela
이란 작품은 악덕과 덕행을 짝으로 제시한다고 해서 이런 이름이 붙
었는데, 성서와 교부 문헌에서 뽑아낸 무려 5,000편이 넘는 단편으로
만들어진 사화집詞華集, florilegium이다.

d. 루앙

b. 리구제   a. 푸아티에
                       리옹
c. 보르도   1. 밀라노
h. 클레르몽 페랑   2. 토리노   A. 스트리
4. 칼라오라   3. 라벤나
                        e. 아를   g. 레렝
2. 엘비라   f. 마르세유
프리쉴리아누스파
              1. 코르도바   3. 바르셀로나
                                              5. 로마

                                              4. 놀라

                    2. 히포
                              키르타고
              도나투스주의   4. 티비우카
                              3. 루스페

::: 4세기 말 그리스도인 공동체

◯   주요한 지성적 거점

→   큰 이단들의 발원지   1. 타가스테

에스파니아(프리쉴리아누스파)
 1. 코르도바: 오시우스
 2. 엘비라: 그레고리우스
 3. 바르셀로나: 파키아누스
 4. 칼라오라: 프루덴티우스

이탈리아
 1. 밀라노: 공의회(355), 암브로시우스, 아우구스티
  누스의 세례(387)
 2. 토리노: 막시무스
 3. 라벤나: 페트루스 크리솔로구스
 4. 놀라: 파울리누스
 5. 로마: 히에로니무스 스트리돈에서 출생

갈리아
 a. 푸에티에: 힐라리우스
 b. 리구제: 마르티누스
 c. 보르도: 파울리누스, 술피키우스 세베루스
 d. 루앙: 빅토리우스
 e. 아를: 공의회(314), 아리우스파 교회회의(353)
 f. 마르세유: 요한 카시아누스, 살비아누스, 겐나디우스
 g. 레렝: 빈켄티우스
 h. 클레르몽 페랑: 시도니우스 아폴리나리스, 투르의 그레고리우스

4~5세기 교회 저술가들과 이단들

1. 콘스탄티노플
3. 칼케돈
2. 니케아
9. 에페소
13. 니사
11. 카이사레아
12. 나지안주스
4. 에데사
5. 안티오키아
6. 몹수에스티아
몬타누스주의
카이사레아
7. 예루살렘
아리우스파
A. 알렉산드리아
10. 셀레우키아 크테시폰
B. 니트리아
8. 베들레헴

아프리카(도나투스주의)
1. 타가스테: 아우구스티누스
2. 히포: 아우구스티누스 사제 수품(391), 주교 승좌 (396), 사망(430)
3. 루스페: 풀겐티우스
4. 티비우카: 펠릭스의 순교(304)

이집트(아리우스파)
A. 알렉산드리아: 알렉산데르, 아리우스, 아타나시우스, 키릴루스
B. 니트리아: 안토니우스

소아시아(몬타누스주의)
1. 콘스탄티노플: 콘스탄티누스 1세, 크리소스토무스, 네스토리우스, 로마누스, 고백자 막시무스, 플라비아누스, 공의회(381)
2. 니케아: 공의회(325)
3. 칼케돈: 제4차 공의회(451)
4. 에데사: 에프렘
5. 안티오키아: 요한 크리소스토무스
6. 몹수에스티아: 테오도루스
7. 예루살렘: 키릴루스 교리 교육, 순례성지, 아퀼레이아의 루피누스
8. 베들레헴: 히에로니무스, 로마의 멜라니아 모녀가 거주
9. 에페소: 공의회(431)
10. 셀레우키아 크테시폰: 시리아의 그리스도인들이 이곳에 유배됨
11. 카이사레아: 바실리우스
12. 나지안주스: 그레고리우스
13. 니사: 그레고리우스

나가며

※ 나가며

교부시대를 되돌아보면, 교회 사목자들의 실천적인 삶을 통해서 형성된 심오한 사상을 생생하게 만나게 된다. 그들은 설교와 복음화를 무엇보다도 중요하게 여겼다. 빼어난 두 천재 오리게네스와 아우구스티누스는 그 대표적인 증인이다.

사목활동을 무엇보다도 중시하는 기본 입장은 서방교회뿐 아니라 동방교회에서도 일관되게 발견되는 특징이다. 그러나 도식적으로 분류해 보자면 동방 그리스도교 저술가들이 직관적이고 사변적이며 서정적이고 신비적인 반면, 서방 그리스도교 저술가들은 법적이고 실용적이며 윤리적이고 명료하다. 그리스 신학자들은 인간의 위대함에 강조점을 둔 반면, 테르툴리아누스를 제외한 라틴 신학자들은 인간의 타락에 초점을 맞추었다. 그리스인들은 인간의 신화神化, theosis/deificatio라는 주제를 발전시켰고, 라틴인들은 하느님의 응보應報라는 주제를 발전시켰다. 인물들과 지리적 문화적 무대들을 개별적으로 살펴보고 평가할 필요도 있다.

크고 작은 사건들, 근시안과 욕심, 그리고 정치적 흐름 등은 서서히 '하나이고 거룩한 교회'에 상처를 입혔다. 한때 한 지역에만 국한되었던 사건이 온 교회에 영향을 미쳤고 결국 동방과 서방은 분리되어 모든 그리스도의 제자들이 허약하게 되었다. 그때부터 교회는 잃어버린 일치를 찾아 나서고 있다.

앙리 드 뤼박의 말대로 교부들이라는 원천을 탐구하지 않고서는 교회생활의 쇄신이나 심화란 있을 수 없다. 이런 의미에서 오늘날 교회는 교부들을 연구함으로써 쇄신된다고 말할 수 있을 것이다. 이러한 쇄신은 이미 이루어지고 있지만 아직은 조심스럽고 지역에 따른 편차도 크다. 그럼에도 교부들의 원천으로 돌아감으로써 이루어지는 교회 쇄신은 분명히 현재 진행 중이다. 왜 교부들에게 관심을 가져야 하느냐고 묻는다면 나는 다음과 같은 이유 때문이라고 말하고 싶다.

1. 교부들은 우리 신앙의 원천에 가까이 있던 이들이다

교부들이 우리 그리스도교의 원천에 가장 가까이 있던 이들이라는 사실은 대단히 중요하다. 이것은 단순히 시기적으로만 가까이 살았다는 것이 아니라, 심리적 · 문화적으로도 가까이 살았음을 의미한다. 많은 교부, 특히 그리스 교부들은 성서가 태어난 문화 환경에서 살았으며 신약성서 그리스어로 말했다. 요한 크리소스토무스나 몹수에스티아의 테오도루스가 신약성서 그리스어 원전을 얼마나 예리하고 정확하게 읽었는지 알고 싶다면 라틴어나 그리스어로 쓰인 주의 기도 주해들을 읽어 보면 된다. 두 사람은 서방 라틴 사람들처럼 "저희에게 잘못한 이를 저희가 용서하오니 저희 죄를 용서하시고"라고 번역하지 않고, 그리스어 원전을 토대로 "저희에게 잘못한 이를 저희가 용서하였사오니 저희 죄를 용서하시고"라고 번역한다. 이런 번역의 차이는 때때로 또 다른 신학을 탄생시키기도 했다.

성서와 교부 작품을 읽을 때 갈팡질팡하게 되는 것은 우리 시대와 교부시대 사이에 가로놓인 문화적 거리가 너무 멀기 때문이다. 그러나 교부들에게는 이런 문제가 없었다. 바로 이러한 이유로 교부들의 성서 주해는 우리에게 커다란 관심거리가 된다. 신약성서 그리스어는 그들이 듣고 말하던 언어였다. 사도 바울이 속해 있던 문화 환경과, 카이사레아의 바실리우스와 요한 크리소스토무스가 살고 있던 문화 환경은 다르지 않았다.

2. 교부들은 사목자들이었다

교부들은 연구 논문자료를 우리에게 전해주기 위해서가 아니라, 자신의 양 떼를 가르치고 인도하며 바로잡기 위하여 작품을 썼다. 우리가 중세 작품들을 읽을 때 지루하다고 느끼게 되는 것은, 중세 저술가들이 대학교에만 틀어박혀서 신학 작업을 했기 때문이라고 나는 확신한다.

이와 달리 거의 모든 교부는 주교, 다시 말해서 사목자들이었다. 그들의 작품 가운데 신학적 논쟁 작품들을 제외하면 대부분은 설교나 권고의 글, 편지들처럼 자기 신자들을 인도하고 비추기 위해 쓰인 것들이다. 바로 여기서 올곧은 목소리와 삶의 가르침이 나왔다. 그들은 멋들어진 신학 체계를 만들어 내려는 조바심 때문이 아니라, 사람들이 구원의 길을 발견하도록 돕기 위해 글을 썼다.

아우구스티누스를 보라. 그는 사색적인 사람으로서 회심한 뒤로는 기도와 명상, 저술을 위한 고독의 시간 말고는 아무것도 바라지 않았다. 그러나 하느님께서 원하신 바는 달랐다. 아우구스티누스는 자기 뜻과는 반대로 사제가 되었고 이후에는 히포의 주교가 되었다. 결국 이 빼어난 천재는 자신의 전 존재를 히포의 가난한 민중을 위해서 내놓았다. 당시 주교가 하는 일은 엄청나게 고달픈 것이었다. 그는 일상적으로 설교, 교리 교육뿐만 아니라 시민 행정, 법률 행정까지 감내해야 했다.

그렇다면 그의 작품들은 어떻게 보아야 할까? 한편으로는 아주 박식한 작품들을 써내고, 다른 한편으로는 도덕적인 설교 나부랭이나 늘어놓음으로써 무식한 백성을 상대로 저 작품들을 대중화하였던가? 결코 그렇지 않다. 아우구스티누스는 자신의 모든 신학을, 심지어 삼위일체 신비에 관한 사색마저도 보잘것없는 백성의 이해력에 맞추어 전달하려고 온 힘을 기울였다. 지식인들을 위한 신학이 따로 있고 민중을 위한 신학이 따로 있는 것이 아니다. 계시는 오직 하나이며 이는 '비천하고 작은 이들에게' 먼저 전해진다.

직접적이고도 구체적이며 모든 사람에게 활짝 열린 이 신학은 사변이 아니라 영적 체험의 산물이다. 바로 이 때문에 교부들의 작품,

그리고 이를 연구하는 교부학은 황금보다 더 소중한 가치를 지닌다. 삶과 영적 체험에서 우러나오는 이러한 신학의 가치는 예컨대 힐라리우스라든지, 특히 니사의 그레고리우스에게서 잘 드러난다. 이들은 신학과 영적 체험을 분리하지 않음으로써 모든 신학적 사색과 성사적 삶, 모든 그리스도인이 걸어가야 할 길을 제시했다.

3. 교부들은 갈라지지 않았던 교회의 증인이다

교회 일치라는 주제가 특별히 주목받고 있는 오늘날, 교부들의 가르침은 더욱 빛난다. 그들은 갈라지지 않았던 교회의 증인이기 때문이다. 암브로시우스나 나지안주스의 그레고리우스의 교회는 그리스 교회도 아니었고 라틴 교회도 아니었다. 단지 교회일 뿐이었다. 아우구스티누스에 이르기까지 모든 라틴 교부는 그리스 교회의 보배로운 유산을 읽고 활용했다. 오리게네스가 암브로시우스에게 미친 영향은 그 대표적인 예다. 암브로시우스는 자주 오리게네스의 저술을 자신의 작품에 활용하곤 했다. 교부들이 활동하던 당시 동·서방 교회는 책을 통해서뿐 아니라 실질적으로도 교류를 나누었다. 동방에 기근이나 재앙이 닥쳤을 때 로마는 언제나 도움의 손길을 내밀었다. 암브로시우스가 밀라노의 주교로 임명되었을 때 바실리우스가 보낸 축하 편지도 여전히 남아 있다. 이런 식으로 라벤나와 리옹에서 카르타고와 콘스탄티노플을 거쳐 알렉산드리아와 안티오키아에 이르기까지, 같은 물결과 같은 생명이 서로 간에 흐르고 있었다.

동방교회는 자신의 보화를 서방교회에 나누어 주었다. 철학적으로 더 풍성한 신학 용어, 존재론적으로 더 잘 정의된 신학, 신앙에 대한 더 낙관적인 개념을 제공해 준 것이다. 한편 서방교회는 더 법적이어서 신학 용어를 만들어 낼 때 법률 용어에 많이 기댔다. 덜 사변적이었던 라틴 사상은 더 구체적이고 윤리적이기는 했지만 더 비관적이었다. 이는 펠라기우스 논쟁에서 잘 드러난다. 동방과 서방은 서로 기질이 달랐다. 그러나 교부 사상의 풍요로움을 구성하는 이 다양성은 언제나 유일하고도 동일한 신앙의 일치와 온전함을 존중했다.

동·서방 모두가 진정한 영적 풍요로움의 조건인 대담하고 창조적인 노력을 우리에게 가르쳐 준다. 서방교회가 동방교회와 갈라짐으로써 신학으로나 영성으로나 전례로나, 한 마디로 모든 면에서 형편없이 빈약해졌다는 것은 명백한 사실이다. 서방교회가 얼마나 보편적이지 못하고 당파적이며 지역주의적으로 처신해 왔고, 심지어 법까지 그런 식으로 제정해 왔는지 알기 위해서는, 제2차 바티칸 공의회에 참석한 동방 가톨릭 교회 주교들의 불쾌감을 상기하는 것만으로도 충분하다. 이 공동 유산을 심화하지 않고서는, 그리고 서방의 지평을 동방에까지 확장하지 않고서는 동방교회의 우리 형제들과 다시 하나가 되는 일은 불가능하다.

더 읽을 거리

1. 교부 문헌 총서

- **교부 문헌 총서(라틴어/그리스어-한글 대역본), 분도출판사,** 1987~.

  · 키프리아누스, 『도나투스에게, 가톨릭 교회 일치, 주의 기도문』, 이형우 옮김, 분도출판사, 1987.

  · 아우구스티누스, 『그리스도교 교양(개정판)』, 성염 옮김, 분도출판사, 2011.

  · 아우구스티누스, 『참된 종교(개정판)』, 성염 옮김, 분도출판사, 2011.

  · 레오 대종, 『성탄 · 공현 강론집』, 이형우 옮김, 분도출판사, 1998.

  · 베네딕도, 『수도규칙』, 이형우 옮김, 분도출판사, 1991.

  · 히폴리투스, 『사도전승』, 이형우 옮김, 분도출판사, 2005.

  · 레오 대종, 『열두 사도들의 가르침 - 디다케』, 정양모 옮김, 분도출판사, 1993.

  · 테르툴리아누스, 『그리스도의 육신론』, 이형우 옮김, 분도출판사, 2009.

  · 레오 대종, 『사순시기 강론집』, 이형우 옮김, 분도출판사, 2007.

  · 아우구스티누스, 『자유의지론』, 성염 옮김, 분도출판사, 2012.

· 그레고리우스, 『베네딕도 전기』, 이형우 옮김, 분도출판사, 1999.

· 폴리카르푸스, 『편지와 순교록』, 하성수 옮김, 분도출판사, 2000.

· 이그나티우스, 『일곱편지』, 박미경 옮김, 분도출판사, 2000.

· 헤르마스, 『목자』, 하성수 옮김, 분도출판사, 2002.

· 아우구스티누스, 『신국론 1,2,3』, 성염 옮김, 분도출판사, 2004.

· 포시디우스, 『아우구스티누스의 생애』, 이연학, 최원오 옮김, 분도출판사,
  2008.

· 아우구스티누스, 『요한 서간 강해』, 이연학, 최원오 옮김, 분도출판사,
  2012.

· 암브로시우스, 『나봇 이야기』, 최원오 옮김, 분도출판사, 2012.

· 아우구스티누스, 『삼위일체론』, 성염 옮김, 분도출판사, 2015.

· 아우구스티누스, 『아카데미아학파 반박』, 성염 옮김, 분도출판사, 2016.

· 아우구스티누스, 『행복한 삶』, 성염 옮김, 분도출판사, 2016.

· 암브로시우스, 『토빗 이야기』, 최원오 옮김, 분도출판사, 2016.

· 아우구스티누스, 『질서론』, 성염 옮김, 분도출판사, 2017.

· 아우구스티누스, 『독백』, 성염 옮김, 분도출판사, 2018.

· 아우구스티누스, 『영혼 불멸』, 성염 옮김, 분도출판사, 2018.

- **그리스도교 신앙 원천(대중판 교부 문헌 총서), 분도출판사, 2018~.**

· 대 바실리우스, 『내 곳간들을 헐어 내리라, 부자에 관한 강해, 기근과 가
  뭄 때 행한 강해, 고리대금업자 반박』, 노성기 옮김, 분도출판사, 2018.

· 알렉산드리아의 클레멘스, 『어떤 부자가 구원받는가?』, 하성수 옮김, 분

도출판사, 2018.

· 키프리아누스, 『선행과 자선, 인내의 유익, 시기와 질투』, 최원오 옮김, 분도출판사, 2018.

· 에게리아, 『에게리아의 순례기』, 안봉환 옮김, 분도출판사, 2019.

· 브라가의 마르티누스, 『교만, 겸손 권면, 분노, 진실한 삶의 방식, 허영심을 몰아냄, 농부들을 위한 계도, 이집트 교부들의 금언집』, 김현, 김현웅 옮김, 분도출판사, 2019.

· 요한 크리소스토무스, 『라자로에 관한 강해(1~7편)』, 하성수 옮김, 분도출판사, 2019.

· 요한 크리소스토무스, 『참회에 관한 설교, 자선』, 최문희 옮김, 분도출판사, 2019.

- **그리스도교문헌총서(라틴어/그리스어-한글 대역본), 새물결플러스,** 2015~.

· 오리게네스, 『기도론』, 이두희 옮김, 새물결플러스, 2018.

· 토마스 아퀴나스, 『사도신경 강해설교』, 손은실 옮김, 새물결플러스, 2015.

· 에바그리우스 폰티쿠스, 『실천학』, 남성현 옮김, 새물결플러스, 2015.

교부학 연구 지침서

- 가톨릭 교육성, 「사제 양성에 있어서 교부 연구에 관한 훈령(1989)」, 최영철 옮김, 『사제 양성』, 한국천주교중앙협의회, 1993, 473~512.

2. 우리말 교부학 입문서

- 한국교부학연구회,『내가 사랑한 교부들』, 분도출판사, 2005.

- 한국교부학연구회,『교부들에게 배우는 삶의 지혜』, 분도출판사, 2017.

- H.R.드룹너,『교부학』, 하성수 옮김, 분도출판사, 2001.

- 헨리 비텐슨,『초기 기독교 교부』, 박경수 옮김, 크리스챤다이제스트,
  2000.

- 헨리 비텐슨,『후기 기독교 교부』, 김종희 옮김, 크리스챤다이제스트,
  2001.

- 바티스타 몬딘,『신학사 1』, 조규만 · 박규흠 · 유승록 · 이건 옮김, 가톨릭
  출판사, 2012.

- 카를 수소 프랑크,『고대 교회사 개론』, 하성수 옮김, 가톨릭출판사,
  2008.

- 에른스트 다스만,『교회사 I』, 하성수 옮김, 분도출판사, 2007.

- 에른스트 다스만,『교회사 II/1』, 하성수 옮김, 분도출판사, 2013.

- 에른스트 다스만,『교회사 II/2』, 하성수 옮김, 분도출판사, 2015.

- 장 콩비,『세계 교회사 여행 1. 고대 · 중세 편』, 노성기 · 이종혁 옮김, 가
  톨릭출판사, 2012.

3. 교부학 사전

- *Institutum Patristicum Augustinianum*, A.Di Berardino(ed.), *Nuovo Dizionario Patristico e di Antichità Cristiane*, vol. 1-3, Roma, 2010, *Encyolpedia of the Early Church*, vol. 1-3, Chicago 2014.

- S.Döpp, W.Geerlings(ed.), *Lexikon der antiken christlichen Literatur*, Freiburg, 2002, 한국교부학연구회 옮김, 『교부학 사전』, 분도출판사 근간.

4. 교부학 용례집

- 한국교부학연구회, 『교부학 인명 · 지명 용례집』, 분도출판사, 2008.
- 한국교부학연구회, 『교부 문헌 용례집』, 수원가톨릭대학교출판부, 2014.

5. 교부들의 성경 주해

- 『교부들의 성경 주해』Ancient Christian Commentary on Scripture(총29권), 한국교부학 연구회 옮김, 분도출판사, 2008~.

6. 주요 현대어 번역본

- 프랑스어: *Sources Chrétiennes*, Paris, 1941~.
- 독일어: *Fontes Christiani*, Freiburg, 1990~.
- 영어: *The Father of the Church*, Washington D.C., 1947~.
- 이탈리아어: *Nuova Biblioteca Agostiniana*, Roma, 1965~.

교부 저작 저자별 한국어 번역본 목록

1. 외경

(1) 『구약 외경 1』, 송혜경 옮김, 한님성서연구소, 2018.

(2) 『신약 외경 - 상권 : 복음서』, 송혜경 옮김, 한님성서연구소, 2009.

(3) 『신약 외경 - 하권 : 행전, 서간, 묵시록』, 송혜경 옮김, 한님성서연구소, 2011.

2. 사도 교부

(1) 로마의 클레멘스

· 『고린토인들에게 보낸 편지』Epistula ad Corinthios(클레멘스 1서)

1) 「고린토인들에게 보낸 편지」, 이은선 옮김, 『속사도 교부들』,기독교문서선교회, 1994, 37~89.

2) 「클레멘스가 고린토인들에게 보낸 첫 번째 편지」, 이동진 편역, 『제2의 성서 아포크리파, 신약 시대』, 해누리, 2001.

(2) 위僞 클레멘스

· 『고린토인들에게 보낸 둘째 편지』Secunda Epistula ad Corinthios(클레멘스 2서)

1) 「클레멘스 2서」, 이은선 옮김, 『속사도 교부들』,기독교문서선교회, 1994, 91~108.

2) 「클레멘스가 고린토인들에게 보낸 두 번째 편지」, 이동진 편역, 『제2의 성서 아포크리파, 신약 시대』, 해누리, 2001.

(3) 안티오키아의 이그나티우스

· 『일곱 편지』Epistulae vii genuinae

1) 『일곱 편지』, 박미경 역주, 교부문헌총서 13, 분도출판사, 2000.

2) 「안티오키아의 감독 이냐시우스의 편지들」, 이은선 옮김, 『속사도 교부
들』, 기독교문서선교회, 1994, 109~163.

3) 「이냐시우스의 편지들」, 이동진 편역, 『제2의 성서 아포크리파, 신약 시
대』, 해누리, 2001.

(4) 스미르나의 폴리카르푸스

· 『필립비인들에게 보낸 편지』Epistulae vii genuinae

1) 『필립비인들에게 보낸 편지』, 하성수 역주, 교부문헌총서 12, 분도출판
사, 2000.

2) 「필립비인들에게 보낸 폴리캅의 편지」, 이은선 옮김, 『속사도 교부들』, 기
독교문서선교회, 1994, 165~179.

3) 「폴리카르푸스가 필립비인들에게 보낸 편지」, 이동진 편역, 『제2의 성서
아포크리파, 신약 시대』, 해누리, 2001.

· 『폴리카르푸스 순교록』Martyrium Polycarpi

1) 『폴리카르푸스 순교록』, 하성수 역주, 교부문헌총서 12, 분도출판사, 2000.

2) 「폴리캅의 순교사화」, 이은선 옮김, 『속사도 교부들』, 기독교문서선교회,
1994, 181~198.

(5) 『열두 사도들의 가르침 - 디다케』Didache ton dodeka apostolon

1) 『열두 사도들의 가르침 - 디다케』, 정양모 역주, 교부문헌총서 7, 분도출
판사, 1993.

2) 「디다케(12사도의 교훈)」, 이은선 옮김, 『속사도 교부들』, 기독교문서선교회, 1994, 199~216.

(6) 『바르나바의 편지』Epistula Barnabae

- 「바나바의 편지」, 이은선 옮김, 『속사도 교부들』, 기독교문서선교회, 1994, 217~253.

(7) 『디오그네투스에게』Epistula ad Diognetum

- 「디오그네투스에게 - 2세기 무명 교부의 신앙 해설」, 서공석 역주, 분도출판사, 2010.

- 「디오그네투스에게 보내는 편지」, 이은선 옮김, 『속사도 교부들』, 기독교문서선교회, 1994, 377~396.

(8) 『헤르마스의 목자』Pastor Hermae

- 『헤르마스의 목자』, 하성수 역주, 교부문헌총서 14, 분도출판사, 2002.

- 「헤르마스의 목자」, 이은선 옮김, 『속사도 교부들』, 기독교문서선교회, 1994, 255~376.

(9) 히에라폴리스의 파피아스

· 『주님의 말씀 해설』(단편)Explanatio sermonum Domini(Fragmentum)

- 「단편들」, 이은선 옮김, 『속사도 교부들』, 기독교문서선교회, 1994, 255~376.

3. 로마의 히폴리투스

· 『사도전승』Traditio Apostolica

- 『사도전승』, 하성수 역주, 교부문헌총서 14, 분도출판사, 2002.

4. 테르툴리아누스

- 『그리스도의 육신론』De Carne Christi

  - 『그리스도의 육신론』, 이형우 역주, 교부문헌총서 1, 분도출판사, 1987.

- 『모든 이단 반박』Adversus omnes haereses

  - 「이단 반박 논설」, 이상훈, 이은혜 옮김, 『초기 라틴 신학』, 기독교고전총서 4, 두란노아카데미, 2011.

- 『우상 숭배』De idololatria

  - 「우상에 관하여」, 이상훈, 이은혜 옮김, 『초기 라틴 신학』, 기독교고전총서 4, 두란노아카데미, 2011.

5. 카르타고의 키프리아누스

- 『가톨릭교회 일치』De untate catholicae ecclesiae

  - 『가톨릭교회 일치』, 이형우 역주, 교부문헌총서 1, 분도출판사, 1987.

  - 「보편 교회의 일치」, 이상훈, 이은혜 옮김, 『초기 라틴 신학』, 기독교고고전총서 4, 두란노아카데미, 2011.

- 『도나투스에게』Ad Donatum

  - 『도나투스에게』, 이형우 역주, 교부문헌총서 1, 분도출판사, 1987.

- 『선행과 자선』De opere et eleemosynis

  - 『선행과 자선』, 최원오 역주, 그리스도교 신앙 원천 3, 분도출판사, 2018.

- 『시기와 질투』De Zelo et livore

  - 『시기와 질투』, 최원오 역주, 그리스도교 신앙 원천 3, 분도출판사, 2018.

- 『인내의 유익』De bono patientiae

  - 『인내의 유익』, 최원오 역주, 그리스도교 신앙 원천 3, 분도출판사, 2018.

- 『주의 기도』De dominica oratione

  - 『주의 기도문』, 이형우 역주, 교부문헌총서 1, 분도출판사, 1987.

6. 알렉산드리아의 클레멘스

- 『어떤 부자가 구원받는가?』Quis dives salvetur?

  - 『어떤 부자가 구원받는가?』, 하성수 역주, 그리스도교 신앙 원천 2, 분도출판사, 2018.

7. 알렉산드리아의 오리게네스

- 『기도론』De oratione

  - 『오리게네스 기도론』, 이두희 편역, 장용재 주해, 그리스도교문헌총서 1, 새물결플러스, 2018.

- 『원리론』De principiis

  - 『원리론』, 이성효, 이형우, 최원오, 하성수 역주, 아카넷, 2014.

- 『헤라클리데스와의 논쟁』Disputatio cum Heracleida

  - 「헤라클리데스와의 대화」, 이은혜, 정용석, 주승민 옮김, 『알렉산드리아 기독교』, 기독교고전총서 2, 두란노아카데미, 2011.

- 『순교 권면』Exhortatio ad martyrium

  『순교 권면』, 류한영 옮김, 양업교회사연구소, 2001.

8. 알렉산드리아의 아타나시우스

- 『**안토니우스의 생애**』Vita Antoni

  - 『사막의 안토니우스』, 허성석 옮김, 분도출판사, 2015.

  - 『성 안토니우스의 생애』, 전경미 옮김, 키아츠, 2019.

  - 『성 안토니의 생애』, 엄성옥 옮김, 은성, 2009.

9. 카이사레아의 에우세비우스

- 『**교회사**』Historia Ecclesiastica

  - 『유세비우스의 교회사』, 엄성옥 옮김, 은성, 1990.

10. 니사의 그레고리우스

- 『**모세의 생애**』Vita Moysis

  - 『모세의 한평생 – 출애굽기의 영적 해설』, 최익철 옮김, 가톨릭출판사, 2005.

  - 『모세의 생애』, 고진옥 옮김, 은성, 2003.

11. 카이사레아의 바실리우스

- 『**고리대금업자 반박**』Contra usurarios

  - 『고리대금업자 반박』, 노성기 역주, 그리스도교 신앙 원천 1, 분도출판사, 2018.

- 『**기근과 가뭄 때 행한 강해**』Homilia dicta tempore famis et siccitatis

  - 『기근과 가뭄 때 행한 강해』, 노성기 역주, 그리스도교 신앙 원천 1, 분도

출판사, 2018.

- ·『내 곳간들을 헐어 내리라』Homilia in illud: Destruam horrea mea
- -『내 곳간들을 헐어 내리라』, 노성기 역주, 그리스도교 신앙 원천 1, 분도출
  판사, 2018.
- ·『부자에 관한 강해』Homilia in divites
- -『부자에 관한 강해』, 노성기 역주, 그리스도교 신앙 원천 1, 분도출판사,
  2018.

12. 요한 크리소스토무스

- ·『라자로에 관한 강해』De Lazaro homiliae 1~7
- -『라자로에 관한 강해』, 하성수 역주, 그리스도교 신앙 원천 6, 분도출판사,
  2019.
- ·『로마서 강해』In epistulam ad Romanos homiliae 1~32
- -『로마서 강해』, 송종섭 옮김, 지평서원, 1990.
- ·『사제직』De sacerdotio
- -『성직론』, 채이석 옮김, 엠마오, 1992.
- ·『에페소서 줄거리와 강해』In epistulam ad Ephesios argumentum et homiliae 1~24
- -『에베소서 강해』, 송영의 옮김, 지평서원, 1997.
- ·『자선』De eleemosyna
- -『자선』, 최문희 옮김, 그리스도교 신앙 원천 7, 분도출판사, 2019.
- ·『참회에 관한 강해』De paenitentia homiliae 1~9
- -『참회에 관한 설교』, 최문희 옮김, 그리스도교 신앙 원천 7, 분도출판사, 2019.

13. 사막 교부 및 시리아 교부

- 『**사막 교부들의 금언집**』Apophtegmata Patrum(**주제별 알파벳순**)

  - 『사막 교부들의 금언집』, 뻴라지오와 요한 엮음, 요한 실비아 옮김, 분도
    출판사, 1998.

  - 『사막 교부들의 금언집』, 장 클로드 구이 엮음, 남성현 옮김, 기독교고전
    총서 8, 두란노아카데미, 2011.

  - 『사막 교부들의 지혜』, 베네딕다 워드 엮음, 조영숙 옮김, 은성, 1994.

- 『**사막 교부들의 금언집**』(**교부 이름 알파벳순**)

  - 『사막 교부들의 금언집』, 베네딕다 워드 엮음, 허성석 옮김, 분도출판사,
    2017.

- 『**필로칼리아**』Philokalia

  - 『필로칼리아 1』, 엄성옥 옮김, 은성, 2001.

  - 『필로칼리아 2』, 엄성옥 옮김, 은성, 2002.

  - 『필로칼리아 3』, 엄성옥 옮김, 은성, 2006.

14. 여행기

- 『**에게리아의 순례기**』Itinerarium Egeriae

  - 『에게리아의 순례기』, 안봉환 옮김, 그리스도교 신앙 원천 4, 분도출판사, 2019.

15. 요한 카시아누스

- 『**제도집**』Instituiones

  - 『제도집』, 엄성옥 옮김, 은성, 2018.

- 『담화집』Conlationes
  - 『담화집』, 엄성옥 옮김, 은성, 2013.

16. 히포의 아우구스티누스

- 『고백록』Confessiones
  - 『고백록』, 성염 역주, 경세원, 2016.
  - 『고백록』, 최민순 옮김, 바오로딸, 2010.
  - 『성어거스틴의 고백록』, 선한용 옮김, 대한기독교서회, 2019.
  - 『고백록』, 강영계 역주, 서광사, 2014.
- 『아카데미아학파 반박』Contra Academicos
  - 『아카데미아학파 반박』, 성염 역주, 교부문헌총서 22, 분도출판사, 2016.
- 『행복한 삶』De beata vita
  - 『행복한 삶』, 성염 역주, 교부문헌총서 23, 분도출판사, 2016.
  - 『행복론』, 박주영 옮김, 누멘, 2010.
- 『질서』De ordine
  - 『질서론』, 성염 역주, 교부문헌총서 25, 분도출판사, 2017.
- 『독백』Soliloquia
  - 『독백』, 성염 역주, 교부문헌총서 26, 분도출판사, 2018.
- 『영혼 불멸』De immortatlitate animae
  - 『영혼 불멸』, 성염 역주, 교부문헌총서 27, 분도출판사, 2018.
- 『영혼의 위대함』De quantitate animae
  - 『영혼의 위대함』, 성염 역주, 교부문헌총서 28, 분도출판사, 2019.

· 『**참된 종교**』De vera religione

 - 『참된 종교』, 성염 역주, 교부문헌총서 3, 분도출판사, 2011.

· 『**교사**』De magistro

 - 『교사론』, 성염 역주, 교부문헌총서 29, 분도출판사, 2019.

· 『**하느님의 종 규칙서**』regula ad servum Dei

 - 『아우구스띠누스 규칙서』, 이형우 옮김, 아돌라르 줌켈러 해설, 분도출판사, 1989.

· 『**자유의지론**』De libero arbitrio

 - 『자유의지론』, 성염 역주, 교부문헌총서 10, 1998.

· 『**삼위일체론**』De trinitate

 - 『삼위일체론』, 성염 역주, 교부문헌총서 21, 분도출판사, 2015.

 - 『삼위일체론』, 김종흡 옮김, 크리스챤다이제스트, 1993.

· 『**그리스도교 교양**』De doctrina christiana

 - 『삼위일체론』, 성염 역주, 교부문헌총서 2, 분도출판사, 2011.

 - 『기독교 교양』, 김종흡 옮김, 크리스챤다이제스트, 2017.

· 『**신국론**』De civitate dei

 - 『신국론 1~3』, 성염 역주, 교부문헌총서 15~17, 분도출판사, 2004.

 - 『신국론 1~3』, 김광채 옮김, 아우룸, 2017.

 - 『하나님의 도성』, 김종흡, 조호연 옮김, 크리스챤다이제스트, 2016.

· 『**인내론**』De patientia

 - 『인내론』, 이성효 옮김, 수원가톨릭대학교 출판부, 2006.

· 『영과 문자』De spiritu et littera

- 『성령과 문자』, 공성철 옮김, 한들, 2000.

17. 레오 교황

· 『레오 대교황 강론집』Sancti Leonis magni tractatus

- 『성탄 · 공현 강론집』, 이형우 역주, 교부문헌총서 4, 분도출판사, 1879.

- 『사순 시기 강로집 강론집』, 이형우 역주, 교부문헌총서 9, 분도출판사, 1996.

18. 보에티우스

· 『철학의 위안』De consolatione philosophiae

- 『철학의 위안』, 정의채 옮김, 바오로딸, 2010.

- 『철학의 위안』, 박문재 옮김, 크리스챤다이제스트, 2018.

19. 베네딕도

· 『수도 규칙』Regula monachorum

- 『수도 규칙』, 이형우 역주, 교부문헌총서 5, 분도출판사, 1991.

- 『성 베네딕도 규칙』, 허성석 역주, 들숨날숨, 2011.

20. 대 그레고리우스

· 『베네딕투스 전기』De vita et miracula venerabilis benedicti abbatis

- 『베네딕도 전기』, 이형우 역주, 교부문헌총서 11, 분도출판사, 1999.

찾아보기

교부와 만나다
– 초대교회 스승들의 생애와 사상

초판 발행 | 2019년 8월 30일

지은이 | 아달베르 함만
옮긴이 | 이연학 · 최원오

발행처 | ㈜타임교육
발행인 | 이길호
편집인 | 김경문
편 집 | 민경찬 · 양지우
검 토 | 손승우 · 양세규
제 작 | 김진식 · 김진현 · 이난영
재 무 | 강상원 · 이남구 · 진제성
마케팅 | 이태훈 · 방현철
디자인 | 민경찬 · 손승우

출판등록 | 2009년 3월 4일 제322-2009-000050호
주 소 | 서울시 강남구 봉은사로 442 75th Avenue 빌딩 7층
주문·전화 | 010-9217-4313
팩 스 | 02-395-0251
이메일 | innuender@gmail.com

ISBN | 978-89-286-4583-1 03230
한국어판 저작권 ⓒ 2019 ㈜타임교육

* 이 책이 출판될 수 있도록 후원해주신
  성공회 독서운동 후원자분들께 감사를 드립니다.
* 값은 뒤표지에 있습니다. 잘못된 책은 구입하신 곳에서 바꾸어 드립니다.
* 비아는 ㈜타임교육의 단행본 출판 브랜드입니다.